高句丽渤海文库

吉林文物遗址概览

郑春颖　主编　于焕金　编

吉林文史出版社

图书在版编目（CIP）数据

吉林文物遗址概览 / 郑春颖主编；于焕金编 .

长春 : 吉林文史出版社 , 2024. 12. -- ISBN 978-7
-5752-0859-8

Ⅰ . K872.34

中国国家版本馆 CIP 数据核字第 2024SX8585 号

JILIN WENWU YIZHI GAILAN

吉林文物遗址概览

主　　编：郑春颖

编　　者：于焕金

责任编辑：钟　杉　王　新　马铭烩

出版发行：吉林文史出版社

电　　话：0431-81629357

地　　址：长春市福祉大路5788号

邮　　编：130117

印　　刷：吉林省科普印刷有限公司

开　　本：787mm×1092mm　1/16

印　　张：28

字　　数：460千字

版　　次：2025年6月第1版

印　　次：2025年6月第1次印刷

书　　号：ISBN 978-7-5752-0859-8

定　　价：178.00元

前　言

　　全国重点文物保护单位是中华人民共和国国务院对不可移动文物所核定的最高保护级别，即中国国家级文物保护单位。截至2024年，全国重点文物保护单位已经公布了八批，总数达到5058处。吉林省作为中国历史文化名省，在中国历史，尤其是中国近现代史上扮演了重要角色，留下了丰富的文化遗产，其中全国重点文物保护单位多达95处。这些单位涵盖了古遗址、古墓葬、古建筑、石窟寺、石刻、近现代重要史迹及代表性建筑等多个类别，具有重要的历史、文化和艺术价值。吉林省政府高度重视文物保护工作，通过制定和实施一系列法律、法规和政策措施，加强对全国重点文物保护单位的保护和管理。同时，加强宣传教育，提高公众文物保护意识，呼吁共同守护好这些珍贵的文化遗产。《吉林文物遗址概览》的出版对于进一步夯实吉林省历史文化底蕴，普及吉林省历史文化知识，传承和弘扬中华优秀传统文化具有重要意义。

　　本书以时间为序，按照史前、商周、汉唐（五代）、辽金、明清和近现代六个时期，分别从历史沿革、文物特点、文物遗存、文物保护、文物价值等多个方面对各家文保单位的基本情况、学术价值以及现实意义进行较为全面的归纳与总结。每家文保单位均配有多幅图片，并附参考文献，以便读者理解与深入探究。

　　本书由长春师范大学高句丽渤海研究团队成员共同完成，具体分工如下：

　　郑春颖教授负责筹备、策划、统稿与定稿等各项工作。

　　于焕金博士负责合稿及撰写寿山仙人洞遗址、石人沟遗址、和龙大洞遗址、双塔遗址、后太平遗址群、农安五台山遗址、后套木嘎遗址、向阳南岗遗址、西团山遗址、汉书遗址、小西山石棺墓群、辉发河上游石棚墓、五家子遗址、二龙湖古城遗址等条目。

　　潘博星博士负责撰写新屯子西山遗址、大海猛遗址、龙岗遗址群、东团山遗址、江沿墓群、良茂墓群、鸭绿江上游积石墓群、萨其城址、温特赫部城址与裴优城址、春捺钵遗址群、农安辽塔、石头城子古城址、友谊村墓群、庆云摩崖石刻、长白山神庙遗址等条目。

　　盛宇平博士负责撰写余富遗址、干沟子墓群、万发拨子遗址、罗通山城、霸王朝山城遗址、洞沟古墓群、丸都山城与国内城、龙潭山城、自安山城、六顶山古墓群、龙头山古墓群、城山子山城、磨盘村山城、嘎呀河城址等条目。

　　刘宝瑞教授负责撰写大青山遗址、赤柏松古城址、长城、五家子城址、乌拉街沿江古城址、叶赫部城址、辉发城址、阿什哈达摩崖、乌拉部故城、清追封和硕忠亲王碑、吉林文庙、延吉边务督办公署旧址、乌拉街清代建筑群等条目。

　　李弘喆研究员负责撰写百草沟遗址、帽儿山墓地、灵光塔、渤海中京城遗址、苏密城、八连城遗址、宝山—六道沟冶铜遗址、塔虎城、秦家屯城址、偏脸城城址、大金得胜陀颂碑、完颜希尹家族墓地、揽头窝堡遗址、前进古城址、城四家子城址等条目。

　　李晓光研究员负责撰写宝泉涌酒坊、中东铁路建筑群（扩展项目）、吉林机器局旧址、中俄边界清勘界碑（土字牌）、吉林天主教堂、吉海铁路总站旧址、吉林大学教学楼旧址、辽源矿工墓、红石砬子抗日根据地遗址、老黑沟惨案遗址、侵华日军第100部队遗址、丰满万人坑遗址、通化葡萄酒股份有限公司地下贮酒窖、七道沟死难同胞纪念地、石人血泪山死难矿工纪念地、伪满建国忠灵庙旧址、辽源二战盟军战俘营旧址、四保临江战役指挥部旧址、中共中央东北局梅河口会议会址、长春第一汽车制造厂早期建筑等条目。

　　李威讲师负责撰写吉长道尹公署旧址、伪满皇宫及日伪军政机构旧址、伪满洲国中央银行旧址、长春电影制片厂早期建筑等条目。

　　吉林省全国重点文物保护单位数量众多、类型丰富、意义重大。这些文物单位不仅仅是吉林省历史文化的重要载体，更是中华民族悠久历史和灿烂文化的重要组成部分。感谢吉林文史出版社张强社长、程明副总编委托此项工作；感谢王新编辑精心编撰；感谢吉林省文物考古研究所、伪满皇博物院等省内文博单位，解峰研究员、王义学教授等专家学者提供图片授权。我们非常荣幸能为宣传与保护吉林历史文化贡献微薄之力，愿吉林省文化遗产在新时代焕发出更加绚丽、更加迷人的新光彩。

郑春颖

2024年9月20日

目录

一、史前时期

1

寿山仙人洞遗址

仙人洞（当地也叫神仙洞）位于桦甸市西北约23千米的寿山上，西南距榆木桥子镇约2.3千米（山的东北角为北安屯），地理坐标为43°09′N，126°37′E。仙人洞位于寿山的东坡上部，海拔为460米，距地面高110米，洞全长约300米。

历史沿革

1991年5—6月，吉林大学考古学系在吉林地区进行旧石器野外考古调查时，发现了寿山仙人洞旧石器时代遗址，并进行了试掘。

1993年5—6月间，吉林大学考古学系与吉林省文物考古研究所等单位组队对遗址进行了正式发掘。

文物遗存

1991年，试掘了长3米、宽1米的深沟，出土了石制品47件、化石12种，包含少量的骨制品、大量的哺乳动物化石以及一些鸟类化石。

试掘找到的动物化石经初步鉴定共计有鸟类2种，哺乳类10种，包括鸭、猫属、雉、西伯利亚鼬、鼢鼠、犬科、棕背䶄、鹰、兔、牛科、斑鬣狗等。上述动物化石种属均见于我国东北地区已有记录的更新世动物名录中。其中斑鬣狗在全新世的东北已无此属，鸭、雉化石在辽宁已有报道，但在吉林还是首次发现。

47件石制品，包括石核、石片、石锤、刮削器和砍砸器等。

骨器2件，包括刮削器1件、尖刃器1件。

1993年再次发掘共获得石制品197件，打制骨器18件，磨制骨器1件及大量的动物化石。石制品包括石片、刮削器、砍砸器、尖状器、雕刻器、锛形器、钻器等。

动物化石显示动物群以偶蹄目鹿科的獐、麂、葛氏斑鹿、东北狍、马鹿、岩羊、牛和食肉目的洞熊、似北貉、狐、鼬、虎等为主，另有少量奇蹄目的马、披毛犀以及啮齿目动物等。从动物群的生态习性来看，该动物群可以分为草原动物和森林动物两种，以前者为主。从动物化石和孢粉分析结果来看，该遗址处于寒冷干燥的气候环境中，植被以草原为主，伴有少量的森林或者稀树。气候经历了寒冷干燥、寒冷湿润、气候变暖、趋向寒冷的变化。

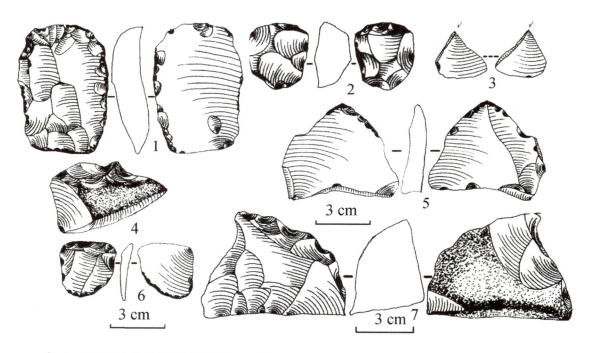

▲ 吉林桦甸仙人洞出土的石制工具图

1.刮削器　2、6.锛形器　3.雕刻器　4.钻器　5.尖状器　7.砍砸器

（图片来源：陈全家，赵海龙，王法岗：《吉林桦甸仙人洞旧石器遗址1993年发掘报告》，《人类学学报》2007年第3期，第228页）

该遗址的石、骨制品和动物骨骼化石表面未发现冲磨痕迹，应属于原地埋藏。从地层堆积厚度相对较薄，文化遗物相对较少，分布不集中来看，该遗址可能是一处季节性的居住址。从1991年试掘时发现的石锤以及1993年出土的骨、石制品分析，该遗址可能还是一处食物和工具的加工场所。

文物保护

2013年，寿山仙人洞遗址被国务院公布为第七批全国重点文物保护单位。

文化价值

该遗址的发现与发掘为中国北方主工业增加了新的资料，同时为东北地区旧石器时代考古提供了新的资料，丰富了该地区的工业类型，特别是从旧石器时代早期之末或中期到晚期具有一脉相承的文化，在同一遗址内发现还是东北地区第一次，具有重要的学术价值。

参考文献

［1］陈全家，李其泰.吉林桦甸寿山仙人洞旧石器遗址试掘报告［J］.人类学学报，1994（01）：12-19.

［2］陈全家，赵海龙，王法岗.吉林桦甸仙人洞旧石器遗址1993年发掘报告［J］.人类学学报，2007（03）：222-236.

［3］陈全家，赵海龙，王法岗，等.桦甸仙人洞遗址出土的动物化石与孢粉［J］.人类学学报，2013，32（01）：52-62.

2
石人沟遗址

石人沟遗址位于吉林省延边朝鲜族自治州和龙市龙城镇石人沟村，遗存分布面积约3万平方米，是旧石器时代的古人类遗址。

历史沿革

2001和2002年春，抚松县农民张炳山在延边地区和龙市龙城镇石人村西侧山上建房和刨人参地时，发现2件黑曜岩石片石核。

2004年5月4日，吉林大学师生、和龙市文物管理所对延边地区和龙市龙城镇石人村进行旧石器考察，发现石器40件。

2005年，吉林大学、吉林省文物考古研究所等单位对其进行试掘，揭露面积约52平方米。

2007年，吉林省文物考古研究所、吉林大学师生、和龙市文物管理所在石人沟遗址地表采集到石器51件。

遗址特点

该地点第1层为现代耕土层，第2层为火山喷发形成的粉尘堆积，第3层和第4层为古代人类活动形成的文化层，石制品主要出土于这两层中，第5层和第6层为风成堆积，第7层和第8层为河漫滩堆积，第9层为古河床堆积。

文物遗存

石人沟遗址采集和发掘获取的石制品共1447件，原料以黑曜石为主，种类包括锤击石核、楔形细石叶石核、细石叶、石片、石叶、琢背小刀、雕刻器、尖状器等。遗址的文化特征充分体现了旧石器时代晚期东北亚地区以黑曜石为主要原料，以石叶、细石叶工艺为主要特征的石器文化。

文物保护

2013年3月，石人沟遗址被中华人民共和国国务院公布为第七批全国重点文物保护单位。

文化价值

石人沟遗址规模较大，石制品丰富，对东北亚地区细石叶工业的研究具有重要学术意义。石人沟遗址的石器工业为探究晚更新世图们江流域乃至整个东北地区的古人类对于资源开发利用的能力、策略以及相适应的生存方式提供了重要资料。这也说明了这一地区存在着古人类学和旧石器时代考古学发现与研究的巨大潜力，具有重要的学术价值。

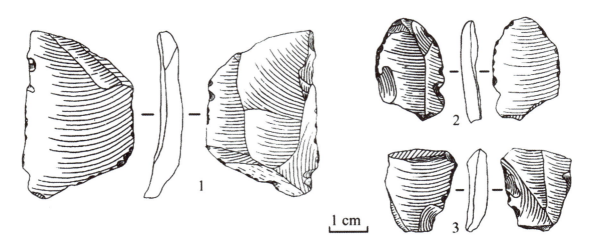

1 cm

▲ 石人沟遗址发现的刮削器图

（图片来源：陈全家，赵海龙，方启：《石人沟林场旧石器地点试掘报告》，《人类学学报》2010年第4期，第378页）

参考文献

［1］陈全家，王春雪，方启，等.延边地区和龙石人沟发现的旧石器［J］.人类学学报，2006（02）：106-114.

［2］陈全家，赵海龙，方启，等.石人沟林场旧石器地点试掘报告［J］.人类学学报，2010，29（04）：373-382.

［3］陈全家，赵海龙，王晓阳.石人沟旧石器遗址2007年发现的石器研究［J］.华夏考古，2014（04）：50-57.

［4］陈全家，赵海龙，方启，等.延边和龙石人沟旧石器遗址2005年试掘报告［J］.人类学学报，2010，29（02）：105-114.

［5］王春雪，陈全家.试析吉林和龙石人沟旧石器时代晚期遗址古人类的技术与行为［A］.边疆考古研究（第6辑）［C］.北京：科学出版社，2007：39-55.

3
和龙大洞遗址

　　大洞遗址位于吉林省延边朝鲜族自治州和龙市崇善镇大洞村的东北部，坐落在红旗河与图们江汇合处的三级阶地上，地处长白山系南岗山脉的南端，西距长白山天池约75千米，东距崇善镇约4千米，西北距元峰村约1.5千米，东北距上天村约1千米，地理坐标为42° 08 ' 36 " N，128° 95 ' 05 " E。

历史沿革

　　2007年8月，吉林省文物考古研究所、吉林大学边疆考古研究中心及延边州和龙市博物馆联合考古调查队在吉林省长白山地区图们江流域发现了和龙大洞旧石器遗址。

　　2007年8月末—9月初，吉林省文物考古研究所、吉林大学边疆考古研究中心及延边州和龙市博物馆对该遗址进行了调查。

　　2010年，吉林省文物考古研究所对其进行正式考古发掘。

　　2021年，吉林省文物考古研究所继续对和龙大洞遗址进行考古发掘。

遗址特点

地表遗物分布面积达100万平方米。

2007年试掘出土石器71件，包括石片、工具和断块等。

2007年8月末—9月初进行了调查，发现石制品5681件，包括石核、石片、细石叶、石叶、工具、断块等。

1. Ⅳ型楔形细石核（07DD.C1402）

2. 细石核断块（07DD.C1070）

3. Ⅳ型楔形细石核（07DD.C1175）

4. 双直刃刮削器（07DD.C578）

5. 单凸刃刮削器（07DD.C15）

6. 中间石叶（07DD.C130）

7. 单直刃刮削器（07DD.C4907）

8. 单凹刃刮削器（07DD.C58）

9. 单凸刃刮削器（07DD.C1157）

▲ 遗址出土的石器

（图片来源：万晨晨，陈全家，方启，等：《吉林和龙大洞遗址的调查与研究》，《考古学报》2017年第1期，图版贰）

2010 年，发掘面积50平方米，共出土石锤、石砧、石核、细石核、石片、石叶、细石叶、雕刻器、边刮器等各类石制品1253件以及无人工痕迹的砾石47件，动物化石3件。

文物保护

2019年10月7日，和龙大洞遗址被中华人民共和国国务院核定公布为第八批全国重点文物保护单位。

文化价值

和龙大洞遗址具有连续的地层堆积，是长白山地区最重要的遗址之一，历次调查获取了大量的考古材料。和龙大洞遗址古人类活动时间主要处在MIS3阶段末段和整个MIS2阶段，正处在细石叶技术快速占据东北亚地区的关键节点。遗址不同文化层表现出的石器技术变化，以及反映出的末次冰盛期以来古人类技术演化的主要特征和环境适应策略，将为长白山地区乃至东北亚地区细石叶技术的起源研究提供重要的线索。

参考文献

［1］万晨晨，陈全家，方启，等.吉林和龙大洞遗址的调查与研究［J］.考古学报，2017（01）：1-24.

［2］李万博，陈全家，方启，等.延边和龙大洞旧石器遗址（2007）试掘简报［A］.边疆考古研究（第20辑）［C］.北京：科学出版社，2016（02）：1-11.

［3］徐廷，赵海龙，顾聆博.吉林省和龙大洞旧石器遗址2010年发掘报告［J］.人类学学报，2023，42（05）：651-666.

4
双塔遗址

双塔遗址位于吉林省白城市洮北区德顺蒙古族乡双塔屯东的漫岗上，属新石器时代、青铜时代和辽代遗址。

历史沿革

1960年，文物普查时发现双塔遗址。

1980年，白城地区博物馆进行复查时，在遗址东部发现了一座新石器时代半地穴式房址，采集到石器、骨器、陶片等。

2007年，吉林大学与吉林省文物考古研究所联合在此处进行了考古发掘。

遗址特点

共发掘面积1419平方米，分为三期文化遗存，第一期文化遗存发现灰坑6座、灰沟2条、柱洞14个、陶片堆积层2处、墓葬1座。第二期文化遗存发现墓葬4座。

文物遗存

第一期文化遗存出土陶器222件，包括罐、瓮、盆、盂、豆、碗、钵、杯、纺轮等。制作方法以泥圈套接法为主。陶器表面多凹凸不平，整体不甚规整，体现出较为原始的制作水平。

石器102件，包括细石器和磨制石器两种。细石器有刮削器、尖状器、石

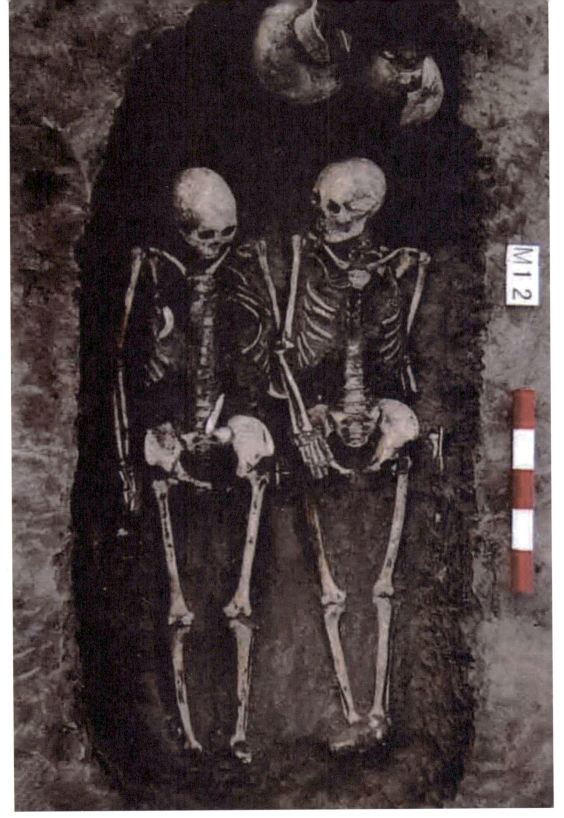

▲ M12平面图

（图片来源：吉林省文物考古研究所提供）

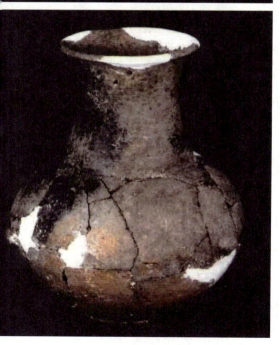

▲ 双塔遗址出土的陶罐

（图片来源：吉林省文物考古研究所提供）

刀、雕刻器、石锥、石钻、石核、石片、石叶等。磨制石器有石斧、锛、磨盘、砺石、网坠、石环等。

骨角器80件，有锥、匕、鱼鳔、梭形器、镞等。

蚌器13件，包括穿孔圆形器、刀、匕等。

第二期文化遗存出土有陶器、石器、玉器、骨器和蚌器等。

陶器包括陶杯1件。

石器包括石斧1件、研磨器1件。

玉器有兽面纹佩饰1件、玉环1件。

蚌器有串珠1组等。

双塔遗址第一期文化遗存中有大量的野生动物骨骼、鱼骨及蚌壳，而未见粮食作物遗存。石器中多见刮削器、尖状器、石镞及石叶工具，有少量加工食物的磨盘、磨棒，未见与农业生产有关的石锄、石铲及石刀等。骨器中有大量以野生哺乳动物和鸟类骨骼制作的骨锥、鱼镖、梭形器等手工和渔猎工具。这些都说明该文化是以渔猎为主的一种经济形态，而聚落壕沟、灰坑、柱洞、陶片堆积层的发现，则表明该文化的聚落有定居性质。

文物保护

1981年，双塔遗址被吉林省人民政府公布为吉林省重点文物保护单位。

2013年3月，双塔遗址被中华人民共和国国务院公布为第七批全国重点文物保护单位。

文化价值

双塔遗址第一期文化遗存，人骨样品的碳-14测年数据与陶片样品的热释光测年数据表明，其年代为距今10000年左右。此类文化遗存很可能属于嫩江中下游乃至我国东北地区迄今发现的年代最古老的新石器时代文化。该类遗存的发现，填补了早期陶器在中国东北地区分布上的空白。

参考文献

［1］王立新，金旭东，段天璟，等.吉林白城双塔遗址新石器时代遗存［J］.考古学报，2013（04）：501-533+537-538+577-582.

［2］王立新，段天璟，汤卓炜.吉林白城双塔遗址发现万年前后陶器［N］.中国文物报，2012-09-14（006）.

［3］王立新，段天璟.中国东北地区发现万年前后陶器——吉林白城双塔遗址一期遗存的发现与初步认识［J］.吉林大学社会科学学报，2013，53（02）：65-71+175-176.

5
新屯子西山遗址

历史沿革

1999年秋抚松县新屯子镇村民张春德挖人参地时，发现了一个重17.4千克的黑曜岩石叶石核。2002年9月末，吉林大学边疆考古研究中心、吉林省文物考古研究所、抚松县文物管理所组成联合发掘队对石核发现地点进行了试掘，揭露面积70平方米，在黄色亚黏土层中发现了用石块围成的椭圆形遗迹1处以及石制品30件。

遗址特点

该遗址是一个古人类临时活动场所，根据石制品出土层位以及遗址内不见任何磨制石器和陶片判断，该遗址的年代可能属于旧石器时代晚期或稍晚。

抚松县地处长白山腹地，地势东南高，西北低。西山遗址位于抚松县西北隅的盆地内，山间盆地东西约4.5千米，南北约15千米；东山海拔最高为725米，西山海拔最高为745.4米。由于长白山区地壳抬升，使大黄泥河被切割成很深的河谷，谷深约25—30米。大黄泥河由东南向东北流入二道江。

地层堆积

从地表坡度看，遗址由西南向东北倾斜。堆积物呈现西厚东薄，自上而下分为3层：

第一层，黑土层，土质呈黑色且较松散，未发掘到遗物，堆积较薄，厚0.15米。

第二层，黄色亚黏土层，土质呈黄色且黏，含石圈遗迹和石制品，堆积物西厚东薄，厚0.1～0.25米。

第三层，基岩风化壳，由大小不等的破碎玄武岩组成，厚度不详。

石圈遗迹

石圈遗迹石块来自周围的玄武岩层，呈现为椭圆形。石圈分为内、外两圈，

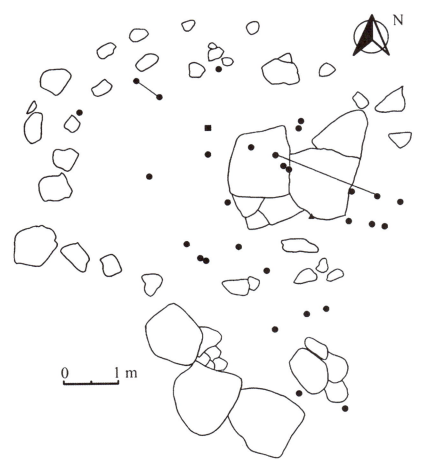

▲ 新屯子西山遗址石圈遗迹平面图

（图片来源：陈全家、赵海龙、王春雪：《抚松新屯子西山旧石器遗址试掘报告》，《人类学学报》2009年第28卷第2期，第147页）

内圈石块少，主要分布在西北角，由14块大小不等的石头组成；外圈石块多而密集，而东部部分石圈被近代人破坏，由18块石头组成。内外石圈间距为0.3—0.4米。东西内径长5.6米、外径长6.5米，南北内径宽3.7米、外径宽4.8米。在其南侧有三块1.2米×1.3米左右的大块岩石排列，并与地面平齐，而石圈内的东侧有三块大的岩石相连并高于石圈内地面，由西向东逐渐变高，东西长2.4米、南北宽2.05米，推测是人类躺卧理想的休息地方。从石圈的性质分析，可能与古人类建筑窝棚有关，石头用来加固茅草；石圈内的中西部地面平坦，比室外地面略低，推测是人类活动的场所。石制品主要在石圈内，共25件，占石制品总数的83.33%，除了1件石叶石核外，余者均为剥片产品，不见工具类，推测当时的古人类在石圈遗迹内剥制石叶或修理工具，并将修理好的工具带到他处使用。

文物遗存

石制品原料全部为黑曜岩。从石叶石核左右两侧保留的自然面分析来看，其右侧是喷出的熔岩与地面接触形成的自然面，而左侧是熔岩冷凝时流动的状态。从而得知熔岩流的厚度即是石核的宽度，即可说明原料的产源并不厚。从发现的

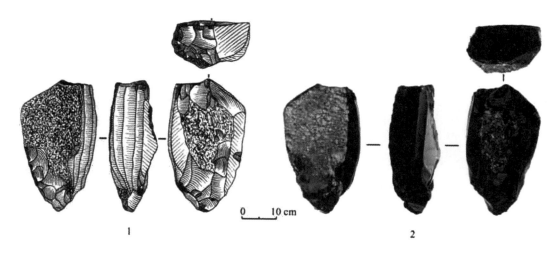

▲ 新屯子西山遗址出土石器

（图片来源：陈全家、赵海龙、王春雪：《抚松新屯子西山旧石器遗址试掘报告》，《人类学学报》2009年第28卷第2期，第150页）

石叶石核分析，其原产地并不会太远。因为遗址位于长白山腹地，亦是火山带地区，所以遗址附近有可能就是原料的产地。

文物保护

2013年3月，新屯子西山遗址被中华人民共和国国务院公布为第七批全国重点文物保护单位。

文化价值

新屯子西山遗址填补了吉林省内旧石器时代考古发现的空白，对探讨古人类在图们江流域的迁徙、开发和改造过程，及更新世晚期石器工艺的演变态势具有重要学术意义。特别是巨型的黑曜石石叶石核和其剥片面上长32.2厘米、宽4.4厘米的石叶阴痕均属国内罕见。该遗址的发现对探讨古人类在图们江流域的迁徙、适应、开发和改造过程以及更新世晚期石器工艺的演变趋势具有重要的学术意义。

参考文献

[1]陈全家，赵海龙，王春雪.抚松新屯子西山旧石器遗址试掘报告[J].人类学学报，2009，28（02）：147-153.

6
后太平遗址群

后太平遗址群，位于吉林省四平市双辽市东辽河右岸，以太平遗址和后太平墓地为中心，包括白牛墓地和大金山、西山湾子、七棵树、盘山、黄土坑、孤家子、东岗仕家、东贤良、勃山屯等遗址，是新石器时代至战国时期的古人类墓地和遗址。

历史沿革

1932年，日本学者水野清一调查了郑家屯镇西郊的沙丘地带，发现了刮削器、石核、石片、陶片等遗物。

1957年5月，吉林省博物馆李莲、陈奉廉、聂俊馥等人调查了桑树乡韦坨子、北坨子、南坨子，官井子屯的西坨子、后坨子，吉兴乡西坨子等遗址，采集到陶片、鬲足、桥状耳、细石器和彩陶片。

1984年文物普查时，顾铁民、段新、王柏泉、郭法鲁等人先后调查了柳条乡西山湾子、种羊场义合永、郑家屯镇西坨子、茂林镇小王家屯和孤坨子、红旗街道桑树后坨子、王奔镇仕家东坨子、东明镇后太平、新立乡大金山等33处先秦遗址。

2006年，双辽市文体局、博物馆等相关部门到后天坪村征集到陶壶、陶罐、青铜刀、青铜扣、白石管等遗物。

2007年，四平市文物管理委员会办公室工作人员隽成军、赵殿坤、侯长春等到双辽市检查文物安全工作，见到了现藏于郑家屯博物馆的后太平村四队出土的12件陶器，有筒形罐、多耳罐、束颈壶、单耳杯、壶形鼎等，认为后太平村四队出土的这批陶器可能代表一种新的考古学文化类型，这对确认东辽河下游右岸地区青铜时代文化属性提供了重要的线索。为了解这一文化类型的具体情况和分布范围，2007年3月，四平市文物管理委员会办公室带领双辽市文物管理所、双辽市郑家屯博物馆对双辽市境内的东辽河及其与西辽河交汇处沿岸的二级台地进行了区域性专题考古调查。此次调查自大哈拉巴山脚下的双山镇开始，沿东辽河右岸二级阶地由东北向西南先后调查并确认了新立乡大金山遗址、柳条乡白牛墓地、农阁村西山湾子遗址、东明镇七棵树遗址、盘山遗址、后太平遗址、黄土坑遗址、孤家子遗址，王奔镇东岗遗址，由东岗遗址折向西北，沿西辽河左岸二级阶地由东南向西北先后调查并确认了王奔镇仕家东坨遗址、红旗街道东贤良遗址、勃山屯遗址及勃山屯砖厂墓地。

此次工作复查并确认了11处青铜时代遗址和3处青铜时代墓地，这些遗址及墓地沿东、西辽河汇流三角区边缘二级阶地呈"V"字形分布，在两个河曲弧湾（俗称山湾子）之间伸向河边的蛇头形台地（俗称山咀子）之上，除中部的部分遗址地表见有白金宝文化遗存外，所见多数素面陶片显示出相同或相似的特征，初步将其确认为一处具有相同文化因素的遗址群并以处于其中心位置、遗存丰富且典型的后太平遗址所在地后太平村命名，称作"后太平遗址群"。

2007年5月—11月，吉林省文物考古研究所会同四平市文物管理委员会办公室、双辽市文物管理所、双辽市郑家屯博物馆等单位，对后太平遗址进行了抢救性发掘。

遗址特点

2007年，发掘面积约1500平方米，清理各类遗迹75个，出土陶器、青铜器、骨脚器、蚌器、玉石器等1500余件。

发掘区共包括两个，Ⅰ区位于后太平遗址第一地点东南部。共清理遗迹单位21个，包括房址3处、灰坑15个、灰沟3条。出土有石器、陶器、骨器。共发现三个时期遗存，分别为青铜时代遗存、汉代遗存、辽金遗存。

Ⅱ区位于后太平遗址第二地点的中部偏南处，共清理遗迹单位48个，包括墓葬37座、房址1处、灰坑9个、灰沟1条。出土大量石器、陶器、青铜器、角骨器等。

▲ M9平面图

（图片来源：吉林省文物考古研究所提供）

▲ 后太平遗址群出土的器物

1、2.柳叶形铜镞　3.陶范　4.鹿角甲片

（图片来源：吉林省文物考古研究所提供）

共发现三个时期遗存，分别为新石器时代晚期遗存、青铜时代遗存、辽金遗存。

墓葬均为竖穴土坑墓，方向为西南—东北向，与东辽河走势基本平行。以多人葬为主，有少量单人葬。

文物遗存

共发现1500余件文物，包括石器、陶器、青铜器、骨角器等。

石器包括砺石、斧、锤斧、镞、尖状器、石片、坠、管、珠子等。陶器包括壶、罐、杯、豆、网坠、纺轮、陶塑等。青铜器包括镞、刀、锥、铜泡、环、坠子等。

文物保护

2007年5月31日，吉林省人民政府将后太平遗址群核定公布为省级文物保护单位。

2013年3月，后太平遗址群被中华人民共和国国务院核定公布为第七批全国重点文物保护单位。

文化价值

东辽河下游特殊的地理位置，使它与经济形态各异的文化类型毗邻，并成为南北东西诸多文化交流传播的必经之处，与周边的多种文化均存在交流和影响的可能，因而其文化内涵具有多样性的特点，稍显复杂，亦尤为重要。后太平遗址群的调查和发掘，使我们对东辽河下游地区青铜时代文化的基本情况和时代序列有了大致的了解。

参考文献

［1］洪猛，魏明江.略谈后太平遗址青铜时代遗存有关问题［J］.北方文物，2012（04）：28-33.

［2］吉林文物考古研究所.后太平——东辽河下游右岸以青铜时代遗存为主的调查与发掘［M］.北京：文物出版社，2011.

7

农安五台山遗址

农安五台山遗址地处西流松花江流域下游，位于长春市农安县波罗湖西岸台地上，是一处包含新石器时代、青铜时代两个时期的聚落遗址。

历史沿革

2017—2018年，吉林省文物考古研究所联合长春博物馆对农安五台山遗址进行为期两年的考古发掘。

遗址特点

农安五台山遗址共发掘面积1500平方米，发现灰坑、墓葬及房址等各类遗迹94个，其中房址16座、灰坑74个、灰沟3个和居室葬1座，出土了丰富的陶器、石器、玉器和骨角器等遗物。

全部的房址、灰沟和墓葬以及灰坑都属于新石器时代。在遗址地点西侧与台地相连的位置还发现一条长约70米、贯穿台地南北的壕沟，该壕沟具有边壕性质。

房址为圆角方形半地穴式，呈围绕台地中心的向心式分布，门道朝向基本指向台地中心。遗址西侧可能修建有边壕。

农安五台山遗址为左家山下层文化时期的环形聚落布局，在新石器时代并不多见。五台山的先民们充分利用遗址所在的地形地势，对村落的营建进行了完整规划。这种规划除了考虑氏族部落的有效管理之外，也充分考虑了当地的地理环境、气候条件以及日常生产生活便利等因素。

文物遗存

农安五台山遗址陶片可以分两组。其中第一组陶片占总陶片数的98%，属于新石器时代遗存，在遗址中最为丰富，陶质以夹细砂黄褐陶为主，质地较硬，以筒形罐为大宗，器表多施几何状刻划线纹。农安五台山遗址新石器时代遗存属于左家山下层文化中期遗存。第二组陶片约占总陶片数的1%，属于青铜时代遗存；其余1%陶片多细碎，不具统计学意义。

农安五台山遗址获得了比较丰富的炭化植物遗存。粟和黍的出土，表明左家山下层文化时期当地先民已经开始种植以粟、黍为代表的农作物。从出土概率来看，农业生产已进入北方旱作农业体系。根据对粟和黍在绝对数量和出土概率方面的对比分析发现，当地先民对黍的利用率要高于粟，结合东北地区及其他旱作农业地区材料，五台山左家山下层文化先民的农业还处于早期发展阶段。

除了出土农作物种子之外，遗址还出土了其他植物种子，如稗、藜、酸模叶蓼、野大豆、狗尾草、马唐、大麻、地肤、胡枝子、拉拉藤、水棘针、牻牛儿苗、酸浆、黄檗等。部分植物如稗、藜、野大豆、马唐、酸浆等，可以作为重要的野生植物食物来源，也间接表明采集作为生业方式的补充仍然存在。在左家山下层文化的单位中发现了大麻籽遗存，虽然出土数量有限，但也再次证实了大麻在中国史前社会的重要性。

农安五台山遗址出土动物种属主要有狍子、獐、猪、狗、环颈雉、淡水鱼类、淡水软体动物类、啮齿目、狗獾、猞猁等。遗址内先民的主要肉食来源以大中型哺乳动物为主，以雉科、水生动物为辅。遗址动物群中仅有狗为家养动物，其余皆为野生动物，野生动物在遗址先民肉食贡献中占主要位置。

农安五台山遗址动物骨骼风化程度较轻但破碎程度较高，且骨骼表面具有切割痕、砍砸痕、烧烤痕等一系列人工加工痕迹，表明骨骼暴露在地表的时间不长，且先民对动物骨骼利用程度较高，加工动物遗存方法具有一定专业化水平。

文物保护

2019年10月，农安五台山遗址被中华人民共和国国务院公布为第八批全国重点文物保护单位。

文 化 价 值

农安五台山遗址考古揭露的新石器时代遗存意义重大，为研究西流松花江流域新石器时代文化编年序列和谱系关系提供了重要考古材料。尤其结合出土遗存，通过动植物考古、地理环境、体质人类学等多学科交叉研究，为恢复和重建左家山下层文化聚落布局、社会组织形态和生业方式等提供了多维度参考，丰富了左家山下层考古学文化内涵。

参考文献

［1］王义学.多学科视野下农安五台山遗址聚落考古研究［N］.中国社会科学报，2023-02-02（A04）.

8
后套木嘎遗址

后套木嘎遗址，位于吉林省白城市大安市红岗子乡后套木嘎村附近，是一处新石器时代的古文化遗存。

历史沿革

后套木嘎遗址发现于1957年，地表暴露有大量的蚌壳、兽骨、细石器以及陶器残片等遗物。

1958年，考古人员进行了复查，确认这里为一处古人类遗址，取名为永合屯细石器遗址。

1962年，考古人员对永合屯细石器遗址进行了小规模试掘，发掘了三座墓葬，墓葬中随葬品少，但有琢制的石镞和由兽牙组成的项饰。

1986年4月17日，大安县（今大安市）人民政府将永合屯细石器遗址批准为大安县第一批重点文物保护单位，重新定名为后套木嘎遗址。

2011年7月，后套木嘎遗址被选定为吉林省田野考古实践教学与遗址保护研究基地，也是国家文物局在全国设立六个田野考古工作新规程培训基地之一。为进一步了解该遗址堆积的保存情况和文化内涵，吉林省文物局、吉林大学边疆考古研究中心与吉林省文物考古研究所组成大安后套木嘎遗址考古队，对该遗址进行了为期五年的主动性发掘。

遗址特点

▲ 后套木嘎遗址AIV区房址

（图片来源：赵俊杰、李朵、李玉彬：《吉林大安市后套木嘎遗址AIV区发掘简报》，《考古》2017年第11期，第7页）

▲ 后套木嘎遗址AⅣ区出土的器物

1.陶壶　2.玉环　3、6.石镞　4.陶钵　5.石坠饰

（图片来源：赵俊杰、李朵、李玉彬：《吉林大安市后套木嘎遗址AⅣ区发掘简报》，《考古》2017年第11期，第17、18、24页）

　　后套木嘎遗址面积可达141万平方米，遗址中部一条东西走向的大沟，将遗址分为南、北两个区。北区的北部多见辽金时期遗物，而北区的中南部和南区则以新石器时代和青铜时代遗存为主。

　　从2011—2015年连续五个年度的发掘情况看，五个年度总计发掘6450平方米，共发现墓葬123座、灰坑647个、灰沟51条、房址43座，获得了大量的人工遗物及动植物遗存。据初步整理，遗存分属七个时期。其中第一至第四期为新石器时代遗存，第五、六期属青铜时代遗存，第七期属辽代或稍早段遗存。

第一期文化遗存：属后套木嘎一期文化，距今12900—11100年。后套木嘎第一期遗存应是我国东北地区迄今所见年代最早的新石器时代遗存，填补了超一万年早期陶器在地域分布上的空白。

第二期文化遗存：为黄家围子文化，距今8000—7000年。

第三期文化遗存：距今6800—5500年。此类遗存的特征有别于以往嫩江中下游地区命名的任何一种考古学文化。该类遗存的发现和确认，填补了嫩江中下游地区新石器时代文化序列中的一个重要缺环。从此期开始，灰坑、灰沟中出现大量哺乳动物骨骼。石器仍以细石器为主。有少量磨盘与磨棒，但仍然不见与农业直接相关的石铲、石锄、石刀等。

第四期文化遗存：属哈民忙哈文化，距今5500—4900年。

第五期文化遗存：该期遗存的性质属白金宝文化，年代约当西周至春秋时期。

第六期文化遗存：属汉书二期文化，距今2600年左右。

第七期文化遗存：属辽代及稍早时期文化。

文物保护

1986年4月17日，后套木嘎遗址被大安县人民政府批准为大安县第一批重点文物保护单位。

1999年2月26日，后套木嘎遗址被吉林省人民政府批准为吉林省第五批重点文物保护单位。

2019年10月7日，后套木嘎遗址被中华人民共和国国务院核定并公布为第八批全国重点文物保护单位。

文化价值

大安后套木嘎遗址虽然堆积不算深厚，但发现有新石器时代早期至辽金时期7个阶段的文化遗存，且遗迹种类丰富，叠压、打破关系复杂，为遗存的分期和编年序列的建立提供了极佳的条件。尤其是后套木嘎第一、三期遗存，填补了嫩江中下游地区新石器时代文化编年序列中的两个重要缺环。第一期遗存是东北亚地区迄今所知年代最早的新石器时代遗存之一，为研究渔猎定居型文化的出现、陶器的产生等重要课题提供了极为关键的材料。第六期即汉书二期文化墓地的大规模揭露，为研究该墓地的布局及社会组织结构创造了有利条件。

参考文献

［1］王立新.后套木嘎新石器时代遗存及相关问题研究［J］.考古学报，2018（02）：141–164.

［2］井中伟，夏福德，任平，等.吉林大安后套木嘎遗址新石器时代墓葬发掘简报［J］.文物，2023（11）：28–40.

［3］赵俊杰，李朵，李玉彬，等.吉林大安市后套木嘎遗址A Ⅳ区发掘简报［J］.考古，2017（11）：3–30.

［4］王立新，霍东峰，方启.吉林大安后套木嘎遗址发掘的主要收获［A］.边疆考古研究（第21辑）［C］.北京：科学出版社，2017（01）：321–333.

［5］霍东峰，周冰，梁建军，等.吉林大安市后套木嘎遗址A Ⅲ区发掘简报［J］.考古，2016（09）：3–24.

9
向阳南岗遗址

向阳南岗遗址隶属镇赉县坦途镇向阳村，西南距镇赉县城约50千米。

历史沿革

1984年，第二次全国文物普查时发现向阳南岗遗址。

1985年，吉林省文物考古研究所在白城地区和镇赉县文物部门协助下，对其进行了试掘。

遗址特点

发掘工作集中在Ⅰ、Ⅱ、Ⅲ区，共清理房址2座、灰坑1个、墓葬8座，墓葬均为土坑竖穴墓，平面呈长方形，无葬具。葬式均为仰身直肢，7座单人葬，1座男女二人合葬墓。

文物遗存

出土陶、石、铜、铁、骨等器物200余件。

陶器有罐、碗、鬲、钵、瓮、壶、盘、甗、纺轮、盅，饰有压印之字纹陶片、戳点平行线纹残片、刻划纹残片、戳印复合纹残片。

石器有镞、石片、砺石、网坠、半月形器、刮削器等。

铜器有耳环、泡、管形饰、方形饰等。

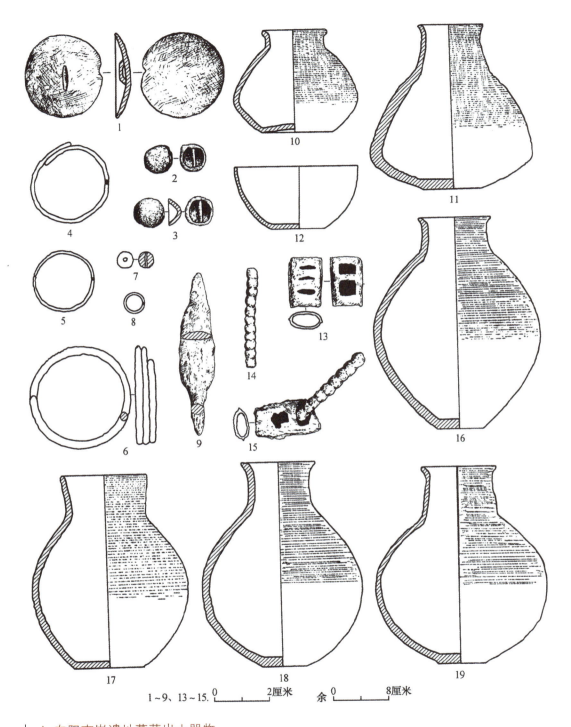

1~9、13~15. 0 ⊢━━━┙ 2厘米   余 0 ⊢━━━━┙ 8厘米

▲ 向阳南岗遗址墓葬出土器物

1—3.铜泡　4—6.耳环　7—8.料珠　9.铁镞　10—11、16—19.陶壶　12.陶钵　13—

15.铜饰

（图片来源：吉林省文物考古研究所提供）

铁器有镞、钉等。

文物保护

2013年3月，向阳南岗遗址被中华人民共和国国务院公布为第七批全国重点文物保护单位。

文化价值

向阳南岗遗址分布范围大，遗物出土较多，其内涵亦比较复杂，是吉林省西部地区一处重要遗址。遗物所显示的特征，表现出嫩江两岸在新石器时代之后，特别是夏商以后，有着较大的趋同性。这次发掘为进一步认识本地区已知的新石器时代、青铜和铁器时代遗存的文化面貌补充了新的资料，以IIF1、IIF2为代表的新石器时代晚期遗存是嫩江流域的重要发现。

参考文献

［1］张哲，王洪峰.吉林镇赉县向阳南岗遗址发掘简报［A］.边疆考古研究（第22辑）［C］.北京：科学出版社，2017（02）：31-59.

二、商周时期

1

西团山遗址

西团山遗址，位于吉林市欢喜乡吉兴村西团山上。西团山因位于吉林市西方，山势略呈圆形，故名。

历史沿革

20世纪20年代后期至30年代初期，我国考古学家李文信、日本考古学者三上次男、中国社会科学院考古研究所研究员佟柱臣等曾对西团山墓地进行过调查。

1948年，原东北大学（今东北师范大学）师生在西团山遗址首次清理发掘18座石棺墓，出土陶器59件、石器129件，发掘报告发表在《东北日报》上。

1949年9月到10月，东北大学师生在西团山遗址发掘了9座石棺墓，出土器物包括石器41件、白石管181枚。

1950年9月，由裴文中任队长的东北考古发掘团，对西团山墓葬进行了第三次发掘。共发掘19座石棺墓，出土石、陶器138件。同年，贾兰坡发表《吉林西团山古墓之发掘》。

1953年，吉林省博物馆在此清理一座石棺墓。

1956年，东北人民大学（今吉林大学）历史系师生清理两座石棺墓。

1962年，吉林大学和吉林市博物馆清理一座灰坑。

1952年，吉林省博物馆成立。1962年，吉林市博物馆成立。省、市（郊区）

文物考古工作者还曾多次在这里进行考古调查，采集数十件石、陶遗物。

1964年，由佟柱臣执笔，以东北考古发掘团的名义发表《吉林西团山石棺墓发掘报告》，将1950年西团山遗址的第三次发掘情况发布，并在文章中正式提出将以西团山墓葬文化遗存为代表的考古文化命名为"西团山文化"的建议。

遗址特点

西团山遗址南北长约300米，东西宽约400米，包括生活住址和墓地两部分。

西团山遗址的石棺所用的石材多是花岗岩，有板石和块石两种，在砌筑方法上分为板石皆立砌、块石皆垒砌两种。板石立砌墓多有副棺，即在墓室的尾端正前方或一侧另砌的专门放置随葬陶器用的小棺，与主棺相联结。这两种类型的石棺，有的有板石铺成的棺底，有的则直接将墓壁建在风化花岗岩之上。无论何种类型的石棺，均埋在山坡地表以下，最深可达2米左右，地面皆不见封堆。在

▲ 西团山文化展陈馆

（图片来源：张丰提供）

构成的形式上，基本上可为3
种，长方形有副棺的石棺墓、
长方形无副棺的石棺墓和近方
形小石棺墓。

葬式有直肢葬和屈肢葬两
种。

西团山石棺墓随葬品的摆
放位置与组合有一定规律，
白石管、野猪牙饰物多放在头
胸附近，石斧、石刀、石镞多
放在盆骨和股骨右侧，陶壶、
陶罐、陶碗多放在足下或副棺
中。在8具石棺墓的棺内或棺
外，还发现了随葬的猪颌骨和
牙齿。

文物遗存

在西团山遗址中共发掘石
棺墓48座，灰坑1座，出土石
器255件，陶器222件，牙器
2件，管状石珠（白石管）51
件。出土的遗物有石斧、石
锛、石刀、石砍斫器、陶罐、
陶壶、陶钵、陶碗、陶三足
器、陶纺轮等。

文物保护

1987年10月24日，被吉林

▲ 石棺墓

（图片来源：张丰提供）

省人民政府列入第四批重点文物保护单位名单。

2001年，西团山遗址被中华人民共和国国务院公布为第五批全国重点文物保护单位。

文化价值

以西团山墓葬文化遗存为代表的文化命名为西团山文化，是中国东北地区第一个命名的考古学文化，具有浓郁的地方特点。

西团山文化的分布范围，东边以张广才岭为界，南西到达浑清二河上游，西边到达伊通河中下游和东辽河沿岸，北越拉林河，大体相当于长白山地与松辽平原的交会地带。根据文化遗存的差异和碳-14测定西团山文化年代为西周至战国时期。

西团山遗址作为西团山文化最具代表性的墓地之一，在东北地区青铜文化研究中占据重要的地位，具有重要而广泛的影响。并且，对研究古代民族关系也提供了特别重要的材料。

参考文献

［1］吉林市地方志编纂委员会.吉林市志文物志［M］.长春：吉林文史出版社，1994：152-155.

［2］佟柱臣.吉林西团山石棺墓发掘报告［J］.考古学报，1964（01）：29-49.

［3］赵宾福.西团山文化分期研究［J］.考古学报，2009（04）：469.

［4］董学增.试论吉林地区西团山文化［J］.考古学报，1983（04）：407-426.

［5］贾兰坡.吉林西团山古墓之发掘［J］.科学通报，1950（08）：573-575.

2
汉书遗址

汉书遗址位于吉林省白城市大安市月亮湖镇汉书村端基屯北侧，是一处青铜时代文化遗存。

历史沿革

1960年第一次全国文物普查，汉书遗址被发现。

1974年5月—7月，吉林省博物馆文物队和吉林大学历史系考古专业组成联合考古队，对汉书遗址进行了局部发掘。根据汉书遗址的地层和文化内涵，初步区分汉书遗址有两种不同文化层互相叠压，其下层文化称汉书一期文化，上层文化称为汉书二期文化。

2001年6月，为了减少遗址因月亮泡水浸造成的损失，吉林省文物考古研究所对汉书遗址进行了抢救性发掘。

遗址特点

遗址本体东西长1000米，南北宽240米，面积约为23.6万平方米。

1974年共开探方15个，发掘面积700余平方米，发现了房址、墓葬和窖穴等遗迹。

2001年发掘的成果之一是在已知的汉书一期、二期文化之外，新发现了叠压在一期文化之下的汉书下层A、B两组遗存，并清理到一批晚于汉书二期文化的墓葬。其中下层遗存的A组遗存以台底罐、台底钵为特征，属于嫩江流域近年命名的小拉哈文化范畴，年代约相当于夏商时期。B组遗存以大袋足鬲、深腹壶为代表，具有辽河、大凌河魏营子类型文化因素，年代约相当于商至周初。最上层的墓葬则为一组全新材料，可能是早期契丹人的遗存，年代大致在南北朝时期。相当于西周时期的汉书一期、二期文化遗存，发现有房址、灰坑、窖穴、墓葬多种遗迹，遗物亦相对丰富，是此次发掘的另一重大收获，为汉书遗址的进一步分期提供了新的资料。

文物遗存

汉书一期文化的遗存以土坑墓M102为代表。M102内发现3个头骨和零乱、缺失的肢骨，属二次葬。经鉴定，一人为40岁以上的男性，另两人均属20岁左右的女性。随葬品有陶罐、铜扣、铜片、茧形饰等。其他几座墓葬，一般都出土有青铜器，如铜扣、铜环、铜刀、铜针、动物形的饰品等。

汉书二期文化的遗存为房址和窖穴。共发掘房址8座、窖穴20余个。房址均为半地穴式，现存有门道、灶坑、柱洞等。窖穴基本上为袋形穴，周壁及底部被修造得十分平整。二期文化的地层堆积和遗迹中，鱼骨、鱼鳞堆叠混杂。同时，大量陶网坠、船形器的发现，表明当时的渔业在经济生活中占有很重要的地位。

遗物比较典型的有四大类：陶器、石器、骨器、青铜器。

陶器有鬲、壶、罐、钵、杯、支座、船形器、网坠等。质地多为泥质红褐陶。主要纹饰有绳纹、按压纹、彩绘。

石器主要有石斧、石锛、石锤等。

骨角器较多，有锥、镞、矛、匕、锤、纺轮、带孔骨片及骨笄等。带孔的骨片可能是当时甲衣的附件。

金属器主要有青铜器和铁器两类。青铜器主要有刀、锥、扣以及属于青铜短剑附件的石枕状物。出土的铁器，主要有銎形斧和刀两种，它的形制同于战国至西汉时期内地居民使用的同类器物。此外，还出土了青铜器的陶范及鱼钩石范。青铜器陶范50余块，可辨器形有镞、扣、矛、马形饰牌等。

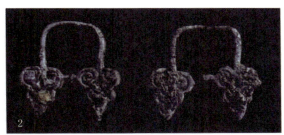

▲ 汉书遗址出土的器物

　　1.陶罐　　2.铜饰件　　3.红衣陶碗

　　（图片来源：吉林省文物考古研究所提供）

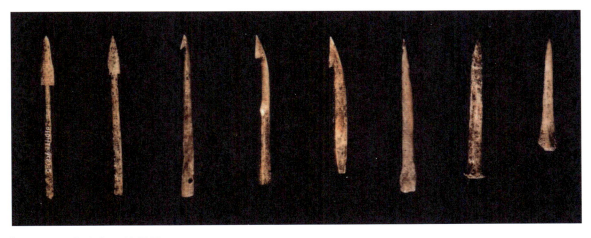

▲ 汉书遗址出土的骨器

　　（图片来源：吉林省文物考古研究所提供）

文物保护

1986年4月17日，汉书遗址被大安县人民政府批准为大安县第一批重点文物保护单位。

1987年10月26日，汉书遗址被吉林省人民政府批准为吉林省第四批重点文物保护单位。

2001年6月25日，汉书遗址被中华人民共和国国务院批准为全国第五批重点文物保护单位。

文化价值

汉书遗址是中国东北地区青铜时代的代表性文化遗存。遗址内出土有50余块陶范，表明当时已出现青铜冶铸业，但其制陶技术却仍停留在手工制作阶段，这与黄河中下游地区的考古学文化有着明显的区别。与此同时，汉书遗址的高裆鬲、彩绘雷纹、铁斧、铁刀等又受到中原文化的影响。

参考文献

［1］颜祥林.试论汉书遗址与半山遗址、小拉哈文化［J］.大庆社会科学，2012（06）：52-53.

［2］吉林省文物考古研究所.田野考古集粹：吉林省文物考古研究所成立二十五周年纪念［M］.北京：文物出版社，2008：25-26.

［3］吉林大学历史系考古专业，吉林省博物馆考古队.大安汉书遗址发掘的主要收获［A］.东北考古与历史（第1辑）［C］.北京：文物出版社，1982：136-140+88.

3
小西山石棺墓群

小西山石棺墓群，位于吉林市磐石市吉昌镇吉昌村西南约1公里的漫岗上，漫岗俗称"小西山"。

历史沿革

1976年，磐石县吉昌公社（镇）社员，在西郊小西山东坡修水渠时，发现数座石棺墓。

1980年，吉林省文物工作队派人赴该地进行文物调查时，发现三座暴露在外的石棺，随即进行了清理。之后，又开探沟两条，发现三座石棺。

遗址特点

该遗址发现石棺6座、灰坑1个。墓葬为长方形竖穴土圹石棺墓。六座墓都为长方形竖穴土圹石棺墓。人骨多已腐朽，仅1例可辨认葬式为仰身直肢葬。出土器物27件，其中石器18件，陶器6件，铜器3件。石器有石斧、凿、刮削器、镞、佩饰等。陶器有罐、碗、鼎等，采用泥条盘筑法，器表经过打磨，器壁平整光亮。铜器有短剑、斧、镞等。

灰坑为圆口袋形，出土石斧1件、陶钵1件。

此外，在该遗址还采集到石器8件、陶器12件。石器包括斧、锄、刀、纺轮、磨盘等。陶器均为残片，有桥状耳、柱状耳、鼎足、口沿、豆把等。

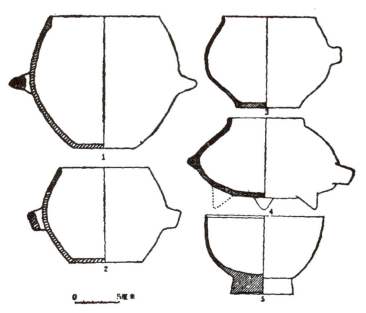

▲ 出土的陶器

1—3.陶罐　4.罐形鼎　5.碗

（图片来源：吉林省文物考古研究所提供）

文物保护

1981年，小西山石棺墓群被吉林省人民政府公布为吉林省重点文物保护单位。

2013年3月，小西山石棺墓群被中华人民共和国国务院公布为第七批全国重点文物保护单位。

文化价值

小西山石棺墓这一遗存所反映的文化面貌与吉林西团山文化有很大的联系性。这种联系不仅在墓葬结构、葬式上，还在出土的器物上，诸如陶质、制法以及器形单纯，并以罐、碗、钵为主要的陶器群也表现极为明显。所以小西山遗存同属西团山一个文化类型。小西山出土的曲刃青铜短剑为同时期周边青铜时代考古学文化间的关系研究提供了重要资料。

参考文献

［1］张英，王侠.吉林磐石吉昌小西山石棺墓［J］.考古，1984（01）：51–58.

4

辉发河上游石棚墓

辉发河主要流经吉林省南部和辽宁省东部。在辉发河上游的主要支流——一统河、三统河流域分布众多的石棚墓葬，现行政归属分属于通化市的柳河县和梅河口市。目前这一区域共集中发现石棚墓80余座。初步判断这些墓葬建于春秋战国之际。

遗址特点

构筑石棚墓的石材多为花岗岩石，石材均经加工，呈较规整的长方形或方形。墓葬是以3—4块板石半埋半裸立砌并围成墓室四圹，上覆以体量较大的石板封顶，四周呈现出宽大的棚檐，墓室铺有底石。一般砌石高于地面1—1.3米，最高的可达2米左右。通过调查、试掘发现，部分石棚墓内出土有人骨，部分经火焚烧。石棚墓的分布较有规律，一般集中构筑在低矮的山脊上。调查表明，年代大体属于春秋战国时期。比较典型的有大沙滩石棚墓、太平沟墓群、三块石石棚墓群等。已知的有双人葬和多人合葬两种葬式。双人葬见于马炮铺的两座墓，墓主二人东西并排而葬。多人葬见于瓦房顶子十二号石棚，此墓形制较大，过去调查中曾于两壁石间拾得经过火烧的肢骨多件，推测是多人的二次葬。

2008年，柳河县文物所工作人员在柳河县城西北砬门村西侧，大复兴村与小复兴村之间的公路北侧发现石棚墓采石场遗址。该遗址所在的山岗东北高，西南

▲ 大沙滩2号石棚墓

（图片来源：吉林省文物考古研究所提供）

低，采石场就处在山体西南角的砬子断崖处。山体为砂砾凝灰岩构成，可开采巨型石材，山体所形成的断崖石壁明显为人工所为。断崖下至今尚存多块巨型石材，上面留有明显的人工开凿的痕迹，还有榫槽和打孔。

文物遗存

目前出土的遗物较少，已知有铜、石、陶器。如马炮铺一号墓，曾出土有夹粗砂的黄褐陶壶、陶罐各一件。三里七队的两座墓中出土有一些黑褐色的粗砂陶片和一件青铜斧。在碱水北沟十一号石棚的墓底，曾拾得一件残断的磨制石镞。

文物保护

以大沙滩石棚墓为主体，整合县内其他石棚墓群，连同梅河口市石棚墓的辉发河上游石棚墓群，已于2006年6月2日被中华人民共和国国务院公布为第六批全国重点文物保护单位。

文化价值

辉发河上游石棚墓群是吉林省南部地区发现的规模较大、外形壮观、保存较好的石棚墓群。辉发河上游石棚墓与辽东半岛石棚墓大致相同，又有明显的地方特色，对研究我国东北地区青铜时代丧葬习俗，探讨松花江上游地区与辽东半岛和朝鲜半岛的文化融合与传承，乃至东北亚地区青铜时代文化格局形成具有极为重要的价值。

参考文献

[1] 洪峰.吉林省辉发河上游地区原始文化简析 [J].北方文物，1985（03）：22-28.

[2] 于晓辉.辉发河上游的典型石棚墓概说 [J].东北史地，2010（06）：9-12+97+98.

[3] 万瑞杰，王耀鹏，李信.柳河发现石棚墓群古采石场遗址 [N].吉林日报，2010-05-22（08）.

5
五家子遗址

五家子遗址位于长春市双阳区山河镇五家子村西北约300米、饮马河支流肚带河左岸的二级台地上。

历史沿革

1980年，文物普查时发现。

1988年，清理西团山文化时期墓葬3座。

2005年5—7月，吉林省文物考古研究所、长春市文物保护研究所联合对五家子遗址进行抢救性考古发掘。

遗址特点

遗址面积约4万平方米。文化层厚约40—70厘米。在遗址中发现有灰坑、房址、灰沟、石棺墓等遗迹。

房址为半地穴式，居住面未加任何铺设，即直接在自然风化沙上修理成面，表面平整坚硬。墙壁未经任何修饰。多数房址发现有灶址、柱洞或门道。

灰坑分为圆角长方形和不规则形两种，坑内出少量陶片、炭颗粒及小砾石块等。

▲ 五家子遗址（狐仙堂地点）

（图片来源：王义学提供）

▲ 五家子遗址房址

（图片来源：王义学提供）

文物遗存

文物包括石器和陶器两类。石器以完整者居多，包括刀及毛坯、刮削器、斧、凿、砺石、枕石、针、石球等种类。制作方法以磨制为主。石材的选择比较简单，多就地选材，但也有燧石等当地没有的石材。

陶器所见多为残片，完整器极少。以夹砂红褐陶为主，少数为夹砂黑褐陶，因烧制火候不均，有的一器呈现出上述不同颜色。制法多采用泥圈套接法或泥圈叠筑法，个别小型器为捏塑。可辨器形有罐、碗、壶、鼎、鬲、豆、盅、纺轮、网坠等。器耳较流行，有桥状耳、板状耳及瘤状耳等。

文物保护

1981年，五家子遗址被吉林省人民政府公布为省级文物保护单位。

2013年3月，五家子遗址被中华人民共和国国务院核定公布为第七批全国重点文物保护单位。

文化价值

五家子遗址从出土遗物的特征判断，其应属西团山文化范畴，对研究长春地区西团山文化的内涵、分布具有重要意义。

参考文献

［1］董学增.西团山文化研究［M］.长春：吉林文史出版社，1993：187.

［2］王义学，王卫民.长春市双阳区五家子遗址发掘简报［J］.北方文物，2011（04）：3-7.

6

大青山遗址

公主岭大青山遗址，位于吉林省公主岭市西北65千米双龙镇大青山村水泉山屯，附近丘陵起伏，漫岗交错。有两道由西南与西北方向延伸来的沟壑至村前相会，遗址分为东西两部分，东部东西长约500米，西部东西长约300米，两部南北宽约150米。

历史沿革

1961年5月，四平专署文教处组织的调查小组对遗址进行了考古调查，在遗址地表采集各类文物标本20余件。

1971年，怀德县双龙公社大青山大队第七生产队社员在村西南30米处，发现青铜短剑墓一座，该墓坐落于沟北一个向阳坡地上。

1971年，吉林省博物馆在遗址内清理了一座土坑竖穴墓。墓内无棺椁，葬有人骨两具，头向西北，均仰身直肢。墓内随葬青铜短剑一柄，夹砂红褐陶壶四件。

文物遗存

遗址附近丘峦起伏，沟壑纵横。自然沟壑将遗址分为东、西两部分，其中东半部分东西长约500米，西半部分东西长约300米，遗址宽约150米，遗址总面积约12万平方米。遗址东部的地表遗物分布较西部密集，主要有石器、陶器、骨器、玉器和青铜器。陶器以泥质或细砂黄褐、红褐陶为主，也有少量夹砂黄褐陶。火候一般较高，陶色较纯正，质地坚硬。器形有罐、鬲、钵、碗、杯等，口沿有侈、直、敛之分，唇有尖、方、圆之别，器耳有环状、乳突钮，器底有平、假圈足及三足的。纹饰多素面，有的经磨光，也有红衣陶、蓖点纹、几何纹、锯齿附加堆纹及细绳纹。此遗址与白金宝文化明显一致，属青铜时代文化遗址。

土坑竖穴墓墓葬为土坑浅穴，不见棺椁。内有人骨两具，头向西北，均为仰身直肢。在两骨架腰部之间，出青铜短剑一柄。剑近柳叶形，通长3.72厘米。茎粗短，首端铸成椭圆形平面。脊茎相贯，至三分之一处逐作截面六棱形，前渐收脊会于锋端，两刃叶薄并成束腰状，刃锋利。接短茎之剑叶处，两侧各有一小穿孔。在右侧人骨架脚下，置红褐夹砂陶壶四件，两仰两覆，形制相同。手制，器表粗糙无纹饰。通高12.1厘米、口径6.5厘米、腹径11.5厘米。另外，还出土有半环形铜饰一件。这种近柳叶形的青铜短剑，辽宁曾多有出土，吉林境内却是首次出现，初步确认这些文物当属战国晚期东胡族的遗物。

▲ 大青山遗址出土青铜短剑

（图片来源：吉林省文物考古研究所提供）

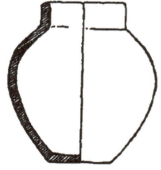

▲ 大青山遗址出土陶壶

（图片来源：吉林省文物考古研究所提供）

文物保护

1981年，吉林大青山遗址被评为吉林省第二批文物保护单位。

2013年，被国务院核定公布为第七批全国重点文物保护单位。

文化价值

大青山遗址是吉林省西部分布范围较大，保存较好的青铜时代遗址之一，对遗址开展进一步的考古工作，了解遗址的年代、性质信息，对进一步完善吉林省西部地区青铜时代考古学文化序列具有重要学术意义。

参考文献

［1］吉林省文物管理委员会.吉林怀德大青山发现青铜短剑［J］.考古，1974（04）：276.

［2］长春市文物保护研究所，吉林省文物考古研究所.长春市双阳区五家子遗址发掘简报［J］.北方文物，2011（4）.

［3］庄严，吉林省文物局.吉林省重点文物遗迹［M］.长春：时代文艺出版社，2014.

7
余富遗址

历史沿革

余富遗址西南距磐石市烟筒山镇约2.5千米。遗址所在的南坡山脚下有一条东西流向的小河，当地人称小北河，在距遗址1.5千米左右的余富村南注入饮马河。河南沿为烟筒山林场，吉沈公路在林场门前穿过，路南地势平坦开阔。遗址东坡下是一条沟塘，隔沟为余富屯北山。遗址北、西面连接的是连绵的群山，其中北部的最高峰是七架山，西边的高山为望海楼山，望海楼山西面为开阔的饮马河冲积平原。

1984年、2008年调查发现多个时期的文化遗存。2013年，余富遗址被中华人民共和国国务院公布为第七批全国重点文物保护单位。

遗址特点

遗址包括墓葬区、生活区和城址三部分，分布在余富西山的南坡、西南坡、山顶平岗以及平岗北端与另一个山包间的东南坡台地上。台地现今已成为耕地，其余的山坡均长满落叶松。南坡、西南坡遗址面积约12万平方米（400米×300米），山顶平岗、东南坡面积约30万平方米（600米×500米），总面积约为42万平方米，为目前省境内面积最大的西团山文化类型遗址。2008年，吉林市文物普查队、磐石市文物管理所、烟筒山镇文化站对遗址进行了复查，大致确定了遗址分布范围。

　　遗址南坡、西南坡均有明显的阶梯状台地构造。虽然由于栽树、埋坟和挖探矿沟使台地遭到很大破坏，但至今在台地局部地段仍保有浅坑，这可能是当时人们居住的半地穴房址的遗痕。东南坡台地，由于农耕破坏较严重，从遗址南坡暴露出的石棺看，石棺依山势做单行、横向排列，有3—4个墓区，均有西南、东北向，墓主人头朝山顶。

　　在余富遗址最南端的一个略低于西山主峰圆形小山包上，因山顶有平台，周围又有土城墙，当地群众称为"炮台山"，又戏称其为"薛礼征东点将台"。炮台山山顶呈平台状，山顶东面、南面都是开阔地，小北河由东而来，绕山南坡向西流入饮马河。山顶台地的直径约为25米，距山顶约6米有一道城墙绕山而行，城底（墙）为碎石堆砌而成，从靠墙的内侧就地取土堆成墙身，取土后在城墙

▲ 富遗址保护标志

内形成一条随城墙绕山走向的深沟。城的东边为悬崖，其他三面有城墙长为125米，现城墙残高为0.5米，墙底宽3米，顶宽1.3米。与墙结伴的沟深0.5米、宽1.5米。在城墙的南段有一边长为5米左右的正方形土台，可能是角楼一类的建筑。此城的城墙和内侧沟保存尚好，墙基底面局部段落有坍塌现象。

2009年5月，在第三次全国文物普查工作中，普查队员在余富遗址北侧山峰发现人工堆积土台，面积约400平方米，普查队初步推断该土台为人工烽燧，该处烽燧与遗址内的炮台山烽燧南北相对，遥相呼应，初步推测为汉代烽燧。

在遗址范围内到处散布着西团山文化遗物，主要有陶器、石器等。陶器均为红褐色夹砂陶，采集的文物标本有鼎足、鬲足、器耳、口沿和器底等，此外，尚有一件带圈点纹的纺轮。鼎足有圆锥状和扁方夹足状两种，鬲足多为圆锥状。器耳有桥状耳、板状耳、乳状耳等，大小、宽窄、厚薄不一，既有大型的桥耳、板状横耳，又有很小很窄的桥状小耳和乳丁耳。从陶耳、鼎足、鬲足看，这里的陶器不但种类多，而且多为大型器物。器型主要有鼎、鬲、罐、盆、壶、钵、碗、

▲ 余富遗址

杯等，均为素面、手制。石器较多，尤其是石器半成品几乎随地可见。采集到的标本有石刀、石斧残段、敲砸器、石核和刮削器等，石器质地为黑色的页岩。石刀为半月形、直背或稍向内弯，双面弧刃。石斧中有4件类似半成品，打制粗糙，为磨制石器的雏形，平面做长方形，横剖面呈菱形或椭圆形。采集的几件敲砸器均呈不规则圆球形。

文物保护

1984年，吉林市博物馆对余富遗址进行了调查。2008年，吉林市文物普查队、磐石市文物管理所、烟筒山镇文化站对遗址进行了复查，大致确定了遗址分布范围。2007年，余富遗址被列为第六批吉林省级文物保护单位，2013年被列为第七批国家级重点文物保护单位。

文化价值

这一区域存在多个时期的考古学遗存，对建立和完善饮马河流域考古学文化的时空框架，及这一区域人类历史的发展和变迁研究，具有很高的学术价值。同时，余富遗址对进一步开展西团山文化属性、分布范围、族属等问题的研究具有很高的价值。

参考文献

［1］王锐.余富遗址——承载磐石厚重历史［N］.吉林日报，2017-05-06（004）.

8
大海猛遗址

大海猛遗址位于吉林省吉林市龙潭区乌拉街满族镇杨屯村东南漫岗上，北部临近沼泽，俗称"大海猛"，遗址由此得名。

大海猛遗址是吉林地区出土文物较多、遗存较丰富、跨年代较长的古文化遗址。总面积达6万平方米，经过三次发掘获取各时期历史文物多达2800件。包含多个时代信息的文化遗存，为研究青铜时代、汉、渤海时期的生产生活提供了大批珍贵的实物资料。

大海猛遗址位于吉林乌拉街镇杨屯，前后共进行三次发掘。1971年进行第一次发掘，发现属于西团山文化的陶片、石器。1979年进行第二次发掘，发现西团山、汉、靺鞨—渤海三期文化遗存，清理第三期墓葬40座，均为长方形土坑竖穴墓。1980年进行第三次发掘，清理第三期墓葬30座，除1座石圹墓外，其余均为土坑墓。后两次发掘出土了大量靺鞨至渤海时期的石器、陶器、铁器、铜器、银器与玉石器等遗物。

2019年10月7日，大海猛遗址被中华人民共和国国务院公布为第八批全国重点文物保护单位。

大海猛遗址南北长约450米，东西宽约150米，高出附近平地约10米。

有青铜器时期的文化遗存（属西团山文化），有汉代文化遗存，有渤海时期文化遗存，时间大约在公元前500—1000年。根据不同时期的文化遗物，共分为大海猛一、二、三期文化遗址。

第一期文化遗址遍布整个遗址的最下层，共发掘清理房屋17所，均为浅地穴式，有的是圆角方形，有的是长方形，一般面积30平方米。在屋内或房屋附近出土有陶制和石制的生产工具，还有禽类和兽类的骨头等。在大海猛遗址还出土了大量的石器、陶器、骨器、青铜器等，青铜器有铜刀、铜斧等。大海猛第一期文化遗址内容丰富，属西团山文化。

第二期文化遗址只在遗存中部分区域有发现。其文化层的堆积较薄，除发现3座汉代的灰坑外，其他的均被近期的墓葬破坏。

第三期文化遗存主要是以墓葬为主，先后三次发掘清理了土圹墓90座，石圹墓2座，墓排列密集。

文物遗存

随葬品

大海猛古遗址以墓葬为主，三次共清理土圹墓90座，石圹墓2座。在墓葬中，除二次合葬墓之外，几乎都有或多或少的随葬品，其中有生活工具、生产用具、兵器、马具和装饰品等。生活用具主要是夹砂陶器和泥质陶器，器形有罐、壶额、碗等，其中以口沿部带锯齿形附加堆纹的筒形夹砂陶罐和腹部饰弦纹、蓖点纹和水波纹的鼓腹泥质陶罐最有代表性；从生产工具看，有铁斧、铁镰、铁锯条等；兵器有铁矛、铁刀、铁镞等；马具有马衔、马镳、马镫等；还有铜带勾、铁带勾、带卡、带锊、铊尾、牌饰、铠甲、耳环、银钏、银钗、玉璧、玛瑙珠、绿松石等。这些丰富多彩的遗物，从不同角度反映了渤海建国前后人们的生活状况。

▲ 大海猛遗址

▲ 大海猛遗址保护标志

双人驭马铜饰

双人驭马铜饰通长11.2厘米，高5.3厘米，青铜质地，合范铸造。制造者采用了写意、夸张的艺术手法，生动地表现了二人共驭一马的形象。驭马两人，均做站立状。前者高大，头戴冠，其巾带似迎风飘起，双臂前伸，双手做驾驭状，双腿夹马腹，形象鲜明。而后者较为矮小，无帽，面目、四肢均较模糊，显示出二人地位上的差别。在马的腹部，高大驭手脚下有两孔，与马尾中部的圆环以及代表马鬃的圆孔同为系挂绳索之用。它是当时人们佩戴的饰品。

碳化谷粒和黄豆粒

大海猛遗址的陶罐里出土了已碳化的谷粒和黄豆粒，为乌拉街小米和东北大豆找到了历史根据。

文物保护

2007年5月31日，大海猛遗址被吉林省政府批准为第六批吉林省文物保护单位。

2019年10月7日，大海猛遗址被中华人民共和国国务院核定并公布为第八批全国重点文物保护单位。

文化价值

大海猛遗址出土的渤海时期遗物充分证明，渤海王国与中原建立了密切的往来关系，有许多遗物是仿制和交换的。在古代中世纪，吉林松花江流域的文化就已相当进步，这对研究吉林地区少数民族的历史、文化提供了重要的科学依据。

参考文献

[1] 卢成敢.渤海遗存的分区研究[D].长春：吉林大学，2019.

[2] 赵宾福.西团山文化分期研究[J].考古学报，2009，（04）：469-496.

9

二龙湖古城遗址

二龙湖古城遗址位于吉林省四平市铁东区石岭子镇二龙山村北崴子屯南1.5千米。

历史沿革

1983年文物普查时发现二龙湖古城遗址，当时认为其为明代叶赫故城。1985年，二龙湖遗址出土了铁镢和绳纹陶片，吉林大学林沄教授认为，以上两种器物是战国遗物。

1987年，吉林大学和四平地区博物馆对二龙湖古城进行调查和清理，认为二龙湖古城的年代为战国到汉代。

2002年，吉林省文物考古研究所和四平市文物管理委员会对城内东南角进行了发掘。

2009年，四平市文物管理委员会对遭到破坏的城内西南部进行了抢救性发掘。

遗址特点

二龙湖城址平面近方形。由于在城址内修建啤酒厂，城址遭到严重破坏。城址的西侧城墙位于现代水塘之下，长度不清。按照城墙走向推测约200米。北侧城墙一侧压在啤酒厂厂房之下，一侧仍残存约40米的城墙残段，中间有一现代道路通过。东侧城墙一侧已被现代民居破坏，现存约105米的一段城墙。南侧城墙分成两段，西段约65米，东段135米，中间有一约10米的豁口，推测为当时的城门，目前有一现代道路通过。按照残存的城墙走向推测，城址周长大约为800米。城墙由黄土夹大量砂石堆筑而成。城墙现存高度1—3米，现存墙基宽10—12米，现存墙体宽3—5米。

▲ 南城墙

（图片来源：吉林省文物考古研究所提供）

▲ 发掘现场

（图片来源：吉林省文物考古研究所提供）

文物遗存

1987年，清理了三个灰坑和一条灰沟。出土了陶器、铁器、铜器、瓦等。

陶器有釜、大口尊、罐、盆、甑、钵、豆、瓮等。

铁器有镰、刀、马镳。

铜器有铜镞等。

2002年，在城内东南角共发掘32个探方，发掘面积3200平方米，发现房址14个、灰坑7个、灰沟2条。出土陶器、铜器、铁器、石器、玛瑙珠、绿松石、水晶、料管等。

陶器可辨器形有鬲、甑、罐、釜、壶、瓮、豆、碗、钵、量、盅、大口尊、瓦当、筒瓦、板瓦、纺轮、网坠、小陶饼、陶乳钉、陶塑、陶水管等。陶质以泥质陶和夹砂陶为主。

铜器有带钩、刀币、腕饰、鱼钩、管、扣、珠子、环等。

铁器有镢、镐、镰、凿、锥、刀、剑、削、带钩、鱼钩、钉、车钉等。

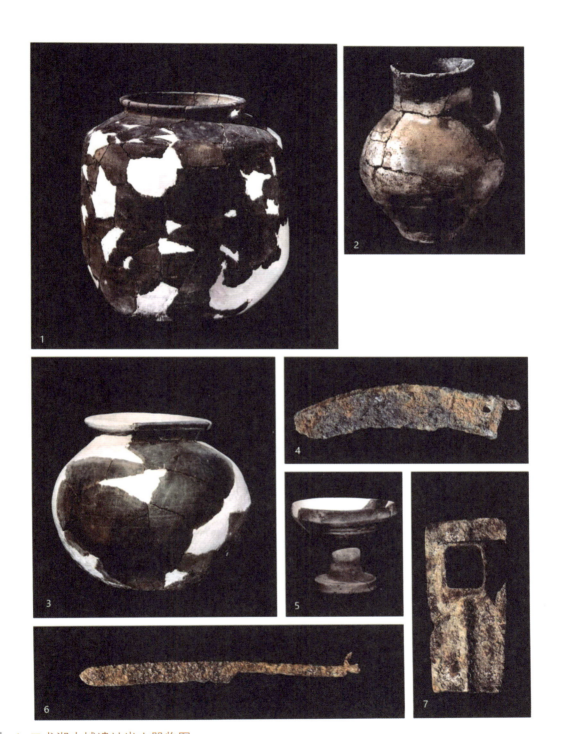

▲ 二龙湖古城遗址出土器物图

1.陶瓮　2.陶壶　3.陶罐　4.铁刀　5.陶豆　6.铁镰　7.铁锄

（图片来源：吉林省文物考古研究所提供）

石器有斧、镰、刀、镞、璧、研磨器、磨石、石量等。

文物保护

1988年，二龙湖古城遗址被吉林省人民政府列为吉林省省级文物保护单位。

2001年，二龙湖古城遗址被中华人民共和国国务院列为第五批全国重点文物保护单位。

文化价值

二龙湖古城址，出土大量战国晚期至汉代的燕文化因素的遗存，是燕国势力范围最北的一处城址，也是中原王朝治理东北的历史见证，对研究当时东北地区民族分布、政权归属关系及社会经济状况等均有重要的历史价值和学术意义。

参考文献

［1］余静，聂勇，隽成军，等.吉林省四平市二龙湖古城址发掘报告［A］.边疆考古研究（第12辑）［C］.北京：科学出版社，2012（02）：87-125.

［2］梁会丽，隽成军，王长英.四平市二龙湖古城遗址2009年抢救性发掘［J］.北方文物，2012（04）：34-36.

［3］朱永刚.吉林省梨树县二龙湖古城址调查简报［J］.考古，1988（06）：507-512.

10
干沟子墓群

历史沿革

    干沟子墓地位于长白县十四道沟镇干沟子村东西两侧的河谷冲积台地上，东距长白县城45千米。东、西、北三面被连绵高山环抱，南临鸭绿江。鸭绿江与墓地之间，有一座孤立山丘，俗称马架子山，山丘东西两侧各有一条季节河入江，

▲ 干沟子墓群全景

    （图片来源：吉林省文物考古研究所提供）

东侧的名为东干沟河，西侧名为西干沟河。墓葬集中分布在东干沟河北侧的近山台地和西干沟河两岸，遗址均位于墓地西、南两侧山上。干沟子墓地于1986年长白县文物普查时被发现，当时测绘著录共有墓葬19座。2001年，吉林省文物考古研究所对其进行了全面的勘察、测绘，发掘清理了其中的7座墓葬，并根据随葬品的时代特征，将其整体时代大致推定为战国晚期至西汉。

2001年6月25日，干沟子墓群被中华人民共和国国务院公布为第五批全国重点文物保护单位。

遗址特点

干沟子墓地的墓葬是一种由几个或十几个墓坛不断接续而成的积石墓。墓坛以大块河卵石垒砌，形状有圆形、半圆形、扇形三种，石板垒砌的外墙弧线整齐，顶部构筑墓圹，墓坛下均建有基础。基础通常大于墓坛，根据地势用大块山石或河卵石摆放1—2层，并用黄土填充平整，然后以稍小的河卵石砌筑墓坛和墓圹。墓坛高0.5—1.2米不等，有些可达2米，弧形坛墙外立有间距不等的倚护石条。墓圹平面呈长方形或椭圆形，周围砌石1—2层，底部普遍铺垫一层细小河卵石子使之平整，焚烧后的人骨直接置于圹内，人葬后以碎石封盖，不用木质葬具。

圆形墓坛一般位于墓葬中间，多数情况下，每座墓葬只有一座圆坛，高出其他墓坛，我们称之为主墓坛。其直径多为6—8米，最大的可达12米。主墓坛上的墓圹一般为2—3个，最多5个，平行或对称分布。半圆形墓坛多建在主墓坛的中轴线上，其作用是连接其他墓坛使墓葬按一定方向往外接续，为表述方便，我们称之为续墓坛。续墓坛的直径约为主墓坛的三分之二，高度略低于主墓坛，其数不等，有的多达5座。扇形墓坛多建于主墓坛周围和续墓坛两侧，高度还要更低一些，连同一些不在中轴线上的半圆形墓坛，统称为附墓坛。续、附墓坛上一般只有1座墓圹，多构筑在墓坛的中央，有的靠近内侧先建墓坛的外墙。续墓坛墓圹方向多与主墓坛墓圹相同，附墓坛则参差不齐。

无论主墓坛、续墓坛还是附墓坛，整齐的弧形外墙是其共同特点，墓坛墙之外都有立置的石条或大石块作为倚护，倚石下部堆有更大的块石，从而使墓坛更

▲ 干沟子墓群B区2号墓全景

（图片来源：吉林省文物考古研究所提供）

加牢固。倚石高度大小不一，间距也有差别，石材多为采自十五道沟里的带有自然节理的多边形流纹岩棱体，少数为条状卵石或玄武岩裂片。

总体看来，墓中随葬器物并不丰厚，种类比较单一。数量最多的为装饰品，有管、珠、坠、环等，但仅在半数墓圹中见到。陶器均为明器，绝大多数墓中都有出土。生产工具除刀、镞、纺轮、网坠外，还有石锄和砺石。此外还有少量铜钱。

文物保护

1987年，吉林省人民政府公布此墓群为吉林省重点文物保护单位。

2001年6月25日，干沟子墓群被中华人民共和国国务院公布为第五批全国重点文物保护单位。

文化价值

墓地整体年代早于辽宁桓仁、吉林集安地区的高句丽早期积石墓，被视为我国东北地区积石墓葬发展演变过程中一个承上启下的重要环节。它不仅可以把老铁山、岗上、于家坨头等墓与高句丽积石墓连接起来，而且可深入研究积石墓从低矮到高耸、从无坛到有坛、从圆坛到方坛等种种变化，这无疑有助于积石墓葬源流、发展的讨论和对古代丧葬习俗、意识观念等诸方面的了解。

干沟子这种积石墓可能都不是单人葬，而是一代或一个家庭的合葬，整座墓则是同一家族数代的聚葬。多数墓葬的续、附墓坛都是围绕主墓坛的附葬，入葬于中心主墓坛的人或许身份或辈分较高。其他墓坛应该是按辈分的大小依次附葬，外围的续墓坛及其两侧附墓坛甚至有可能体现了长庶或昭穆。

以长白干沟子为代表的积石墓当源于旅大地区，其在鸭绿江中游地区的出现与战国晚期流民从旅大地区向长白山腹地迁徙有直接关联。汉人集团在到达鸭绿江中游以后，似乎并没有停止北上的脚步，而可能是沿着长白山东侧的通道，途经图们江流域一直向北传播到绥芬河流域，随着陆路距离的不断增加，汉文化的影响力和传播力也逐渐减弱。

参考文献

［1］王洪峰，孙仁杰，迟勇.吉林长白县干沟子墓地发掘简报［J］.考古，2003（08）：45-66.

［2］赵俊杰，马健，金旭东.吉林长白县干沟子墓地的文化性质与相关问题［J］.考古，2016（05）：71-78.

11
龙岗遗址群

历史沿革

先秦时期，长白山地区浑江流域还是较为原始的部族村落，到了战国晚期至秦汉之际，古代方国才逐渐形成。较早的方国有小水貊、沸流国、高句丽、黄龙国等。龙岗遗址群就是这一时期（公元前4000年至公元初年）文明的历史佐证。1980年，通化地区文管办对土珠子遗址进行调查，并在其顶部采集到少量夹砂陶片。1982年11月，考古工作者对土珠子进行了探查。1985年，编写《通化县文物志》普查过程中，在土珠子遗址上发现石短剑和石镞。2005年11月，在通化市政府文化主管部门的重视和支持下，考古工作者对龙岗遗址群进行了20余天的全面考古调查，发现了以下龙头土珠子祭祀遗址为中心，呈放射状分布于浑江两岸的遗址、墓葬密集区。

遗址特点

龙岗遗址群总面积约300万平方米，以土珠子祭祀遗址为中心，呈放射状分布于浑江两岸，包括通化县下龙头村龙岗遗址、下龙头墓群、龙泉村龙岗遗址和集安市头道镇长岗村（渔营屯）龙岗遗址、东村遗址和通化市东昌区南头屯墓群。遗址群中的古遗址的共同特点是规模大，且分布在被当地称为龙岗的台地上。根据地表采集的碑物推断，遗址群年代从青铜时代晚期起至西汉时期，是集

▲ 龙岗遗址群实景图

（图片来源：通化县人民政府网站）

居住址、墓葬、祭祀址三位一体的大型遗迹群。

下龙头龙岗遗址

　　下龙头龙岗遗址，为一南北走向的长岗，南北长约1000米，东西宽约350米，其形似龙，故当地人称之为龙岗。龙岗的南端正对着土珠子，而龙泉村龙岗的东端也冲着土珠子，因而形成了二龙戏珠的地貌特征。龙岗遗址的东西两侧十分陡峭，其东临浑江，西靠小河，自南端向北50米处有一条宽约3.5米、深约2米的人为沟壑横贯龙岗，当地群众传说是古代南蛮为扼制本地势力而斩断这条"龙脉"所致。实际应是居住在龙岗上的古代部族为防御敌人而修筑的围沟。在龙岗的北部有一条通道直抵山下，这条通道宽而缓，可行车马，在通道的北侧还有一积石墓。其南侧为一条深沟，北侧半山腰处为高出路面数米的断崖，形成一道易守难攻的关口。因此，该遗址是借助优越的自然条件再加以人工修筑，形成的一座不是城池而胜似城池的古代聚落址。

龙泉龙岗遗址

该遗址位于大都岭乡龙泉村北侧，是一条由北向南然后转折向东延伸的龙岗，遗址就坐落在该龙岗之上。龙岗的东端与土珠子祭祀遗址相对，与下龙头龙岗形成了二龙戏珠的地貌态势。该龙岗东西长900米，南北宽350米。岗梁上现已退耕还草，但仍可见成片的河卵石，明显是暴露出的居住址遗迹。

土珠子遗址

土珠子遗址位于大都岭乡下龙头村，坐落在浑江右岸宽阔的江川平原上。其西北为下龙头古墓群，东北与通化市江沿南头屯古墓群隔江相望，西南为渔营屯长岗遗址及长岗龙岗遗址。该祭祀遗址所处的位置视野开阔，并居于该遗迹群的中心，是古代祭祀活动极佳的位置。

该祭祀遗址为平地拔起的一椭圆形高台，底部最大直径达28米，高约10米，顶端直径为7—8米。其北部陡峭，并暴露出自然的岩石，东、南、西三面均为黄色。

江沿村渔营屯长岗遗址

该遗址位于下龙头西南江沿村小渔营屯东北侧的一条长岗上。遗址东临浑江，山岗下沿浑江右岸为一条村级公路，向北通往下龙头，西北侧山岗下为下龙头通往繁荣、大都岭的乡级公路。江对岸的东北侧为头道镇的长岗遗址，东南为东村遗址。遗址所处山岗呈南北走向，南北约长1250米，东西宽约350米。遗址内分布有成片的河卵石，属于当时的居住址。

文物遗存

下龙头龙岗遗址

下龙头龙岗遗址面积较大，文化内涵较为丰富，遗物分布较广。其中有石器、陶器和青铜器。石器分打制石器和磨制石器两种，打制石器有砍砸器、刮削器、石镐、石网坠等。磨制石器有石斧、石刀、石鳞、砺石等。陶器类有素面夹

▲ 土珠子石镐

（图片来源：张福有：《通化江沿古遗迹群》，《东北史地》2006年第6期，图版四）

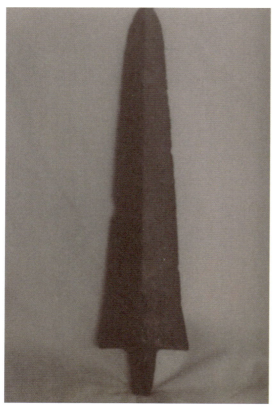

▲ 石短剑

（图片来源：张福有：《通化江沿古遗迹群》，《东北史地》2006年第6期，图版四）

砂陶片和泥质灰陶片。青铜器仅采集到一件青铜泡饰。

龙泉龙岗遗址

20世纪80年代，当地居民曾在遗址内多次拾到石镐、石斧等遗物。据当地群众曾采集的遗物及地表暴露的遗迹现象分析，该遗址当与下龙头龙岗遗址为同一时期的一重要聚落遗址。

土珠子遗址

1980年，通化地区文管办曾对土珠子遗址进行过调查，并在其顶部采集到少量夹砂陶片。

1985年，在编写《通化县文物志》普查过程中又在土珠子遗址上发现石短剑和石镐。

1985年5月，在此发现1件黑石磨制的石矛。矛长27.4厘米，两翼宽6.1厘米，断面为扁菱形，方铤，铤长3.2厘米，为刃长的七分之一。

江沿村渔营屯长岗遗址

江沿村渔营屯长岗遗址的文化内涵丰富，遗物较多。地表采集的遗物有：石镐、石凿、石斧、石刀、石网坠、石镞以及素面夹砂陶片和泥质灰陶片等。在遗址的南端还有一积石墓，因当地农民整地已将该墓大量积石搬到坡下方，因此，仅残存较大型花岗岩基座。

文物保护

2013年3月，龙岗遗址群被中华人民共和国国务院公布为第七批全国重点文物保护单位。

文化价值

龙岗遗址群的发掘，对浑江流域青铜时代考古学文化的研究具有重要意义。遗址群位于文献记载的"卒本川"一带，对于高句丽的文化起源、国家的形成以及卒本夫余初居地等方面的研究，具有重要的学术价值。

参考文献

［1］王巍.中国考古学大辞典［M］.上海：上海辞书出版社，2014：406.

［2］刘信君，王卓.中国东北考古与文物研究：第2卷高句丽渤海文物·遗迹［M］.长春：吉林文史出版社，2016：387.

［3］王志敏.通化江沿遗迹群调查［J］.东北史地，2006，（06）：39–42.

12

万发拨子遗址

历史沿革

　　万发拨子遗址是鸭绿江中上游地区新石器时代至明代晚期的大型聚落遗址。共发现137个灰坑、20座房址、9条灰沟、1条环山围沟、56座墓葬。遗存可以分为六期，即新石器时代、商周、春秋战国、两汉、魏晋及明代，大致涵盖了吉林省东南部、辽宁省东部及朝鲜半岛西北部的古文化遗存。

　　万发拨子遗址位于通化市金厂镇跃进村与环通乡江南村交界处，北距通化市3千米。地理坐标为41°40′—41°41′N，125°56′—126°06′E。遗址西部为圜丘，东接平缓的山脊及连绵的丘陵，延伸的山体属长白山地西缘，大致呈东北西南走向。遗址被原通（化）集（安）公路分为东西两部分，西部圜丘、山脊多见生活居住址，东部则是墓葬的主要分布区。遗址南侧为现代村落，向前250多米，金厂河经遗址东南注入鸭绿江中上游的主要支流——浑江。

　　万发拨子遗址发现于20世纪50年代。此后经多次调查，是鸭绿江中上游较具代表性遗存之一。为探索高句丽早期遗存及高句丽文化起源，吉林省文物考古研究所与通化市文物管理委员会办公室于1997—1999年联合对该遗址进行了大规模发掘，发掘面积6015平方米。

　　1961年，遗址被吉林省政府列为第一批省级重点文物保护单位。1999年被国

▲ 发掘区全景

（图片来源：吉林省文物考古研究所提供）

家文物局评为当年中国重要考古发现之一。2001年6月25日，万发拨子遗址被中华人民共和国国务院公布为第五批国家重点文物保护单位。

遗址特点

遗址一期为新石器时代晚期遗存，距今6000—5000年，其又可分为早、晚两段；二、三、四、五、六期分别相当于商周、春秋战国、西汉、魏晋及明。其中二、三、四期是大致可相互衔接的三种遗存。一、二期遗存分布范围极小，其中三期遗存是遗址的主体，遍布整个遗址，出土的遗迹遗物亦最为丰富，文化层堆积也较厚。四期遗存面积较大，但堆积较薄。五期遗存的分布面积大大缩小。

遗迹中典型的居住址为半地穴长、圆两类石砌建筑，有火坑和烟道设施；墓葬始见于遗址的三期，四、五、六期均有发现。墓葬种类较多，形制亦较为复杂，可分为土坑墓、石棺墓、石棺石椁墓、大盖石墓、大盖石积石墓、无坛石圹积石墓和方坛积石墓七种形制。到了第四期以后，生活居址与墓地已泾渭分明，各有自己的分布区域。四期的墓葬与三期墓葬最大的一个区别是人骨均经火烧。

遗址出土了新石器时代晚期、商周、春秋战国、西汉（早期高句丽时期）、魏晋（高句丽中晚期）和明代晚期六个时期的文物6942件（如陶、石、青铜、骨、鎏金、银、瓷、铁器等；器物类型有筒形陶罐、陶钵、陶壶、圈足陶碗等，骨质的有卜骨、骨链等，青铜制的有短剑、矛、镜、环、斧等，石器有斧、刀、凿、锛、锤、砧、磨盘、磨棒、臼、柞石等）及大量的动物骨骼遗存。

文物保护

　　吉林省高句丽大遗址保护工作至今仍在持续进行。目前万发拨子遗址的保护

▲ 万发拨子遗址积石墓

　　（图片来源：吉林省文物考古研究所：《田野考古集粹——吉林省文物考古研究所成立二十五周年纪念》，文物出版社2008年版，第30页）

不断取得阶段性成果。将打造"万发拨子文旅综合体建设项目"，项目总投资0.8亿元，计划建设年限为2020—2025年。主要建设内容为：总建设规模50.84公顷，包括游客接待中心、历史文化长廊、标识系统、景观雕塑小品等；道路基础设施：电瓶车路、电瓶车停靠站、停车场、步行路、木栈道、历史文化广场等。

文化价值

从遗址中房址和墓葬为主的石构建筑和出土的青铜器及陶器等方面看，均具有鸭绿江右岸和浑江流域的土著文化性质。遗址中出土的包括斧范、剑范、链范在内的一批铸范，以及春秋战国时期的青铜矛、青铜短剑、青铜斧、青铜锭、青铜泡、青铜环和战国时期的青铜短剑说明：本遗址的先民们在先高句丽的青铜时代晚期或铁器时代早期就已经能够充分利用附近难得的矿产资源进行青铜冶铸。本区青铜冶铸业的出现较辽东半岛晚，为辽东青铜文化"一体化"进程的背景下，以兴起于辽东半岛的柱脊曲刃短剑为代表的文化全面发展时期，向北进入吉林东部长白山地及其延伸地带的结果。

遗址所在区域曾经有27种动物。哺乳动物物种丰度很高。从新石器时代晚期至魏晋时期，本区存在4类主要消费级别，即食草动物、食肉动物、杂食动物和食虫类。通过动物骨骼的分析我们得到的结论是：高句丽时期本地居民的人口增加了，这一时期也是中国东北的南部地区从早期农业（园艺）向农耕的转型时期。明代的人们已经将遗址所在地仅仅作为墓地来使用了。可见遗址周围有限的资源已无法很好地支持明代人口大量增加后的生存需求。

参考文献

［1］李瑞.从保护到传承 构建吉林文物保护利用新模式［N］.中国文物报2020-07-31，（001-002）.

［2］裴虹荐.文化旅游深度发展 产城融合相得益彰 通化市着力开发建设十大中心城区旅游项目［N］.吉林日报，2020-06-11.

［3］朱永刚.东北古代民族考古与疆域［M］.长春：吉林大学出版社，1998.

［4］赵文林，谢淑君.中国人口史［M］.北京：人民出版社，1991.

［5］金旭乐，赵殿坤，董峰.吉林通化市万发拨子遗址二十一号墓的发掘［J］.考古，2003（08）：32-44.

［6］王绵厚.关于通化万发拨子遗址的考古与民族学考察［J］.北方文物，2001（03）：1-7.

［7］吉林省文物考古研究所，通化市文物管理办公室.通化万发拨子遗址考古发掘报告［M］.北京：科学出版社，2019.

［8］D.M.Suratissa，汤卓炜，高秀华.吉林通化王八脖子聚落遗址区古生态概观［A］.边疆考古研究（第5辑）［C］，北京：科学出版社，2006：257-270.

13
百草沟遗址

历史沿革

铜石并用时代，百草沟遗址境域已出现狩猎兼营农业的生产活动。

1952年，百草沟中学学生在新华闾（遗址附近的一处村庄）采集到石器，吉林省文化局相关工作人员前往调查，发现了百草沟遗址。

1953年，吉林省博物馆组成发掘小组，对百草沟遗址进行了为期16天的发掘工作，发掘面积50平方米。

遗址特点

百草沟遗址，地势平坦，东西长约1500米，南北宽约500米，面积约75万平方米，东起嘎呀河岸，西至窟窿山脚下，南侧为满天星风景区，东部的扣锅顶子山和西部的窟窿山形成了两道天然的屏障。遗址西北2华里处新华闾村村后的北山坡上有一处同一时期的墓葬，汪延公路从遗址偏西方向穿过。百草沟遗址是一处青铜时代到铁器时代的大型聚落址，分上下两个文化层。上层，厚0.15米左右，为铁器时代遗存，居住址为浅地穴式建筑，居住面为黄沙土加黑灰抹平，厚约10厘米；下层，厚0.6米左右，为青铜时代遗存，居住址亦为浅地穴式，居住面多未经加工。

文物遗存

百草沟遗址分上下两个文化层。上层为铁器时代遗存，居住面上发现有础石以及灶台、烟道等，出土器物有石斧、石刀、研磨器、石匕首、环状石器、磨盘、磨棒、砂岩磨石、陶豆、陶甗、陶盆、陶罐、陶瓮、铁斧等；下层为青铜时代遗存，居住址有础石，出土文物有石戈、石斧、青铜扣、骨针、骨匕首、卜骨、骨凿、陶盆、陶罐、陶碗等。这些陶器中红褐色的多，黑褐色的少，火候不匀。而第二文化层里褐色陶纹较第一文化层多。两文化层中均未发现轮制、篮制及模制的痕迹。小型器物为捏制，大型器物为泥条盘筑，外表抹平，少有磨光的，器底发现有晒泥坯时所垫的柞树叶痕迹。均无划纹或印纹和陶拍拍打的痕迹。

文物保护

1961年4月13日，百草沟遗址被吉林省人民政府公布为吉林省第一批重点文物保护单位。

2006年5月25日，百草沟遗址被中华人民共和国国务院公布为第六批全国重点文物保护单位。

2016年，汪清县强化非物质文化遗产和历史文化的挖掘、传承、保护和开发，加大对百草沟遗址挖掘保护为主的开发，加快遗址保护项目和产品开发，实施遗存保护与旅游开发并重的产业格局。重点实施大遗址公园、满台城山城遗址等综合保护开发项目。通过新田、富岩、棉田遗址展厅和山城遗址游赏区建设，再现历史上北沃沮、高句丽、靺鞨、契丹、蒙古、女真等民族的劳动生息情景，传承青铜—铁器时代中最有代表性的北中国文化。

文化价值

百草沟遗址是战国至魏晋时期，图们江流域古代文化遗存，是东部山区青铜至铁器时代中具有代表性的遗存，图们江北岸一部分为北沃沮故地，属于东北古代北沃沮族的文化。

遗址位于吉林省汪清县百草沟镇安田村东侧，地势平坦。东起嘎呀河岸，西至窟窿山脚下，南侧为满天星风景区，东部的扣锅顶子山和西部的窟窿山形成了两道天然的屏障，遗址西北1千米处新华闾村后北山坡上有一处与遗址同一时期的墓葬。汪延公路从遗址偏西部穿过。百草沟遗址保护范围及建设控制地带内，除原有一条公路穿过，没有任何乱建房、乱挖渠、乱取土现象，保存基本完好。汪清县文物管理所设有专职工作人员5名，百草沟遗址附近安田村设立保护小组组长一名，副组长一名，组员两名，保护员一名。自遗址标志牌起往东直线距离为1000米，往西直线距离为500米，南北宽500米为保护范围。保护范围向外延伸至嘎呀河边，西延伸到山脚下，南直线延伸250米，北直线延伸500米为建设控制地带，是保存较为完整的历史遗迹。百草沟遗址是战国至魏晋时期沃沮人的遗存，是东北东部山区青铜—铁器时代中最有代表性的遗存。其文化内涵丰富，较全面地反映了沃沮人的社会生活，以及同周邻文化乃至同中原文化的联系，对研究中国东陲开发历史具有极高的历史和科学价值。

参考文献

［1］王亚洲.吉林汪清县百草沟遗址发掘简报［J］.考古，1961（08）：411-422.

三、汉唐（五代）时期

1

赤柏松古城址

赤柏松古城址位于吉林省通化市通化县快大茂镇聚鑫经济开发区赤柏松村西南约2.5千米的低矮二级台地上，东北距快大茂镇约3.5公里。地理坐标：41°39′53.1″N，125°44′14.2″E，高程412米。是西汉时期的城址遗迹，西距辽宁新宾永陵南城址（玄菟郡一迁后郡址）约60千米，东距吉林集安国内城（高句丽王城）约120千米。

历史沿革

2005年至2008年，作为《吉林省高句丽遗址保护方案》拓展项目，开始了全面的调查、测绘、勘探和发掘工作。

2009年至2011年，为国家文物局批准发掘的主动性考古项目。

2011年4—11月，在历年工作所取得成果的基础之上，该所对其进行了为期8个月的大规模发掘。

文物遗存

赤柏松古城址坐落在海拔9米、面积约6万平方米的河谷二级台地上，阶地北高南低，城墙是沿着阶地的周缘走向夯土筑成，平面呈不规则矩形，以城址东西向轴心为标线，城的方向为157°。因地势关系，城墙多内低外高，在城的东南角有直径约10米的圆台状角楼遗址，北城墙东角、南城墙西角各有一直径7米左右的圆台，也应为角楼遗址，北墙西段地势很高，因势而就，不见城垣，是全城的最高点。

该城城郭布局主要依靠自然山险，台地断崖或陡坡之处即为城郭边缘、缓坡之处人工筑墙，以形成内高外低，易守难攻之势。同时合理利用三道自然冲沟，北墙外冲沟的存在限制了该墙两处角楼的直线相接，两段墙体夹角约135°，夹角豁口处当为北门所在。东城墙上的两处自然冲沟与城内的排水系统融为一体。城内主体院落沟渠的排水方向分别为这两处自然冲沟，使其成为城内地上积水和山体潜水层渗水排出山城的主要通道。

该院落兴建之初即对原有地貌做了大规模改造，削高垫低以使整体趋于平坦。院落建有环墙，平面整体呈东北—西南走向的长方形，长67.5米，宽66.5米。墙基和墙体的包含物为黄褐色砂岩碎块和碎屑，堆积较为致密，建筑材质在整个院落中具有同一性。院落外南北两侧有自坡上至坡下与院墙走向平行的排水沟各一条。院落北侧有台基式联排建筑，其上有连续分布的房址四座。

从城墙的构筑看，赤柏松古城受两汉时期筑城方式影响较大，初步推断其年代为西汉中晚期至东汉早中期，其属性既具有军事要塞之功能，又达到了东北地

▲ 赤柏松山城发掘区全景

（图片来源：吉林省文物考古研究所提供）

区县级城市的规模。从出土文物来看，赤柏松古城的建设和使用分为两期，两期建筑形式与器物形制并没有明显的变化，一期建筑普遍存在二次修建现象，证明一期遗存被普遍毁坏，而二期遗存使用时间很短，有的甚至尚未建完就弃用了，说明城址被弃用得很突然。

南墙东西两处的转角部分发现许多板瓦和筒瓦残片，疑似为角楼设施的倒塌堆积。城内临近南墙发现上圆底方凿破基岩的水井一处，口径1.4米、深2.3米；城外山下南侧发现平面呈瓢形陶窑址一处，破坏严重，难以辨别形制，窑床上摆放有陶香炉盖、陶甑、陶筒、筒瓦等烧制成型的灰陶制品。该窑址的发现，为探讨城内陶制品的来源提供了有力证据。

在古城内出土了大量的具有汉代风格的绳纹板瓦和筒瓦等建筑构件，以及大量铁器，包括：铁镬、铁锰、铁镰等生产工具，铁矛、铁镞、铁甲片等兵器，马衔、车帽等车马具和日常生活所用的铁权、铁环、铁钉等。日用陶器有两种风格，其一为当地土著民所用的素面夹砂红褐陶，可见平底、柱形环耳等；其二为

▲ 赤柏松古城址出土筒瓦

（图片来源：吉林省文物考古研究所提供）

施以菱形纹、绳纹、弦纹的汉式风格的泥质灰褐陶，可见陶甑、陶壶、陶盆、陶豆等器型。进一步说明了该城具有显著的汉文化因素。

文物保护

1987年被公布为省级第四批文物保护单位。

2013年3月，被中华人民共和国国务院核定并公布为第七批全国重点文物保护单位。

文化价值

赤柏松古城是西汉时期的城址遗迹，是西汉时期东北玄菟郡下辖的三县之一，其属性既具有军事要塞之功能，又达到了东北地区县级城市的规模。赤柏松古城的考古发现为研究汉代中央政权巩固边疆统治、经略东北提供了重证实据，对于研究东北地区汉代郡县与高句丽的关系具有重要学术价值。

参考文献

［1］中国文物信息网.吉林通化赤柏松古城［EB/OL］.http：//www.kaogu.cn/html/cn/xianchangchuanzhenlaoshuju/2013/1026/40122.html［2012-4-5］.

［2］王义学.赤柏松古城考古发现及其相关问题研究［D］.长春：吉林大学，2008.

［3］吉林省文物考古研究所.田野考古集粹：吉林省文物考古研究所成立二十五周年纪念［M］.北京：文物出版社，2008.

［4］吉林省文物考古研究所.考古年报（2011年吉林省文物考古研究所内部资料）［M］.2011.

［5］庄严,吉林省文物局.吉林省重点文物遗迹［M］.长春：时代文艺出版社，2014.

2

帽儿山墓地

历史沿革

自20世纪30年代起，就有专家学者对墓地内的南城子遗址进行过地面调查，发现有汉代瓦当、俑和铜钱等遗物。

1980—1995年，有计划地在此进行了小规模的发掘和较全面的钻探，出土大量汉代遗物，从而进一步确定了这类遗存为汉"夫余文化"。

1980年，发掘了榆树老河深遗址以后，因其两地出土文物较相近，帽儿山墓地引起人们的关注。同年，吉林市博物馆为配合吉林市送配电工程公司在帽儿山的工程基址建设，抢救性挖掘了三座墓葬。

1989—1997年，吉林省文物考古研究所在吉林市博物馆、吉林市文物管理处的配合下，对帽儿山墓地范围进行了勘探和部分挖掘，取得了重要的实物资料。

遗址特点

帽儿山墓地以帽儿山为中心，北起龙潭山南麓，南至南山南坡和陵园下西北坡（建华村），西至松花江，东到西山、帽儿山、南山的东坡。其中还包括龟盖山、偏脸山等。这些所谓的山除龙潭山略显陡峻外，其余都是呈和缓的丘陵地貌。帽儿山墓地总面积约为15平方千米。在这里发现了大量的古代墓葬。墓葬主要分布在山梁、岗地和山坡上，也有少数分布在坡下台地的高阜处。自北向南分为龙潭山、西山、帽儿山、南山四个墓区。从已发掘过的墓葬看，墓葬形制有土坑墓、土坑木椁墓、土坑火葬墓、土坑积石墓、土坑石圹墓等六种。其中以土坑木椁墓数量最多，应该是当时人们的主要埋葬形式。土坑木椁墓的形制，木椁基本完整，结构清楚。从墓葬规模看，既有5米×5米、5米×6米的大型墓，又有仅能容身的小墓。

文物遗存

帽儿山墓地随葬品既有出土金银器、青铜器、丝织品的厚葬，又有仅随葬一二件武器或生产工具，甚至没有随葬品的。由于多数墓葬有过扰动，或是被盗掘过，考古发掘过的187座墓葬中，出土的随葬品仅有一千余件。但这些足以说明帽儿山墓地的重要价值。

从出土的随葬品看，陶器有盆、罐、壶、豆（多在填土中发现）、纺轮等，

▲ 帽儿山墓群全景

（图片来源：吉林省文物考古研究所提供）

多为夹粗砂褐陶和泥制灰陶与褐陶；铁器有镢、锸、铧、环首刀、削刀、剪、斧、锥、矛、剑、镞、甲片、马衔、马镳等；铜器有鍑、锸、镳、辖、镜、权杖、腕饰、泡饰等；金银器有金牌饰、金管饰、金片饰、金蝶饰、金泡饰、鎏金马镫、银指环、耳饰等；漆器有盘、盒、耳杯等；木器有勺、桦树皮碗等；玉石器有玛瑙珠、玛瑙管、料珠等。此外，还有绢帛类丝织品的残片，以及新莽"货泉"铜币等。在出土的生产工具、生活用具、车马具中，有很多带有明显的中原文化特征。如铁器中的铁镢、锸、铧、斧等；马具中的马衔、马镳、鎏金马镫等；还有生活用具中的铁剪、铜镜、漆器耳杯、盘等。有的是仿造中原的汉代器物，有的就是汉代中原人民的产品。这说明了当时这里的人们与中原汉王朝关系的密切。另外，还有相当一部分具有时代和民族特征的器物。

文物保护

1996年11月20日，帽儿山墓地被中华人民共和国国务院公布为第四批全国重点文物保护单位。

文化价值

帽儿山墓地，外填青膏泥并敷木炭、桦树皮的土坑木椁墓形制，是汉代墓葬在中国分布的最东地点，具有重要的学术研究价值。

帽儿山墓地的发现，证实吉林地区早在2000多年前就是古人类的密集区。据史料记载，西汉初年，秽貊族内的貊部落，由嫩江下游南迁至东团山下，与当地同为秽貊族的秽部落结成新的民族体系——夫余族，并于汉武帝元封三年（公元前108），在东团山东南的平原地带建都"南城子"，国号夫余，成为东北地区第一个奴隶制政权，延续700余年。夫余国一度称雄于东北腹地，并与中原王朝长期保持友好往来和臣属关系，其经济发展既受中原影响又有自己的特点。

帽儿山墓地的发掘为吉林市是夫余国都城所在地提供了大量有力的实物证据，对研究东北地区第一个奴隶制国家的兴衰发展、夫余人的生产生活状况，乃至东北地区少数民族的生活习俗，以及与汉魏时期中原文化的交往及吉林省历史沿革，都具有十分珍贵的价值。

▲ 帽儿山墓地出土的铜车马具

（图片来源：吉林省文物考古研究所提供）

▲ 帽儿山墓地出土的帛画

（图片来源：吉林省文物考古研究所提供）

参考文献

［1］董学增.夫余研究管见［J］.地域文化研究，2018（04）：62-68.

［2］华阳.死生如一——论夫余的厚葬［J］.草原文物，2013（02）：101-103.

［3］吉林省文物考古研究所.田野考古集粹：吉林省文物考古研究所成立二十五周年纪念［M］，北京：文物出版社，2008：46-47.

3
东团山遗址

东团山遗址位于吉林市东郊江南东团山南麓的高地上，是一座海拔252米，高出附近地面50米左右的圆形小山，当地人称为"南城子"。此山正东为平坦广阔的江边台地，西临北流的松花江，南接起伏连绵的岗地，北隔嘎呀河为冲积平原，这里自然条件颇为优越，自古以来就是多民族劳动、生息、繁衍的好地方。该遗址有着悠久的历史和丰富的文化遗存，有青铜时代、汉、高句丽、渤海、辽、金等时期的文化遗物，其中汉代遗物最为显著。东团山遗址主要包括东团山山城和东团山平地城，总面积约1.1万平方米。山城位于遗址西北部的一座椭圆形山丘之上，现存三道城墙。城垣周长1050米。南城墙和东城墙南段在地表可见，高出城外地表5—6米，高出城内地表约1米。出土了生活用具豆、罐、碗、杯、钵、盆、盅、盏、壶等，生产工具有纺轮、网坠、铜锸、铁镬等，建筑材料有花纹砖、素面砖、异型砖及板瓦和筒瓦等。

1946年，考古学家李文信在龙潭山至东团山的铁路两侧采集到西汉五铢钱、青铜镜残片、三棱铜镞、黄白色玉垂饰、琉璃质耳环饰、"长乐未央"残瓦当、灰色细泥喷多孔陶甑底、印五铢钱纹陶片等汉代器物，出土陶灶、耳杯等汉墓常见之明器。

1949年前后，考古人员曾在这里进行过多次调查，发现有青铜时代西团山文化遗址、汉夫余、高句丽、渤海诸时期的文化遗存。

　　2001年、2002年、2007年，吉林省文物考古研究所对东团山遗址进行了较为系统的考古调查、钻探、发掘，其中夫余陶器的基本组合为高领环耳壶、侈口竖颈筒形罐、柱把豆、碗盆等。

　　2015年7月，吉林省文物考古所启动了东团山遗址平地城的发掘工作。本次发掘工作的主要目标为确认平地城的始建年代，同时为解决城址的性质问题提供线索。

　　2019年10月，东团山遗址被中华人民共和国国务院列为第八批全国重点文物保护单位名单。

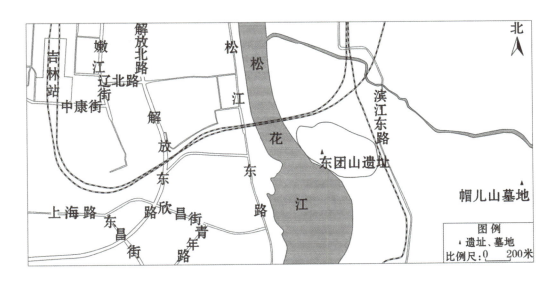

▲ **东团山遗址位置示意图**

（东北师范大学历史文化学院、吉林省文物考古研究所提供）

遗址特点

　　东团山遗址主要包括东团山山城和东团山平地城，总面积约1.1万平方米。山城位于遗址西北部的一座椭圆形山丘之上，现存三道城墙。平地城城址位于山城东南侧的台地之上，平面形状为椭圆形，根据以往调查结果，认定城垣周长1050

米。南城墙和东城墙南段在地表可见，高出城外地表5—6米，高出城内地表约1米，其余城墙地表不见。西北侧依山体形成天然屏障。在东团山上和山麓，有2—4道以山皮土羼碎石构筑的环形城垣。城内地面曾发现红色绳纹板瓦、方格纹板瓦，根据山城结构和城内遗物，可知此城为高句丽时期的遗址。

文物遗存

东团山遗址经过多次探查和发掘出土了数量壮观的陶器制品，按不同种类可分为生活用具、生产工具、建筑材料等三大类。生活用具有豆、罐、碗、杯、钵、盆、盅、盏、壶等，生产工具有纺轮、网坠、铜锸、铁镢等，建筑材料有花纹砖、素面砖、异型砖及板瓦和筒瓦等。从质地可分夹砂陶和泥质陶两大类，以夹砂陶占多数，在夹砂陶中，又以夹砂褐陶为主，其次是夹砂灰陶、夹砂黑陶。泥质陶中则以泥质褐陶为主，其次是泥质灰陶。夹砂陶的制作方法多采用手制而成，大件器物多采用泥条盘筑法，部分器壁留有加工痕迹。小件器物则采用捏塑法，器表为素面器形，比较简单。泥质陶多采用轮制方法加工而成，部分器物也有手制的。

石器

东团山遗址先后采集的石器有斧、刀、锄、网坠、敲砸器等。石斧分柱状长身斧和板状长身斧两种形制，刃部有斜刃和弧刃之别；石刀为平背、弧刃、双孔半月形；石锄为打制亚腰石锄；网坠为扁平河卵石打制；敲砸器大部呈不规则的球形体，只有两件作圆饼状。石器的材质有砂岩、板岩和页岩。

陶器

东团山遗址出土的陶器中，以陶豆品种的数量为最多，其中以黑衣柱把豆为夫余文化的一种特色，它有空心和实心两种，制作方法均为手制，兼慢轮修整，器表打磨光滑、细泥抹光、呈现黑色，并泛有银色光泽，这种器形规整的柱把豆，其色泽表里不一，陶胎多褐色、黑褐色、红褐色等，柱把豆的制作方法明显承袭了当地土著文化——西团山文化晚期的陶豆的制作方法，其盘和座部分为一体成形，还有一部分盘与柱为二次接合制成，在座的顶端用手捏小，形成向上的内凸口，以承接无盘心的豆盘，盘心连同豆座制作，或将盘、座套接之后，再贴制盘心。这种柱把豆应是夫余族的产物。出土的花纹砖、素面砖、异型砖数量较多，其中以长条形花纹砖为夫余文化又一特色，它的制作方法均为手制，多以模印为主，质地坚硬，火候较高，陶系可分夹粗砂砖和夹细砂砖，陶色以红色、褐色、黄褐色为主，制作比较精细，纹饰丰富多彩，在制砖的选料上，采用本地制陶的黄色黏土，经过淘洗和筛选，根据需要加入适当的石英、粗砂及细砂搅拌成泥，装入木槽内，再由画工在木模上先画好图样，刻成印模，然后在砖坯未干时，将印模压印而成。花纹砖的图案有方格纹、菱形纹、菱形与花卉组合纹、折尺纹、折尺与叶脉纹组合纹、指甲纹、圆点纹

▲ 高句丽陶器

（图片来源：吉林省文物考古研究所提供）

等，这种花纹砖只在吉林市出现，其他地区尚没有发现，应是当地吸收汉文化元素的产物。

铜器类

东团山遗址发现有铜泡饰一件，系青铜铸造，外凸内凹，凹面中间有一小钮。直径4.2厘米、壁厚0.09厘米、钮高0.15厘米。

文物保护

2019年10月，东团山遗址被中华人民共和国国务院列入第八批全国重点文物保护单位名单。

文化价值

东团山遗址是研究吉林地区古文化、古城、古国最有代表性的实物资料。

参考文献

［1］吉林省文物志编修委员会.吉林市郊区文物志［M］.吉林省文物志编修委员会，1983：44-46.

［2］赵欣.中国东北考古与文物研究第3卷先秦汉唐［M］.长春：吉林文史出版社，2016：372.

［3］刘信君.夫余历史研究文献汇编3［M］.哈尔滨：黑龙江人民出版社，2015：1130.

［4］于丽群，贾素娟，韩安生.以东团山遗址出土陶器为例试析汉文化对夫余文化的影响［J］.东北史地，2010（06）：13-15+100-101.

［5］王聪，夏艳平，于洪洋，等.吉林省吉林市东团山遗址2015—2017年发掘收获［J］.北方文物，2022（06）：36-41+F2.

4

罗通山城

历史沿革

围绕着罗通山城的考古调查活动，最早始于民国时期，据民国时期《柳河县志》记载，当时就有人开始对罗通山城进行调查。在1958年由原吉林师范大学（今东北师范大学）编写的《柳河县志》当中也有简略的记载。详细的调查是在20世纪80年代进行的，当时山城的西城北门已局部清理。

罗通山一名罗通砬子，属龙岗山脉北部支脉，矗立于柳（河）、海（龙）、辉（南）三县交界处。其山势耸拔俊秀，东、北两面是柳河、一统河冲积平原，南面隔三统河谷与龙岗山遥遥相望，西面则山势绵亘百里，和海拔1200米的安口顶子相对峙，构成通化北面的第一道门户。辉发河的两大源流——三统河和一统河，经两侧山翼蜿蜒北去。

遗址特点

罗通山城位于罗通山北端海拔960米的主峰，虽然是海拔较高的山顶，但属盆地型地形，周围高，内侧形成了宽广的平地。山城是西城和东城相结合的构造，中间一段城墙相互借用，周长共约7.5千米。山城凭依着起伏跌宕的山脊而构筑，充分利用了峭壁和自然山险。东城环抱一个较大盆地，周围多以自然山脊为壁，只在地势低凹处垒起短墙。西城则包围着几座小山和由这些山脊分割开来的

▲ 罗通山远景

（图片来源：吉林省文物考古研究所提供）

六个小盆地，除东墙一段借用了几乎垂直的一段绝壁外，大部分城垣都是在山脊上砌筑城墙。

筑城所用的石材，均系此山所产的石灰岩，经人工修整成较规则的条石。垣保存较好，仅顶部稍有破坏。城垣为土石混筑结构。两城共有城门五处。

遗迹留存得比较完好的是西城。西城周长3737米，平面呈不规则四边形。西墙长724米，北墙长910米，东墙1288米，南墙长815米。除东墙南段和南墙东段是以悬崖绝壁为自然城垣之外，其余部分则随山势垒起石墙。西城保留角楼和城门，还有蓄水池、点将台等遗迹。点将台是一个边长5米的方形台基，四边用大块石灰岩石材垒砌，中间填土，残高40厘米。蓄水池位于西城南部最大盆地中，平面呈椭圆形，东西长约50米、南北宽30米，未见石砌池壁。

东城周长3479米，城垣多借自然山脊为壁，只在低凹处垒砌短墙，形状极不规则，略呈南北狭长的椭圆形。

▲ 东北角楼外侧墙体的清理发掘（平视拍摄）

（图片来源：吉林省文物考古研究所提供）

▲ 西城1号门址内西侧台地Ⅳ号区域的发掘现场俯瞰

（图片来源：吉林省文物考古研究所提供）

山城内发现数量不等的土坑，多为圆形，它们大都分布在城墙内侧和高台附近，大小不等。直径多为5米左右，大的直径不超过10米，最小的直径2米。关于这些圆形土坑的用途，根据其形制和所在位置，应是戍守兵士的居住址。

城内地表遗物较少，主要是陶片。还出土了铁器、陶器、瓷器、玉器等。铁器中包括镞、矛刀、铆钉、凿、甲片、锅、鼎等；陶器包括壶、盆、罐、碗、甑等；玉器包括环、珠；瓷器包括瓶。这些文物的时代大致可分为高句丽时期和辽金时期。

文物保护

1981年，罗通山城被吉林省人民政府公布为吉林省重点文物保护单位。

2001年，被中华人民共和国国务院公布为第五批全国重点文物保护单位。

2006—2009年，在国家文物局的批准及指导下，吉林省文物考古研究所组织相关的基层力量，有步骤地对罗通山城址进行了1次调查和3次发掘。

2021年10月12日，入选国家文物局《大遗址保护利用"十四五"专项规划》"十四五"时期大遗址名单。

文化价值

罗通山城是高句丽故都国内城和丸都山城向北扩张的重要军事城堡，对研究高句丽古城建筑、疆域地理、军事防御以及其政治、经济、文化、军事的发展起着不可低估的作用。罗通山城出土的植物遗存中，农作物的出土数量占有绝对优势，清楚地说明辽金时期罗通山城的居民经济形态以农业为主。其农业生产以种植粟类作物为主，这符合中国北方旱作农业特点。

罗通山城出土的栽培稗为我们探讨栽培稗的起源及其发展过程提供了重要的实物资料，对于研究东北地区与日本列岛的文化交流起到了重要作用。罗通山城发现的燕麦遗存为我们进一步探讨燕麦传入我国及其广泛种植的情况提供了重要的实物资料。罗通山城出土了53粒高粱，这为国内高粱的传播种植研究提供了宝贵的实物证据。

参考文献

［1］徐瀚煊，张志立，王洪峰.高句丽罗通山城调查简报［J］.文物，1985（02）：39-45.

［2］魏存成.中国境内发现的高句丽山城［J］.社会科学战线，2011（01）：122-134.

［3］郑元喆.高句丽山城研究［D］.长春：吉林大学，2010.

［4］杨春.吉林东部山区辽金先民对植物的利用——以2009年罗通山城浮选结果为例［J］.东方考古，2014（01）：419-426.

5

江沿墓群

历史沿革

江沿墓群，位于通化市东昌区。根据行政区划，浑江右岸为通化县所辖，称为下龙头古墓群；浑江左岸为通化市所辖，称为南头屯古墓群。两种不同的墓葬形制对秽、貊两族融合过程中所体现出的不同葬式与习俗研究有着重要的价值和意义。

下龙头古墓群（通化县）位于吉林省通化市通化县快大茂镇下龙头村村北150米，41° 35 ' 46.7 " N，125° 50 ' 03.4 " E，海拔高程358.2米。

遗址特点

墓群中，下龙头龙岗遗址极具特点。该遗址为一南北走向的长岗，南北长约1000米，东西宽约350米，其形似龙，故当地人称之为龙岗。龙岗的南端正对着土珠子，而龙泉村龙岗的东端也冲着土珠子，因而形成了二龙戏珠的地貌特征。龙岗遗址的东西两侧十分陡峭，其东临浑江，西靠小河，自南端向北50米处有一条宽约3.5米、深约2米的人为沟壑横贯龙岗，当地群众传说是古代少数民族为扼制本地势力而斩断这条"龙脉"所致。实际应是居住在龙岗上的古代部族为防御敌人而修筑的围沟。在龙岗的北部有一条通道直抵山下，这条通道宽而缓，可行车马，在通道的北侧还有一积石墓。其南侧为一条深沟，北侧半山腰处为高出路面数米的断崖，形成一道易守难攻的关口。因此，该遗址是借助优越的自然条件再加以人工修筑，形成了一座不是城池而胜似城池的古代聚落址。

南头屯古墓群位于浑江中游的通化市金厂镇江沿村6队，坐落在浑江左岸的二级阶地上。其对岸即通化县下龙头村，与下龙头古墓群和土珠子祭祀遗址隔江相望。墓群所处的阶地为东高西低，阶地下的浑江自东北向西南流去，在江口村汇入桓仁县富尔江。

墓群现存古墓50余座，随阶地的形势自北而南分布为北区、南区两个部分。其中以北区为数量最多，现存古墓40余座，南区（大台子）现存10座。墓葬形制可分为方坛阶梯石室墓、方坛阶梯圹室墓、方坛积石串墓三种。

北区：又分为北、中、南三片，北片共11座，皆为小型积石墓，直径约2米，可能为当时的平民墓；中片23座，绝大多数为较大型的方坛阶梯圹室积石墓，应属贵族墓地；南片7座，其中两座为方坛阶梯石室墓。

南区：共10座，均坐落在靠近江边的大台地之上。墓葬大小不等，其中较大型墓葬3座，现存高度约2米，边长为7—8米，均为方坛积石墓。与北区所不同的是，墓葬出现了河卵石。此种现象可能与墓葬所处的地域有关。

文物保护

2007年5月31日被吉林省人民政府公布为第六批省级文物保护单位。

2013年被中华人民共和国国务院核定公布为第七批全国重点文物保护单位。

文化价值

该遗迹群集遗址、墓葬和祭祀址为一体，展现出相对独立而又完整统一的社会体系及古代国家的雏形。根据该遗迹群的地理位置、周围环境以及丰富的文化内涵，初步确认为是卒本夫余的初居地"卒本川"。两个墓群中不同的墓葬形制为高句丽族源的研究提供了可参考的实物资料，对高句丽民族起源、国家与政权的建立等重大学术问题的研究有着重要的价值和意义。

参考文献

［1］张福有.通化江沿古墓群［J］.东北史地，2006（06）：7.

［2］王志敏.通化江沿遗迹群调查［J］.东北史地，2006（06）：39-42.

［3］国家文物局网.国务院核定公布第七批全国重点文物保护单位［EB／OL］.

http：//www.ncha.gov.cn/art/2013/5/3/art_722_107827.html［2024-07-27］.

6
良茂墓群

良茂墓群，即良民墓群，位于集安市东北约45千米，鸭绿江中上游右岸冲积平原的中部，东临鸭绿江，西倚高山，南北长约5千米，东西宽约3千米。这里山川秀美，地域开阔，是鸭绿江中上游仅次于集安的大平原，俗称良民甸子。

历史沿革

1964年5月，吉林省文物工作队为配合云峰水库建设，在紧迫的时间里曾对沿鸭绿江中上游地区的文物遗迹进行了考古调查，在集安境内的良民、秋皮、石湖、桦皮等地共发现有古墓葬205座。其中最重要的良民古墓群共有古墓170座。1965年云峰水库建成后，将这一带的古墓及其他重要遗迹全部淹没。

2004年6月3日、6月7日、6月19日，在时任吉林省长白山文化研究会会长张福有同志的带领下，与集安市文联主席程远和迟勇、孙仁杰4人组成调查组，先后3次对良民的高句丽遗迹进行了调查，收获颇丰。此次调查，发现古墓13座、古城址1处。

遗址特点

良民古墓群位于鸭绿江右岸的冲积平原上，墓区范围南北长2千米，东西宽1.5千米。170座古墓中，积石墓、方坛积石墓有155座，封土墓15座。墓葬排列似有一定顺序。较大的积石墓和方坛积石墓集中于墓区的中部，四周分散一些较

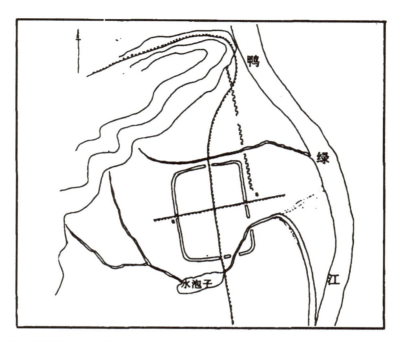

▲ 良民甸子古城平面示意图

（图片来源：集安长白文化研究会、集安市博物馆：《集安良民高句丽遗迹调查》，
《东北史地》2004年第4期，第10页）

小的积石墓。封土墓集中在墓区的东侧，靠近鸭绿江边，地势较低，与积石墓不
相混杂。

　　良民甸子古城结构，首先是在良民甸子北侧的一、二级台地之间构筑夯土
城，墙高3米左右，宽3米多，呈长方形，南北长350—400米，东西宽约300米，
四面设城门，在南、北两面有护城壕。为加强北侧和东侧防御能力，又从北碴子
头开始向南，在土城的东侧构筑一道石墙，石墙长约550—600米，残高约2米，
主要是防御来自秋皮沟方向的攻击者。高句丽先筑土城墙，然后再于墙外侧砌筑
石墙，这一做法较为多见，首先在国内城、桓仁县下古城、集安关马墙及望波岭
关隘，均采用这种构筑方法。这种以土城与石墙相结合的布局，应是高句丽时期
典型的筑城特征。因此，良民甸子古城应是高句丽时期所建。

　　王如新城的国之东北大镇，在《三国史记》中没有注明筑城时间，高句丽对
新筑城叫作"新城"的，在《三国史记》中亦有记载："故国原王五年（335）

春正月，筑国北新城。"未有该地的地名名称，"……国之东北大镇"的新城绝非"国北新城"。

良民甸子古城应是国之东北大镇的新城，此新城可能是平壤城。246年，毌丘俭攻打高句丽，东川王以一千坐骑奔鸭绿原。东川王二十一年（247）春二月，王以丸都城经乱，不可复都，筑平壤城，更不会是建筑年代较晚的抚顺高尔山城。从此段记载可知，丸都被毁不能再做都城，国内城与丸都山城应是相互拱卫为都城。丸都城经乱，不可复都，国内城岂能幸免？因此，只能异地另建，良民甸子古城很可能是247年东川王筑的平壤城，似亦是国之东北大镇新城的始筑年代。

文物遗存

良民甸子不仅高句丽墓葬数量多，种类齐全，墓区地域广阔，沿用时间长达600余年，而且还有一座古城。1964年水没前，从良民学校操场西侧到南围子角，仍保存着长350余米、宽300余米、周长1300余米的古城墙，最高处3米左右，最低处1米有余，城墙为土垣，宽约3米。土城墙的北边有一条3米多深的水沟，西边有一条从西山老厉小沟、油坊沟下来的山水构成的护城河。由此古城土城墙之东边向北到良民与秋皮之间的碰子头，还有一段长550—600米的石墙。良民古城的城门周围等地随处可见红色格纹瓦。

文物保护

2019年10月7日，良茂墓群被中华人民共和国国务院公布为第八批全国重点文物保护单位。

文化价值

地理方位相合。集安市国内城位于126°10′774″E，41°07′211″N。良民甸子古城位于东经126°30′044″E，41°25′108″N，恰在国内城东北，与文献记载的新城国之东北大镇的方位完全一致。

地理环境良好。这里三面环山，一面临江，地域开阔，土质肥沃，符合建城条件。

古墓数量多。这里以良民为中心，分布有良民甸子古墓群、良民古墓群、秋皮沟古墓群、桦皮古墓群、石湖古墓群、下套古墓群及周边现存高句丽墓葬百余座，加上水没古墓250座，近400座。这批墓葬数量庞大，类型齐全，其中良民92号墓可见7级阶坛。这些条件是其他地区不可比的。

参考文献

［1］孙仁杰，迟勇.集安良民高句丽遗迹调查［J］.东北史地，2004（04）：5-10.

［2］张福有，孙仁杰，迟勇.五年间高句丽遗迹调查与文献研究中的新收获［J］.东北史地，2009（02）：3-9.

7

霸王朝山城遗址

历史沿革

霸王朝山城位于吉林省集安市财源镇霸王村东北约4.3千米的大山深谷，是一座典型的高句丽时期簸箕形山城。山城所在区域为吉林省通化县、集安市和辽宁省桓仁县三市县交界地带，新开河与浑江在山下交汇，是高句丽交通道上的重要节点，也是高句丽早中期核心区域联系的重要节点。同时，山城地处浑江、新开河和富尔江水路交通的十字路口，地理位置十分重要。

遗址特点

山城凭山势构筑而成，平面呈梯形，四面均发现有保存较好的城墙，整个山城朝南倾斜，形若簸箕。城墙石筑，石材系花岗岩加工修琢而成，城垣高矮宽窄颇不一致，最高处垒砌20多层，高度达5米以上。部分墙体可见女墙，女墙最高残存约0.5米，女墙内侧可见排列较为规整的石洞。山城四角有突出墙外的平台，其中东南角、西南角和西北角平台为人工砌筑，东北角为自然山体。初步认定山城有南、北两处城门，城内隐约可见自南向北呈阶梯状分布的平台若干，地表可采集到夹砂陶片和铁器等遗物。实测霸王朝山城东墙长299米，南墙长239米，西墙长423米，北墙长269米；周长1230米，面积约69438平方米。

城内有泉一眼，水势细小。1962年，在城中出土一批高句丽时期的文物，主要有铁车辖1件、桃形铁片1件、铁锭铜镞4件、铁带扣2件、石臼1件、陶片30余件。

2015—2016年，出土遗物以陶器残片为主，陶质多为夹砂红褐陶和灰褐陶，且含有云母及少量泥质灰陶；陶片以素面为主，占比90%以上，弦纹较多，还有部分波浪纹和绳纹陶片。陶器器形可辨者包括盆、甑、瓮、敛口罐、深腹罐、盘口壶等，部分器物带宽横桥耳。陶器制法应为手工贴制，慢轮修形，器耳、器底有明显的拼接痕迹，陶器肩领部内壁常见手指印痕。还出土了数量较多的铁器，种类丰富，主要有镞、甲片、钉、镰、卡扣等，其中以镞、钉为大宗。此外，还出土有少量铜器、石器等。

2019—2021年，对霸王朝山城外围新发现遗址点中的6处地点进行了小规模试掘，并对其中的2处高句丽时期遗址点——报马村北遗址和北头东南遗址进行了连续3年的主动性考古发掘，累计发掘面积1775平方米。报马村北遗址位于霸王朝山城东侧，在报马川河所处的沟谷内发现有青铜时代、高句丽、金和晚清四个时期遗存，以高句丽时期遗存最为丰富。出土高句丽时期各类小件500余件，有陶器、瓷器、铁器，另有铜钱和石锄等。报马村北遗址的高句丽时期遗存年代与霸王朝山城大体相当，是城址外围的一处高句丽时期的平民居址。北头东南遗址位于霸王朝山城西南侧，发现有高句丽和渤海两个时期的遗存。高句丽时期发现排房式建筑，出土大量炉渣、炉箅，是冶铁活动的实证，表明该遗址为霸王朝山城外围的一处高句丽时期与冶铁活动相关的聚落。通化地区矿产资源丰富，高句丽人利用便利的浑江水路，将开采出的铁矿石原料运输至北头东南遗址进行冶炼。遗址内出土的炉渣样本经北京科技大学初步检测，铁含量达到96%以上。此次发现的高句丽时期冶铁遗存，是近年来我国高句丽考古的一次重要发现，对深入探索高句丽时期以城址为核心的区域聚落形态和高句丽时期的冶铁技术等具有重要意义。另外调查了望波岭关隘、关马山城和大川哨卡等关隘和哨卡，明确了高句丽中期王都北部交通线上的防御体系。

文物保护

1962年4月，吉林省博物馆考古队曾对霸王朝山城进行了考察，弄清了山城

▲ 报马村北遗址高句丽房址

（图片来源：国家文物局.探索高句丽传奇　吉林高句丽城址区域系统调查和发掘收获

http：//www.ncha.gov.cn/art/2021/9/18/art_2600_174628.html［2024-07-13］）

▲ 北头东南遗址F3出土炉渣、炉箅、铜钱

（图片来源：国家文物局.探索高句丽传奇　吉林高句丽城址区域系统调查和发掘收获

http：//www.ncha.gov.cn/art/2021/9/18/art_2600_174628.html［2024-07-13］）

▲ 北头东南遗址2020年发掘区航拍照片

（图片来源：国家文物局.探索高句丽传奇 吉林高句丽城址区域系统调查和发掘收获

http://www.ncha.gov.cn/art/2021/9/18/art_2600_174628.html［2024-07-13］）

的形制，绘制了平面图，采集到一些铁器、石器和陶片。

1983年5月，集安博物馆文物普查队对霸王朝山城进行了复查。

为了进一步明确霸王朝山城的年代与性质，经国家文物局批准，吉林省文物考古研究所于2015—2018年对霸王朝山城开展了连续四年的主动性考古发掘。

2017—2021年继续对霸王朝山城开展了考古调查工作。

2019年10月，霸王朝山城遗址被中华人民共和国国务院公布为第八批全国重点文物保护单位。

文化价值

霸王朝山城是一处中小型的簸箕形山城，筑城材料为花岗岩，原料就地取材于山城内外，采用较为成熟的楔形石技术，为高句丽山城中最主要的类型。城墙砌筑主要采用外立面楔形石和内部梭形石、块石拉结咬合，中间填充碎石的方式，属于高句丽石筑山城的普遍砌筑方式。

城门内出土遗物绝大多数属于高句丽时期，整体风格与五女山城的部分出土遗物十分相近，结合两处城门址发现炭样的碳-14测年结果，初步判断霸王朝山城两处城门的使用年代最晚可在六世纪末至七世纪初。总的来说，霸王朝山城城墙修筑中楔形石、梭形石加工技术和错缝成层垒砌的砌法十分成熟，各类防御设施，如角台、女墙、石洞齐全，出土遗物中也有大量兵器，表现出强烈的防卫色彩。

参考文献

［1］安文荣，徐廷.吉林集安市霸王朝山城2015—2016年发掘简报［J］.考古，2021（11）：20-31.

［2］韩建华.考古2021——隋唐考古：公主宅邸起正平，沙堆烽火映山河http://kaogu.cssn.cn/zwb/kgyd/kgsb/202206/t20220624_5414076.shtml，［2024-09-02］.

［3］方起东.吉林辑安高句丽霸王朝山城［J］.考古，1962（11）：569-571.

8
鸭绿江上游积石墓群

历史沿革

鸭绿江上游积石墓群，位于吉林省白山市浑江区、江源区、临江市、长白朝鲜族自治县。

鸭绿江上游积石墓群位于鸭绿江右岸，分布于白山市临江与长白县境内。通过多年的调查已发现墓群12处，分别为七道沟墓群、龙岗墓群、西马鹿泡子墓群、东甸子墓群、贾家营墓群、坡口墓群、十二道沟墓群、金华墓群、良种场墓群、下崴子墓群、安乐墓葬、十五道沟墓群。

遗址特点

七道沟墓群

古墓群位于白山市东南130余千米的六道沟乡东南端，西北距六道沟乡约10千米。向东不过一公里即长白朝鲜族自治县境，北、东为高山深谷，只有鸭绿江沿岸一条乡路与外界沟通。七道沟河自深山中流出，在村北二百米处注入鸭绿江。七道沟河河口及流经的地带，是一片低洼的滩地，今大部辟为水田。其南即与一条东西狭长的高岗相接，七道沟村现坐落于岗地之上。

1984年5月，浑江市（今白山市）文物普查队在村西临江的岗地上，发现了一处古代墓葬群，六月中旬，文物普查队又到这里复查、测绘并做了详细记录。

七道沟墓群呈东西向分布，占地面积东西约300米，南北约150米，原有古墓50余座。因近年居住区渐向西发展，只余20座左右，集中分布在台地西边。当地群众称这一带为"高丽城子"，实为古墓群之所在。

墓葬规模不大，以5米×5米左右为多，形制以积石墓为主，也有方坛积石墓。村中许多宅基、菜田中残留着一些古墓基坛石，有的尚可看出原来墓域。结合群众叙述分析，这里的大多数积石墓原应为方坛积石墓，因基坛石被拆去他用，外观为一碎石堆，故容易与之相混淆。

古墓方向均在200°—230°之间，如M1：不规则的阶坛石砌成一周边长4米×4米、高0.6米的石墓，方向220°，上覆乱石，保存尚好；M6t：方坛积石墓，方向200°，5米×5米×1.2米，保存较好。墓群中还有一座封土墓，编号M2，直径5米，高1.8米，外观较完整。其余古墓残破较甚。

从墓葬形制分析，这里是一处高句丽时期的墓葬群，复查时在村东取土场的剖面中采集到较多的陶片，证明这里同时有古代居住址，二者年代亦相当。关于高句丽封土墓的产生，一般认为始于4世纪左右，这里处于高句丽政权的边鄙，可能还要稍晚些，故推断七道沟古墓群属高句丽5—6世纪的遗存。

东甸子墓群

东甸子古墓群位于临江市六道沟镇东甸子村后山南坡和村西台地上。东距六道沟镇4千米。鸭绿江在东甸子村南由东向西流过。在江的右岸形成了一狭长的冲击台地。台地东西长约2.5千米，南北宽约1千米。历年来文物工作者对该墓群进行调查，原有古墓100多座。1984年5月，浑江市文物普查队对该墓群进行了复查，复查共有古墓60余座，并做了记录、测绘等工作，同时将古墓群分为二区，即村西台地为Ⅰ区、村后南山坡为Ⅱ区。

由东、西两个独立墓区组成，西侧编号为Ⅰ墓区，东侧编号为Ⅱ墓区，二者相距约1.5千米。Ⅰ墓区分布于东甸子屯东西两侧耕地内，整体位于沿江公路南侧；Ⅱ墓区分布于六道沟镇福利院后身的山坡之上，整体位于沿江公路北侧。经调查确认Ⅰ墓区现存墓葬42座，Ⅱ墓区现存墓葬32座。

▲ 东甸子墓群、坡口墓群位置示意图

（图片来源：吉林省文物考古研究所提供）

西马鹿泡子墓群

位于白山市东南130余公里的六道沟乡西马鹿泡子村东南，东北距六道沟乡12千米。村落居鸭绿江边，是一片东西狭长的冲积台地，面积约1.5千米×1.0千米。西乌村居民主要居住在台地北接山脉的地带，在村民住宅南不过30米，呈东北向分布着一排古代墓群。其东西排列约400米，南北范围约50米。原有古墓近百座，经历年破坏，今只余残墓不过十几座。1984年5月—6月，浑江市文物普查队两次到此调查、记录、征集，均因古墓所剩无几，收效甚微。

这片台地上原有古墓群三处：一居村东今小学校附近；一在村西今取土场一带；另一处墓群数量较少，形制较大，位于台地南端临江处。据群众叙述分析，这里的古墓有方坛积石墓与方坛阶梯积石墓两种，均无砌筑规整的墓室，墓中曾发现过铁、锅、陶器，也发现过"炉灰渣子"（可能为熔石残块）。据当地老人说，西马墓群早已经残破，近二十年来毁坏尤甚，古墓基坛石所剩无几，墓上积石越来越多。小墓拆毁，乱石尽弃于大墓，所以古墓已面目皆非，无法记录和测绘。

江边大墓今尚余较多残石，但统归一堆，近代有一庙址修筑其中，亦不能详查。村南古墓则全被破坏。

西马鹿泡子墓群属高句丽时代，附近有较多的同时期遗迹，说明这一带曾是一处交通便利、人烟稠密的地方。西马台地范围广大，宜于人们生产和生活。

龙岗墓群

龙岗是六道沟乡西马鹿泡子村的一个屯落。位于六道沟乡西南10千米。村落居鸭绿江边的坡地上，附近是一片不太开阔的平地，其东、西距东马鹿泡子村、西马鹿泡子村均3千米余。屯有一座伸至江岸的山岗，故名"龙岗"。

1984年5月，浑江市文物普查队在龙岗东四百米余的山脚下，发现了两座古代墓葬并做了记录。

两座墓葬坐落在江右岸二级台地的北缘，向北不过50米即为山岗，今有一条沿江乡路从山坡上通过，南距鸭绿江约二百米。古墓附近未见其他遗迹、遗物。两墓均为方坛积石墓，其中一座墓坛石所剩无几，但仍可辨认，另一座保存稍好，边长10米×10米，残高1米余，方向200°。墓坛石用材均为自然石块，形体不大，墓上已长满了蒿草、荆棘。这处古墓应属高句丽时期的遗存。

贾家营墓地

墓地位于白山市贾家营乡贾家营村五队约300米地方，北150米是蚂蚁河，南200米为高山。

共存有墓葬三座，为一字排列，中间为大型墓，两座小墓分别坐落于大墓左右。大墓东西长16米，南北宽7米，高1.5米，方向320°，外观为积石墓，保存较好。两座小墓呈椭圆形，位于大墓东南的小墓方向320°，长8米，宽4米，高1.2米。据群众介绍，这座古墓葬早经扰乱，部分石条被拆作他用，现墓上所堆积石块，有的是近代所为，附近还发现过铁镢等遗物，为方坛积石墓。

根据墓葬类型分析，这处古墓葬为高句丽时期的遗迹。这种积石墓与集安高句丽的积石多室墓相似，年代可能在4世纪以后。

蚂蚁河是浑江境内鸭绿江水系一条较大的支流，鸭绿江流域曾是高句丽人较早居住的地区，贾家营古墓群为探讨高句丽遗址的分布、边鄙与都城附近墓葬的类型与差异，提供了重要的资料。

安乐墓葬

位于长白县十四道沟镇安乐村，属战国至西汉时期。墓区面积东西宽约50米，南北长约70米，内有9座墓葬，均为大山石封盖，呈规整的长方形，20世纪六七十年代群众取石曾发现陶罐和遗骨。

坡口墓群

坡口墓群位于吉林省临江市四道沟镇坡口村西南约0.5千米，五道沟沟口南侧朝向西北的山坡和坡下的平地中，墓群所在地西邻鸭绿江，北濒五道沟，东、南倚靠山体。由于墓群距离现代村屯较近，且处于现代耕地范围内，破坏较为严重，墓葬多发现于坡地上的耕地内，坡下的平地中仅发现3座墓葬，位于旱田之内，水田区域未发现有墓葬。地理坐标为北纬41°43′49″，东经127°3′28.6″，海拔约为393米。

文物遗存

东甸子墓群

东甸子墓群墓葬突出于地表，多遭盗扰或破坏，1号墓偏东，墓南向，平面呈凸字形，早年被盗，墓顶塌毁，由甬道和墓室组成。墓口以长方形砖，三顺一丁的砌法封堵，甬道长1.65米，宽0.9米，高1.76米，墓室呈长方形，四壁略弧，长4米，宽1.6—1.8米，高1.8米。墓室后部为棺床，葬具已朽。甬道、墓室、棺床均用长方形素面砖人字形铺地。墓壁均用长方形砖三顺一丁垒砌。长方形砖面向墓内的一端多有几何纹图案或几何纹中间夹莲纹。甬道砖券，墓室顶部以楔形砖券砌。2号墓坍塌严重，但从墓葬的结构和形制看与一号墓基本相同。两座墓出土随葬品97件（组），1号墓71件（组），2号墓26件（组）。以陶器、瓷器

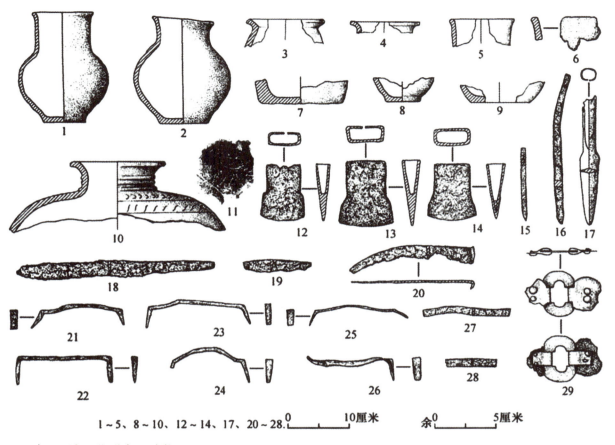

▲ 坡口墓群出土遗物

（图片来源：吉林省文物考古研究所提供）

为主，有陶男女俑、鸡、狗、猪、马、骆驼、羊、井、磨、灶、罐等，瓷碗、虎子、唾盂、鸡头壶、细颈瓶、洗等。

东甸子古墓群的墓葬形制与集安洞沟古墓群的墓葬相同，应为高句丽时期的遗存，古墓数量之多，分布之密集，十分明显。特别需要指出的是，M1号大型阶坛积石墓其规模宏大，其墓主人身份应最高。东甸子古墓群应与相距不远的桦皮甸子古城有着密切的联系，在这里还曾收集到陶罐、陶网坠、铁镞等生产生活工具。这些遗物，为研究这一地区的文化面貌和桦皮甸子古城与古墓葬之间的关系，提供了重要的实物资料。

文物保护

2013年3月5日，鸭绿江上游积石墓群被中华人民共和国国务院公布为第七批全国重点文物保护单位。

文化价值

鸭绿江上游积石墓群是吉林省除了集安洞沟古墓群以外最大的高句丽墓葬分布地，鸭绿江上游积石墓群中发现了多种不同的形制，这些墓群为研究东北地区积石墓葬的起源、发展和演变及古代丧葬习俗、意识观念等诸多方面提供了重要的依据。

参考文献

［1］刘晓溪，史宝琳，张福生.鸭绿江上游积石墓——坡口墓群2016年发掘简报［A］.边疆考古研究（第28辑）［C］.北京：科学出版社，2020（02）：71-85+489-491.

［2］孙仁杰，迟勇，张殿甲.鸭绿江上游右岸考古调查［J］.东北史地，2004（5）：17-23.

9
长城

　　吉林省长城作为《长城国家文化公园建设保护规划》中重要组成部分之一，其本体由三部分组成，分别是通化汉长城、老边岗土长城以及延边边墙。主要分布在吉林省东、中部地区。涉及通化市通化县，长春德惠市、农安县、公主岭市，四平梨树县、铁西区，延边朝鲜族自治州和龙市、龙井市、延吉市、图们市、珲春市等4个市（州）的11个县（市、区），在省域范围内呈不均衡、分散状分布。根据调研统计，吉林省现存长城资源长度414千米，包括墙体362千米、段落122段、烽火台98处、关堡6处、相关遗址1处、铺舍3处。

历史沿革

　　通化境内的长城遗迹最早于1986年被发现，2009年开展长城资源调查项目时调查确认。

　　1971年，原吉林师范大学（今东北师范大学）历史系、吉林省博物馆等单位对怀德县（今公主岭）老边岗进行了首次调查。

　　2006年，吉林省文物考古研究所等单位对吉林省境内的老边岗遗迹进行了全线调查。

文物遗存

　　吉林省境内有长城遗迹3处：汉烽燧线、唐代老边岗土墙、延边边墙。汉烽燧线分布于通化市通化县；唐代老边岗土墙分布于德惠市、农安县、公主岭市、梨树县、四平市铁西区；延边边墙分布于延边朝鲜族自治州的和龙市、龙井市、延吉市、图们市、珲春市。吉林省长城本体整体保存状况一般，其中大部分墙体保存状况较差，而其他附属设施不完善且破损的情况较多，保存状况也不乐观。

　　通化县汉长城：遗址分布于通化市通化县境内，西端与辽宁境内的汉长城相连，东端止于通化县快大茂镇的大帽山烽燧，全长46.1千米，由1处城障和10处烽燧共同构成。经调查发现12处烽燧、1处关堡、1处相关遗存。烽燧线蜿蜒52千米。通化县境内的烽燧多利用自然山体之地势，在山顶修筑丘状烽台。其平面多呈圆形或椭圆形，剖面半圆形或梯形，底径最小3.5米、最大47米，残高0.5米—4.5米不等。在部分烽燧上采集到陶器残片，以夹砂红褐陶为主。在有的烽燧上还发现了人类居住址，均为半地穴式，内有石板砌筑的火炕，可见残存的烟道。以烽燧即烽火台形式存在的长城，不再是绵延不断的土垣。

　　唐代老边岗土墙：在吉林省境内分布于5个县（市、区）境内，绵延约242.69千米，其中公主岭市怀德镇老边岗段和梨树县北老壕段保存状况最为完好。起自德惠市松花江镇松花江村（第二松花江左岸），经德惠市、农安县、公主岭市、梨树县、四平市铁西区，向西南延伸至辽宁省境内。调查发现，老边岗土墙墙体多位于耕地内，呈隆起状，构筑方式为挖壕筑墙，墙体经简单拍筑，形成壕墙一体的防御工事。老遗址基本为东北至西南走向，夯土筑成。其构筑方法是在西侧挖壕取土，在东侧夯打筑墙。从对公主岭市境内边岗屯的长城遗址解剖可知，边壕开口宽度约6米，墙体在边壕东侧，底宽6米，残高1.5米，夯层厚0.1—0.15米，黄褐色黏土夯筑。边壕与边墙相依，故称其为"边壕"或"边墙"。

　　延边边墙：分布在吉林省延边朝鲜族自治州的山地和丘陵地带，西起和龙市土山乡东山村二道沟的山坡上，蜿蜒腾挪于和龙市的西城、龙门乡，龙井市的细鳞河、桃园、铜佛，延吉市的八道、烟集、长安乡等的崇山峻岭中，消失在东距延吉市15千米的磨盘山附近。这座长城多为土筑，全长约150千米，烽火台17座。延边边墙墙体多土石混筑，亦有毛石干垒而成，部分段落利用自然山险、河险等天然屏障；烽火台多修筑在边墙沿线的内侧或附近山峰的制高点上，形制基本一致，绝大多数为圆丘形，多土石混筑，有的外围设有台壕。延边边墙长度为114千米，段落58段，烽火台86座，关堡5处，铺舍3处。延边边墙的形制特色鲜明，既有别于老边岗土墙，又不同于分布在东北的金代界壕，而延边水南关遗址出土的陶器又具有唐代时渤海国早期特征。城墙墙体高度达4米，局部以木框为桩，笼以乱石而成。

文物保护

2012年，吉林省文物局正式宣布，吉林省境内已发现和确认了汉长城、老边岗土长城、延边边墙，该发现填补了吉林省无"长城"的空白。

2013年，吉林省境内长城被中华人民共和国国务院归入第五批全国重点文物保护单位。

文化价值

吉林省的长城资源虽没有包含于中原长城的范围之内，却因与其形态相同、文化同质而意义重大，也因所承载的历史而在中华文明中颇具价值。吉林省长城资源是中国长城的重要组成部分，扩充了中国长城的版图，填补了不同时期长城建造工艺的空白。同时又具有鲜明的民族性和边疆性：通化境内长城遗址的发现与时代的确认，将我国汉代长城的东端起点向东推进了数十千米，对西汉时期东北地区历史研究和地理研究均具有重要的考古学价值；老边岗土墙是高句丽政权抵御中央王朝的军事设施，体现了文化回流历史现象，同时与吉林省、辽宁省及朝鲜半岛其他高句丽遗存共同诠释了灿烂的高句丽文明；延边边墙是金政权为防御高句丽政权而修筑的军事设施，体现了文化影响和再造，丰富了吉林辽金文化内涵。

参考文献

［1］吉林省文物局.吉林省长城资源调查报告［M］.北京：文物出版社，2015.

［2］韩可为.长城国家文化公园建设下的延边边墙保护利用研究［D］.长春：吉林建筑大学，2022.

［3］韩洋.吉林省大遗址保护的实践与探索——以长城资源保护为例［N］.长春：中国文物报.2013-11-22（07）.

［4］庄严，吉林省文物局.吉林省重点文物遗迹［M］.长春：时代文艺出版社，2014.

10

洞沟古墓群

历史沿革

洞沟古墓群是位于集安市通沟河附近的山麓、河谷和平原的一片高句丽时期古墓群，是墓葬数量最多、分布最集中的一处高句丽墓群。其占地面积为34.2平方千米。洞沟平原是鸭绿江中游一处狭长的冲积平原，高句丽时期的国内城和今日集安市即坐落于此。洞沟古墓群因"通沟"清末又名"洞沟"而得名。

洞沟古墓群作为一处重要的古代文化遗存，早在明清之际就为世人所知。清光绪年间，好太王碑及拓本流传，引起了时人注意。20世纪三四十年代，日本学者踏足集安，对少数墓葬进行了调查、清理、测绘和著录。中华人民共和国成立后，对洞沟古墓群开展了科学系统的发掘工作，对许多重要墓葬进行维修，为好太王碑新修建了碑亭。1961年3月，洞沟古墓群（包括好太王碑）被国务院列为第一批全国重点文物保护单位。经过数十年不懈的努力，2004年7月，12座王陵、26座贵族墓葬、好太王碑和将军坟一号陪冢根据文化遗产遴选标准C列入《世界遗产目录》。

遗址特点

洞沟古墓群

据1966年春季调查测绘和1997年春季复查测绘的最后核实结果，洞沟古墓群古墓总数可达10782座，其中现存墓6854座，注销墓3928座。大多为高句丽墓葬遗存，墓葬形制就其外表大体可分为两大类，一类以石为封，称为石坟；一类以土为封，称为土坟。洞沟古墓群中的高句丽墓葬分区埋葬、有序排列，反映出家族葬的特点。墓群现划分七个墓区，自东而西为长川墓区、下解放墓区、禹山墓区、山城下墓区、万宝汀墓区、七星山墓区、麻线墓区。这七个墓区以行政区划划分，虽便于文物的保护管理，但并不符合墓葬的历史背景、自然环境及当时的埋葬观念。同一墓区中可能存在着几个部族墓地，同样，同一部族的墓地可能被划分入两个墓区中。

下解放墓区位于洞沟墓群最东端，在龙山南麓坡地及鸭绿江右岸的台地上，总占地面积40.32公顷。现存墓25座，除平地两座外大多数分布于山坡。其中以冉牟墓（JXM001）、环纹墓（JXM38）最为知名，两座墓均被列入高句丽王城、王陵及贵族墓葬世界文化遗产。

禹山墓区是洞沟古墓群中最大的墓区，坐落于禹山之下，南临鸭绿江，东起土口子岭，西至洞沟河，呈狭长平川地形，总占地面积509.05公顷。现存墓1978座，墓葬兼有封土墓和石坟墓，并有许多大型的王陵。其中最广为人知的是将军坟（JYM0001）、太王陵（JYM541）和角觝墓（JYM459）、舞踊墓（JYM457）、三室墓（JYM2231）、四神墓（JYM2113）、五盔坟（JYM2101—2105）等墓葬。多座王陵和贵族墓葬被列入高句丽王城、王陵及贵族墓葬世界文化遗产。

山城下墓区位于禹山北麓山城子山城之南，丸都山城城下的通沟河谷两岸，现存墓1248座，占地194.7公顷。知名的折天井墓（JSM1298）、兄墓（JSM635）、弟墓（JSM636）以及龟甲墓（JSM1304）等均位于此墓区。五座贵族墓葬被列入高句丽王城、王陵及贵族墓葬世界文化遗产。

万宝汀墓区，位于丸都山城西南，七星山东麓，现存墓1082座，占地面积

▲ 洞沟古墓群远眺（徐钰朋摄）

▲ 将军坟（徐钰朋摄）

99.17公顷。

七星山墓区，位于集安市城区以西的七星山的南坡，在通沟河入鸭绿江口西岸，现存墓882座，占地面积99.17公顷。其中JQM0211号墓、JQM0871号墓被推测为王陵并列入高句丽王城、王陵及贵族墓葬世界文化遗产。

麻线墓区是仅次于禹山墓区的洞沟古墓群的第二大墓区，毗邻七星山墓区，现存墓1639座，总占地面积354公顷。其中西大墓（JMM0500）、JMM0626号墓、千秋墓（JMM1000）、JMM2100号墓、JMM2378号墓被推测为王陵并列入高句丽王城、王陵及贵族墓葬世界文化遗产。

长川古墓群

长川古墓群又名长川墓区，位于市区东北25千米的青石镇长川村北台地上，总占地31.12公顷。2001年被国务院公布为第五批全国重点文物保护单位，并划归洞沟古墓群。长川古墓群在20世纪60年代末到70年代初曾遭到严重破坏。1983年5月文物普查时存有墓葬105座，2005年重新测绘时有古墓120座。其中长川一号墓（JCM001）、长川二号墓（JCM002）以及长川四号墓（JCM004）均被列入高句丽王城、王陵及贵族墓葬世界文化遗产。

好太王碑

长白山地区是清朝封禁之地，好太王碑矗立在人迹罕至的密林中1600余年未被发现。光绪二年（1876），奉天将军崇实奏准开垦东边荒地，建设桓仁县，清政府派出的设治委员章樾赴任，调查耕地，清理户口，筹划管理事宜。他的随从幕僚关月山喜好金石学，在办公之余四处寻访古迹，终在荒烟蔓草丛中发现了史书上从未有过记载的好太王碑。关月山发现此碑后欣喜若狂，手拓碑文数字并赠与亲朋好友，人们争相捶拓。此时的好太王碑碑身长满青苔，为了捶拓完整碑文，继而放火焚烧除苔。好太王碑的拓本传入京城后，金石学家杨颐、盛昱、王志修等先后对碑文进行考释、著录，揭开了高句丽历史研究的序幕。

好太王碑刊刻于415年，由一整块天然的角砾凝灰岩石柱稍加修琢而成，呈不规则方形柱状体，是好太王的儿子长寿王为了纪念他父亲的功绩和铭记守墓烟

▲ 好太王碑（徐钰朋摄）

户，在好太王陵东侧建立的大型墓碑。好太王一生戎马倥偬，战功赫赫，死后被谥为"国冈上广开土境平安好太王"，因此，好太王碑也被人称为广开土王碑。碑文总计为1775字。碑文内容大体分为三部分：第一部分记述了高句丽建立神话和初期王位承袭，并概括了好太王行状；第二部分记述了好太王的战功；第三部分记述了好太王曾为先王墓上立碑，铭其烟户，并制定守墓烟户不得更相买卖的制度。

作为我国历史上最重要的碑刻之一，无论是历史信息的保存还是碑刻本身的书法艺术，好太王碑都堪称瑰宝。

采石场遗址

采石场遗址位于集安市太王镇高台子村附近的山坡上。遗址内布满巨石，大都是当年开采后没来得及加工运输的石料。这里的石质与太王陵、将军坟等陵墓的石材相同，应为古墓群内王陵供应石材的采石场。该采石场也是目前唯一确认的高句丽时期的采石场。2001年被列为第五批全国重点文物保护单位。

文物保护

到中华人民共和国成立时，洞沟古墓群因久历沧桑和肆意盗掘早已破坏不堪。从20世纪六七十年代开始，吉林省博物馆和集安博物馆对洞沟古墓群进行了十多次规模性的清理调查和考古发掘等基础性工作，对部分损坏严重的古墓葬采取保护、修理、整理和维修。特别是壁画墓的保护，采取化学药品修复、加固、清污、封护等工作。20世纪八九十年代，吉林省考古所和集安博物馆及文物管理部门对洞沟古墓群进行大规模的清理调查、编号、复查、实测、分类，对以往遗漏的古墓葬重新登记，使文物保护工作走上规范化道路。2003年，吉林省文化厅组织吉林省文物考古研究所及省内业务骨干对集安高句丽重要遗迹进行了大规模的考古清理、整治。以高句丽遗产整体保护为主，展示历史文化保护的工程建设拉开帷幕。保护工作以王陵墓葬为重点，调查、采集、局部勘探、清理积石和测绘，进行了一次全面细致的考古大调查。2009年7月31日，吉林省第十一届人民代表大会常务委员会第十三次会议通过《吉林省高句丽王城、王陵及贵族墓葬保护管理条例》。2021年10月12日，高句丽遗址（洞沟古墓群）入选国家文物局《大遗址保护利用"十四五"专项规划》"十四五"时期大遗址名单。

文化价值

基于几十年间的考古发现，大众和考古工作者可以对高句丽民族及政权活动的中心和区域、修筑什么样的城池和房子、穿什么样的衣服、平时生活生产使用什么器具、战争使用什么武器和装备、官方使用什么文字、死后又埋入什么样的墓葬等，以及由此所反映出的其文化面貌和社会生活，有更加形象生动和充分的了解。大量的工作和成果说明，在高句丽考古发现和研究方面，我国学术界已经占据了主导地位。

参考文献

［1］王志刚，李丹，郭建刚.2008年集安市洞沟古墓群考古发掘报告［A］.边疆考古研究（第9辑）［C］.北京：科学出版社，2010（00）：381-420+429-436.

［2］吉林省文物考古研究所，集安市博物馆.洞沟古墓群—1997年调查测绘报告［M］.北京：科学出版社，2002.

［3］李殿福.集安高句丽墓研究［J］.考古学报，1980（02）：163-185.

［4］孙仁杰.洞沟高句丽墓地的分布与排列研究［J］.东北史地，2004（09）：3-21.

［5］耿铁华.好太王碑一千五百九十年祭［J］.中国边疆史地研究，2005（03）：66-74.

［6］马大正.中国学者高句丽历史研究的百年历程［J］.中国边疆史地研究，2000（01）：93-102.

［7］魏存成.申遗以来我国高句丽考古的主要发现与研究［J］.中国边疆史地研究，2020，30（03）：108-121+215-216.

［8］方起东.好太王碑释读一见［J］.东北史地，2004（02）：36-42.

［9］于丽群，贾素娟，王海.谈高句丽古墓葬的保护与利用［J］.文物修复与研究，2014（00）：697-704.

11

丸都山城与国内城

历史沿革

据文献记载和考古发现，高句丽中期的都城在集安市。该地被认定为高句丽中期都城的城址有两座，一座是今市区所在的平地城，即文献记载中的国内城，另一座是位于市区西北2.5千米处的山城子山城，在文献记载中先后被称为尉那岩城和丸都城。两座城址构成典型的山城与平地城相结合的布局。高句丽以集安为都长达425年，有几次攻防战争发生于此，因此，高句丽王也上下迁移不断。

1982年2月23日，丸都山故城被中华人民共和国国务院公布为第二批全国重点文物保护单位。2001年6月25日，国内城被中华人民共和国国务院批准列入第五批全国重点文物保护单位名单，与丸都山城合并，名称为丸都山城与国内城。

2001—2003年，吉林省、集安市文物考古部门对丸都山城、国内城进行了空前规模的调查发掘，发现了大批重要的遗迹和遗物，大型调查发掘报告《丸都山城》《国内城》于2004年由文物出版社出版，引起国内外学术界的高度重视。

2004年7月，两座王城根据文化遗产遴选标准C列入《世界遗产目录》。

遗址特点

丸都山城经多次调查后，在21世纪初进行了大规模发掘。山城地势南面低，其他三面高，石构城墙修建在这簸箕状的环形山峰之上，周长6947米，城内山谷纵深，也有平缓的山坡。通沟河从山城南侧自东向西流过，然后南折流经国内城西墙外而注入鸭绿江。

经调查发掘，全城共发现门址7处，正门位于南墙低凹谷口，谷口两侧城墙至此内向曲折，形成内瓮城门，门道已被破坏，两侧保留排水涵洞。正门西边不远的南墙上新发现一门，单门道，外侧同样建瓮城。南门之内约200米处，积石垒筑一瞭望高台，俗称点将台，通高11.75米。登台顺通沟河谷南望，集安城区及

▲ 城墙局部（徐钰朋摄）

附近山川尽收眼底。在点将台的东南侧，有一处50~60平方米的石砌水池，俗称"饮马池"或"莲花池"，至今存水不枯，水草丛生。在点将台北侧有一处可能是驻兵的建筑址。在点将台东北的山坡上，还有一处大型建筑址，南北长92米、东西宽62米，进深做三层阶基，阶高相差1米左右。在每层阶基上，础石排列成序，并散布有大量的高句丽红色瓦片。可见这是一处宫殿建筑址。在上述各遗址发掘中，出土了大量瓦件和钉、镢等铁器。瓦件绝大部分为红色，少许为灰红色。板瓦的纹饰有方格纹、席纹、菱形纹等。筒瓦素面，个别刻划文字或鸟首等不同符号。瓦当的纹饰为莲花纹、兽面纹和忍冬纹。宫殿遗址出土的文字瓦中，有15件发现"小兄"字样，说明"小兄"的职责与都城建筑有关。4世纪之后复修过。

国内城平面略呈方形，石筑城墙，1984年测的是方向155°，东墙554.7米、西墙664.6米、南墙751.5米、北墙715.2米、周长2686米；2003年测的是北墙长730米、西墙长702米。城墙皆是以石砌筑，其中东墙、北墙、西墙南段属于高句丽时期，而以北墙保存较好。城墙外侧用规整石块砌成阶梯状，并残存数个马面基址。城墙内壁用不规整的石材内收斜砌。近年的发掘成果说明高句丽时期对平地

▲ 排水涵洞遗址（徐钰朋摄）

城石墙进行过复修。国内城中出土过少量年代早至3世纪末及之前的遗物，多为陶罐。高句丽中期遗物是国内城现存考古遗存的主体，包括各类瓦当、青瓷器、釉陶器等。此外还出土了少量高句丽晚期遗物，如陶碗和陶罐。

国内城中已广建房屋，在城内中部偏北处连续发现高句丽时期的古代墙基、大型八角形或覆盆形础石和大量的高句丽红瓦片，说明这里有宫室一类的重要建筑。城外，北面山脚下和东面的平地上都发现与城址同期的建筑，其中东面0.5千米处的东台子遗址，有学者认为是当时高句丽的社稷遗址。

文物保护

2009年7月31日，吉林省第十一届人大第三十二次会议通过了《高句丽王城、王陵及贵族墓葬保护管理条例》。2021年10月12日，高句丽遗址（洞沟古墓群）入选国家文物局《大遗址保护利用"十四五"专项规划》"十四五"时期大遗址名单。

文化价值

国内城与丸都山城是高句丽政权延续使用时间最长的都城，作为该段历史无可替代的实物见证，透过它们，可以见证已经被历史长河湮没了的高句丽创造的辉煌文明。

参考文献

［1］魏存成.申遗以来我国高句丽考古的主要发现与研究［J］.中国边疆史地研究，2020，30（03）：108-121+215-216.

［2］魏存成.高句丽初、中期的都城［J］.北方文物，1985（02）：28-36.

［3］魏存成.高句丽遗迹［M］北京：文物出版社，2002.

［4］魏存成.新中国成立以来高句丽考古的主要发现与研究［J］.社会科学战线，2014（02）：224-234.

［5］王志刚.高句丽王城及相关遗存研究［D］.长春：吉林大学，2016.

12

龙潭山城

历史沿革

早在20世纪50年代，我国考古工作者就已经开始对龙潭山城进行过调查，1962年和1973年又分别进行了调查。1982年，对龙潭山城的城墙和城内的"水牢"（蓄水池）、"旱牢"等遗迹再次进行了调查，并且对可推定为龙潭山城的卫城的东团山山城和三道岭子山城基础性的调查也同时进行。在东团山山城和山麓平地城发现了自原始文化时期到汉代、高句丽、渤海、辽金等时代的文物。

龙潭山，位于吉林市区之东，距市中心约7千米，海拔388.3米，高出附近地表100余米。山的东面和南面为连绵起伏的山岗，山的西面是由南向北流去的松花江，江的左岸为开阔的冲积平原，西南面隔嘎呀河与东团山为邻，两山相距不过2.5千米，西北面隔松花江与三道岭子七家子西山相望，两山相距14余千米。

2006年，龙潭山城被中华人民共和国国务院公布为第六批全国重点文物保护单位。

遗址特点

龙潭山城周围是山脊，中间是深谷，山城城垣即建筑在山的脊梁之上。城垣平面呈不规则多边形，东西较宽，南北较窄，东壁长1082米，西壁长528米，南壁长405米，北壁长381米，周长2396米。城墙最高处达10米许，最矮处不足2

米，基宽3—10米，顶宽1—2米，横断面呈梯形。城墙大部分为黄土羼凝灰岩碎石迭筑，小部分为黄土夯筑。从西门断层看，夯层厚6—12厘米，宽1—1.5米许，不见夯窝，系用长条石平夯法构筑。

在城的西、南、北三面凹伏处各有一门。西门在今盘山公路的山腰处，现宽24米，应为正门。南、北二门似为便门。在城垣四面凸起处各有一平台，长20—25米，宽6—9米，其中以南平台为最高，山的制高点处俗称"南天门"。台上曾发现过红色绳纹瓦，推测当年其上可能有角楼之类的建筑。

城内的主要建筑，即为俗称的"水牢"和"旱牢"。

"水牢"，又名"龙潭"，位于山城西北隅的最低处，龙潭山因此而得名。所谓"水牢"实为蓄水池。池呈圆角"凸"字形，东西长52.8米、南北宽25.75米。凸出部分长14.60米，宽2.05米。池东、西、北三壁用长40厘米、宽20厘米、厚30厘米的凝灰岩块石和花岗岩块石砌筑。池壁从上至下向内递入，呈阶梯状，共分三阶，阶宽20—30厘米。南壁从池沿向下约1米为直立岩壁，再往下则借山岩的倾斜面，用不规则的花岗岩块平铺，呈45°斜坡直达池底。在北壁东端池沿下1米处，有一石砌泄水洞，洞内狭外宽，通向墙外，可使过多的池水由此溢出。洞从山城的北墙下通过，可知蓄水池与城墙为同一时期的建筑。洞出口盖石长2.2米、厚0.9米，东壁石4块，西壁3块，壁石长35—40厘米、厚25—40厘米。洞口长1.5米，高1米。

"旱牢"，位于山城西南隅近山梁处，距"水牢"约420米，是用长25—58厘米、宽20—26厘米的长方形凝灰岩和花岗岩石块砌筑，平面呈正圆形，周壁直立如削，基于山岩之上，底部西高东低呈坡状。直径10.6米，深2—3米，从不积水。"旱牢"的结构与蓄水池相同，石质也一样，可知它们是同一时期的建筑。1973年，吉林市文物管理委员会对"旱牢"进行了彻底清理，但未发现任何遗物。从其地势和深度判断，应是贮存军事物资的地窖。此窖周边地表用两圈石块平铺，可承受沉重的压力。据此，推测当年其上可能有厚重的顶盖建筑。

山城内出土了高句丽时期的泥质红色绳纹瓦残块，但未发现汉陶和汉瓦以及其他汉文化遗物。1958年秋，吉林市公园管理处将蓄水池中的淤泥全部清除，在其中获得泥质轮制黑灰色陶罐三件，陶壶一件。从陶质、火候、色泽看，似属金

▲ 龙潭山山城保护标志

（图片来源：郑春颖提供）

代陶器。同时，在蓄水池中还清理出六耳铁锅一件、双环耳铁釜一件。锅与釜亦属金代遗物。另外，在山城西门旁边还发现石臼一件。

东团山，位于吉林市郊江南乡，是一个海拔252米，高出附近地面60米许的椭圆形小山。东团山山城建筑在山顶和山腰间，有城垣三道（靠江一面两道）。第一道城墙（即外城）和第二道城墙（即内城）保存尚好，第三道城墙（即内城）中华人民共和国成立前夕被破坏。外城东西长230米，南北宽115米，现高10米，顶宽3米许。中城东西长170米，南北宽62米，高12米。从东南向测量，内城距中城53.5米，中城距外城35.2米。从城墙断层看，为黄土羼凝灰岩碎石迭筑。

在东团山麓农田中，散布许多高句丽建筑遗物，采集到的有红色绳纹瓦、长条花纹砖等，此外，还出土过橄榄形鎏金铜饰物等。

三道岭子山城，坐落在吉林市郊沙河子乡三道岭子大砬子山上，该山海拔272米，高出附近地面约120米。山城建筑在三道岭子大砬子山西北坡，为黄土羼凝灰岩碎石迭筑，现残呈"厂"形，短墙为东西走向，长58米，长墙为南北走向，长200米，全长258米。城墙外缘垂直高度6米。山城原来的形状已不得而知。

三城结构基本相同，当为同一时期所建造，三道岭子山城和东团山城应属龙潭山城的卫城。

1961年，吉林省人民委员会公布龙潭山城为吉林省重点文物保护单位。

2021年10月12日，入选国家文物局《大遗址保护利用"十四五"专项规划》"十四五"时期大遗址名单。

▲ "旱牢"

（图片来源：郑春颖提供）

文化价值

吉林龙潭山山城附近自青铜时代西团山文化始一直是第二松花江流域的文化中心，西团山文化之后便是丰富的汉代文化，夫余政权前期的王城便在此地。龙潭山山城是5世纪初高句丽占领此地后的北部边防重镇，与随后从北方迁来的勿吉—靺鞨族相接，位置十分重要，于是又以附近可能原先即已存在的东团山城和新建的三道岭子山城作为它的卫城，形成一个周密的地区性防御体系。李健才先生考证，668年唐将薛仁贵攻克的高句丽扶余城正是龙潭山山城，而不是他处。

参考文献

［1］董学增.吉林市龙潭山高句丽山城及其附近卫城调查报告［J］.北方文物，1986（04）：32-35.

［2］魏存成.中国境内发现的高句丽山城［J］.社会科学战线，2011（01）：122-134.

［3］郑元喆.高句丽山城研究［D］.长春：吉林大学，2010.

13
自安山城

历史沿革

自安山城早在民国时期的旧《通化县志》中就有记载：称为石头城。自1983年以来通化市文管会办公室曾对此城进行过多次调查和测绘并著录于《通化市文物志》。1984年，通化市政府将其公布为市级文物保护单位。1993年，被吉林省政府公布为省级文物保护单位。

2004年5—6月，吉林省文物考古研究所、通化市文管会办公室联合对该山城进行了较为细致的考古调查与测绘工作，历时40天。

2006年5月25日，自安山城被中华人民共和国国务院公布为第六批全国重点文物保护单位。

遗址特点

自安山城位于通化市北郊距市中心约4公里的江东乡自安村5组，坐落在平地拔起的东山之上。山城东临浑江，西靠哈密河，南为浑江与哈密河交汇处的三角洲，北与连绵起伏的高山相连。山城三面环水，一面环山，地势十分险要。

山城整体略呈南北长、东西窄的倒三角形，周长2753.5米，其中北垣长442.1米、西垣长802.2米、南垣长352.8米、东壁长1156.4米，总面积为359797.9平方米。山城内地势比较平缓，总体东高西低，中部有一道由东向西延伸并凸起的脊棱，将该城自然地分成南北两区。山城的最高海拔为534.4米。

该城的西、南、北三面城墙依山势以土石混筑，上窄下宽，横剖面呈梯形。该城的北墙保存最为完好。西南两侧部分段落破坏比较严重。城墙的石料多以加工过的楔形石为主，兼有方形、长方形和不规则形。

该城共有5个门址。其中2号、3号门址在西城垣，4号门址在北城垣，1号、5号门址在南城垣。在这些门址中，唯有1号门址在山脚下的山口处，为该城的正门，其余门址均在山上城垣中，另除北门为该城仅次于1号门的重要入城通道外，其余均属便门。

该城的供水及排水设施较为完善。调查中发现水井两处，一处位于山城东部，另一处是在城址的中部。它们与北城墙附近的"蓄水池"遗迹共同构成了城内供水系统。共有两处排水涵洞。

山城内的地势相对较为平缓。北部可利用的平缓岗地较多，在北部的两层台地上，目前均发现有一定数量的建筑基址，在北侧台地上发现数量不等的础石，这一区域存有较高级别的建筑；在南部台地上，多见60—70平方米的小型建筑址，通过试掘结果可判定，这些建筑址是带有火炕的魏晋时期房址。

出土器物有陶瓮1件、陶盖罐1件、陶盘2件、陶碗1件、铜镜1件、铜钗1件、

▲ 自安山城门址（盛宇平摄）

▲ 自安山城城墙遗址（盛宇平摄）

▲ 自安山城水井（盛宇平摄）

铁镞4件、铁马掌1件。在南墙东南段的二级台地上，还发现有战国晚期至汉代的文化遗存，并出土大量素面夹砂陶，典型器物有圜底器、罐、碗、壶、杯及纺轮等。

文物保护

2018年，通化市人民政府落实《全域旅游发展实施意见》和《乡村旅游发展三年行动计划》，抓好长白山历史文化传承与发展，推进自安山城保护开发、历史博物馆和自然博物馆建设管理等工作。

2020年，通化市文旅局推进自安山城旅游综合体建设，项目总投资3.1亿元，先后争取国家文物局4276万元资金，实施了一、二期工程，目前正积极申报专项债，继续扩大项目实施范围。

2021年10月12日，入选国家文物局《大遗址保护利用"十四五"专项规划》"十四五"时期大遗址名单。

文化价值

自安山城建筑颇具汉代风格，具有汉代城与高句丽山城相结合的特点，体现了中原汉文化与东北民族文化相融合的风格特征，特别是一号门址前的两个土筑门阙，是典型汉代城的标志。这在所有高句丽山城中包括高句丽王城，是绝无仅有的。

从山城内出土陶器的制陶工艺看，应属于中原系统，而且明显高于目前集安国内城出土陶器的工艺水平。这说明该城在西汉至魏晋时期中原文化占据主导地位。

参考文献

［1］王志敏，王鹏勇，王珺.吉林省通化市自安山城调查报告［J］.北方文物，2010（03）：33-38+113-116.

［2］郑元喆.高句丽山城研究［D］.长春：吉林大学，2010.

14

六顶山古墓群

六顶山墓群位于吉林省敦化市城南5千米的六顶山上。六顶山的名称源于此山有六个东西一字排列的山峰。主峰位于西端，海拔598.3米，其南坡有两个平缓的山坳，西侧山坳狭长，地势较高，东侧山坳地势较开阔，形如簸箕。两处山坳被静谧的树林环绕，渤海时期墓葬密布于此。20世纪50年代，便有学者依墓葬的自然分布特点将西侧山坳称为六顶山第Ⅰ墓区，东侧山坳称为第Ⅱ墓区，两墓区共占地0.13平方千米，目前尚存各类墓葬235座，是现存渤海墓葬数量较多、等级较高的墓群。

六顶山墓群发现年代较早，具体时间已不可考，东北沦陷时期曾被盗掘，一部分墓葬遭到破坏。

1949年7—10月，延边大学历史科和敦化县（今敦化市）启东中学的部分师生在Ⅰ墓区北部清理了9座墓葬，其中包括渤海第三代王文王大钦茂女贞惠公主墓，并出土贞惠公主墓碑，六顶山古墓群作为渤海早期贵族墓地得以初步确认。

1953年、1957年，吉林省文物管理委员会和吉林省博物馆对六顶山古墓群进行了两次调查，将六顶山古墓群划分为两个墓区。

1959年8月，由吉林省博物馆主持，在吉林师范大学（今东北师范大学）历史系和敦化县文教科的协助下，对1949年清理的9座墓葬中的6座进行了二次清理，并新发掘了两座墓葬。

1961年，六顶山古墓群被中华人民共和国国务院公布为第一批全国重点文物保护单位。

1963年，中国科学院考古研究所东北考古工作队第二队对墓群进行了调查，试掘墓葬1座，次年发掘墓葬19座，并且清理了贞惠公主墓的墓道，出土遗物377件。

1997年，延边州文管会聘请吉林省地质局物探大队，对两个墓区进行了物探，探明Ⅰ墓区有56座墓葬，Ⅱ墓区有110座墓葬；并会同延边州博物馆选择Ⅰ、Ⅱ墓区各两座墓葬做了清理，出土了铁镞、铜带铐等一批渤海时期遗物。

2004年和2005年，吉林省文物考古研究所对六顶山渤海古墓群进行了再度复查和发掘。调查确认两墓区墓葬总数为235座，其中Ⅰ墓区105座，Ⅱ墓区130座，并对墓群进行了重新测绘和统一编号。

此外，墓区中还有多座规模较大、等级较高的墓葬，推测应是渤海贵族的墓葬，甚至推测渤海的大祚荣和大武艺两代王的陵墓就位于六顶山墓区。

遗址特点

六顶山墓群现存墓葬235座，可基本明确墓葬形制的墓葬共有209座。按墓葬构造可划分为土坑墓、石椁封土墓、石圹封土墓、石室墓四类。

土坑墓为南北向长方形浅坑，没有墓门和墓道。墓内出土了棺、椁遗存。多为火葬墓，多数有随葬品。封土呈圆形或椭圆形，部分墓葬封土周边以块石包边，防止墓葬封土水土流失。

石椁封土墓建墓时先于地面挖土坑，沿着坑边砌石形成石椁。没有墓门和墓道。部分墓葬保存有盖顶石，少数墓葬有木棺遗存。墓内多无火葬痕迹，有少量随葬品。

石圹封土墓多于地面挖浅坑，坑深多不超过0.3米，于坑内砌石修建石圹四壁，石圹下半部建于地表下，大部分位于地表之上，无盖顶石，有墓道，圹内有棺、椁。多为火葬或者二次葬。下葬后直接封土，少部分墓葬土石混封。此类墓

▲ 六顶山远景

（图片来源：吉林省文物考古研究所提供）

▲ 一区M4东北角

（图片来源：吉林省文物考古研究所提供）

规模较大，有随葬品，保存状况不佳，多数已残。

石室墓平面呈铲形，墓室宽大，具有一定高度，墓室呈长方形，部分近正方形，墓门、墓道均位于墓室南壁，墓顶可分为平盖和叠涩两种。此类墓葬均被盗掘，墓室内均发现棺钉，可能为火葬。

六顶山墓群现存的墓葬几乎均被盗掘，已清理的墓葬中出土随葬品数量较少。随葬器物均为实用器，出土陶器大多是深腹罐，此外还有少量瓶、壶、碗、盂、圆腹罐等；铜器多经过铸造，少数鎏金，种类包括镜、镯、耳环、牌饰、带扣、铊尾、带銙、棺饰、铃、鎏金帽钉等；铁器多为小型器物，以棺钉数量最多，其他还包括矛、刀、镞、镯、环、带銙、牌饰、铃、甲片、卡针、护心镜等。

文物保护

渤海重点遗址保护项目是吉林省迄今覆盖范围最广、遗址数量最多、遗存类型最为复杂的综合性文物保护工程。渤海大遗址保护以实现遗址的真实性、完整

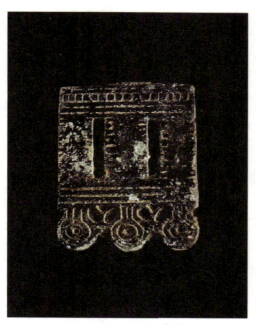

1. Ⅰ M17：1铜带饰

2. Ⅰ ST5：16铁带饰

▲ 六顶山古墓群出土铜带饰及铁带饰
（图片来源：吉林省文物考古研究所提供）

性为目标，严格按照世界文化遗产的相关标准，实施文物本体保护、展示及环境整治工程。

文化价值

六顶山墓地中土坑墓的数量最多，其墓葬形制、葬俗及葬式应是对靺鞨文化传统的承袭。有研究者认为石椁（棺）墓形制应是受到高句丽文化的影响。石圹墓规模与构筑方式同高句丽积石石圹墓风格相类似。修建于地上的石室墓同高句丽石室封土墓构筑方法类似，并且可能由地上向地下构筑方式转变。贞惠公主墓顶的抹角叠涩形制结构，也应是源于高句丽文化影响。此外，部分墓葬的墓底发现以青砖铺地的迹象，应是受到中原墓葬构筑方式影响。

六顶山墓地的土坑墓的形制与葬俗，出土的陶器、铜牌饰，以及杀马祭祀的方式，均体现出靺鞨文化传统。

六顶山墓地制作瓦件的技术，应是受到高句丽的影响。出土的三彩壶及绞胎口沿可能系唐代黄冶窑产品。出土的一件圆形瑞兽葡萄纹铜镜，其纹样、尺寸同偃师杏园武周时期墓葬出土铜镜相似。贞惠公主墓出土一墓志，铭文内容同贞孝公主墓铭基本相同，均为华丽的唐代骈体文，汉字书写，铭文中熟练使用了中原的儒家经典。

各方面都反映出六顶山时期是各种文化大碰撞的时期，一个小小的墓地，就发现了几种文化并行，真实反映了渤海建立初期，各种文化交流的特点，符合史料记载，也符合渤海当时的历史阶段。

参考文献

［1］王志刚.六顶山渤海墓葬研究［D］.长春：吉林大学，2008.

［2］华阳.渤海墓葬研究［D］.长春：吉林大学，2015.

［3］卢成敢.渤海遗存的分区研究［D］.长春：吉林大学，2019.

［4］李瑞.从保护到传承构建吉林文物保护利用新模式https：//www.thepaper.cn/newsDetail_forward_8521287，［2024-09-02］.

15

龙头山古墓群

龙头山墓群位于吉林省延边朝鲜族自治州和龙市头道镇龙海村西龙头山中部，为渤海王室墓葬，分为石国、龙海、龙湖等三个墓区。龙湖墓区位于龙头山北部，占地2万平方米。龙海墓区位于龙头山中部，占地6万平方米。石国墓区位于龙头山南部，占地0.5万平方米。

龙头山西南距和龙市约25千米，是一条南北蜿蜒起伏的漫岗，山体南部与层峦叠嶂的山峰相连，向北则延伸至海兰江冲刷的头道平原南端。由于其北端状似龙首，故称为龙头山。

龙海墓区位于吉林和龙龙海村西部，20世纪80年代，曾清理了该墓区中的贞孝公主墓。2004—2005年，吉林省文物考古研究所等单位再次对龙海墓区进行了考古发掘。两年度共发掘墓葬14座，包括孝懿皇后墓葬（M12）、顺穆皇后墓葬（M3），以及可能为第九代国王大明忠的墓葬（M2）。

龙湖墓区位于和龙县城东北约25千米的龙头山北部的一椭圆形台地上，其南1千米处即渤海第三代王大钦茂第四女贞孝公主墓。1980年发现并清理。

1998年1月13日，龙头山古墓群被中华人民共和国国务院公布为第三批全国重点文物保护单位。

遗址特点

龙海墓区贞孝公主墓以砖、石板修筑，由墓道、墓门、甬道、墓室、塔身五部分构成。该墓葬属于较为特殊的塔墓形制，上部的砖塔业已不存，仅存塔基。墓道设置于墓葬的南壁中部位置，其后为墓门，墓门接甬道，甬道后接墓室。墓室中部以青砖垒砌棺床，发现几件人骨残片。墓室以长方形砖块错缝平砌，墓室顶部以砖块、条石叠涩砌顶。在甬道两壁及墓室的东、西、北三壁发现彩绘壁画，壁画中的人物明显为唐代中原装束。墓葬出土了墓志、陶俑、鎏金铜饰件、铁钉与陶片等，墓志铭以汉字书写，格式为唐代流行骈俪体。墓志内容辞藻华丽，并引用了大量儒家典故。

龙海墓区其他渤海贵族墓葬形制有大型与中型的石室封土墓、大型砖室墓、大型砖室塔墓，以及墓上修建大型建筑的同封异穴砖椁墓。这些墓葬中出土了墓志、日用陶器、三彩人物陶俑、动物陶俑、瓦件、金银器、菱花铜镜、鎏金饰件、铁器等遗物。两方墓志分别为第三代王大钦茂、第九代王大明忠的皇后所有，铭文为汉字楷书。

龙湖墓区墓葬系一处规模较大的封土石室墓，形制与贞孝公主墓相仿。出土陶器残片均不能复原，可辨别出两种器形，罐形器两件，一件为泥质褐陶，经慢轮加工，另一件为黑褐色，轮制，含少许细砂；瓮形器两件，泥质黄褐陶，轮制。

文物保护

1981年，文物部门在贞孝公主墓上建设房舍，并对壁画做了化学封护。2009年对墓群实施本体维护保护。

文化价值

龙海墓区为渤海8世纪后半叶至9世纪前半叶的王室墓地。从墓葬形制来看，大型与中型的石室封土墓墓室的形制与沈阳石台子高句丽墓葬相似，斜坡墓道的构造则常见于中原贵族墓葬。大型砖室塔墓可能与墓主人崇信佛教有关，应是受到唐佛教文化的深刻影响。部分墓葬符合文献记载的靺鞨先民传统，也反映了汉

▶ **三彩女俑**

（图片来源：吉林省文物
考古研究所提供）

◀ **金玉腰带局部**

（图片来源：吉林省文物考古研究所提
供）

唐墓祭之风对渤海的影响。

贞孝公主墓葬的彩绘壁画人物形象、服饰与所持器物带有明显的中原风格。M10出土的三彩男侍俑在唐墓中常见。M13出土的菱花铜镜与偃师杏园李景由墓（738）出土的铜镜十分相似，应是源于唐王朝的舶来品。两位皇后的墓志铭文以汉字书写，铭文内容常化用中国古代儒家典故，书写体例也与唐墓志铭类似，彰显其"地虽海曲，常习华风"的文化面貌。

龙头山渤海墓出土的漆盒装饰精美，做工精湛，工艺上采用唐朝最先进的金银平脱技术和微观毛雕细腻表现手法，人物花鸟造型准确写实，气韵生动。盘龙的大胆创新，豹目、蛙舌、蚕腹、四翼，增强了威猛和神秘，为迄今为止发现的唐龙作品中最精美者。其应该属于唐朝宫廷之器，可能是唐皇帝赏赐品。

龙头山古墓群的情况说明，渤海的丧葬制度正发生转变，古老的丧葬习俗正慢慢退出历史舞台，渤海正形成自己的随葬习俗，最起码是王室规则正形成自己的随葬习俗。而随葬品中的三彩器，反映的是与唐文化交流的加深，而且中原文化对渤海的影响在此区占据了绝对的优势。可以看出，渤海贵族更先接触并接受了中原文明，汉化在渤海贵族身上体现得更加明显。

参考文献

［1］华阳.渤海墓葬研究［D］.长春：吉林大学，2015.

［2］卢成敢.渤海遗存的分区研究［D］.长春：吉林大学，2019.

［3］冯恩学，高铷婧.龙头山渤海墓地出土漆盒纹饰解读和历史价值［J］.地域文化研究，2021（3）：105–114+155.

16

灵光塔

历史沿革

灵光塔，位于吉林省白山市长白朝鲜族自治县长白镇西北。灵光塔始建于唐渤海年间（698—926），已有1300多年的历史。灵光塔分别在1936年、1954年、1984年进行了三次程度不同的维修，今仍以原风貌耸立在原址。该塔千余年来历经风霜及火山爆发，塔身向南倾斜40厘米左右。为了防止古塔继续倾斜，1984年维修时在塔内加设了支撑钢架。

檐式阁楼塔为东北仅存。灵光塔是我国东北仅存的一座典型的密檐式阁楼塔，建于698—926年。1981年和1982年6月间，考古工作者邵春华和中国科学院自然科学史研究所副研究员张驭寰先后对灵光塔进行了科学考察，鉴定其为唐朝渤海时期建造的佛塔。据考证，灵光塔为当时的镇边建筑，距今已有1300多年的历史。塔身共五层，底层宽厚，向上递减，收分明显。侧面呈梯形，平面为正方形。该塔由通道、甬道、地宫、塔身、塔刹五部分组成。塔身由长方砖、圭形砖、多角砖砌筑，地下有一个塔室，但里面的供塔古物早被盗掘一空。古塔顶部的塔刹呈葫芦形，用四个圆底金属盆双双扣合起来，恰似古代将士的头盔，在阳光映照下熠熠生辉。塔檐伸展较长，挂有铁铃，山风吹来，金铁皆鸣。塔基四面分别砌有褐色花纹砖，东西两面阴刻莲瓣纹，南北两侧为阴刻。各层檐角悬挂风

▲ 灵光塔

（图片来源：吉林省文物考古研究所提供）

铃，常年吟风啸月，好似"警钟长鸣"，教人不忘戍边。第一层的四面各镶嵌着一块字型砖，依次为"王""立""国""土"四个字，这精心雕刻的莲瓣花纹砖又为古塔增添了丰厚的历史感和凝重的美感。

建筑特点

灵光塔是一座典型的砖砌密檐楼阁式方形古塔，是渤海国仿唐建筑。灵光塔坐北朝南，为砖砌楼阁式空心方塔，共五层，层层收分，通高13米。塔身均磨砖对缝、黄泥做浆，叠涩式塔檐，底边长3.3米，顶边长1.9米。塔内层间砌成平行叠涩顶并留有空间上下贯通。塔下有地宫，向南接甬道，有土阶可通往地面。塔的造型与陕西西安小雁塔、河南登封嵩山法王寺塔基本相似，只是灵光塔体形小一些。灵光塔由通道、甬道、地宫、塔身、塔刹组成。地宫在塔身的下面，为长方形。南北长1.9米，东西长1.42米，高1.49米。墙壁用砖砌成，底铺三层砖，顶盖三块花岗岩石板，墙壁抹石灰饰面。地宫在早年被盗，顶板被击碎，饰面也大部脱落，宫内文物全无。饰面大部分为素面，仅个别呈赭石色，估计为壁画。地宫略为偏东处的室底上有一石平台，台面光平。在1984年维修该塔时，为了塔身的安全，鉴于地宫破坏严重已失去保留价值，经上级有关部门批准，用混凝土灌填了地宫，故该塔现已无地宫。塔身座在地宫盖板的上面，用长方形砖、圭形砖、多角砖砌筑。砌筑方法采用唐代砖对缝砌法。砌砖灰浆为极细的黄泥浆（内掺黄米汤），灰缝很小。塔身平面为方形，立面光平朴素，五层逐渐收分。每层的顶部用砖砌出檐，檐部叠涩砖，在叠涩中间隔一层交替砌菱角牙子。塔檐从立面看为三角形，水平方向略有上曲弧度。塔身下有0.8米高的石座（1954年维修时为保护古塔而加砌的）。塔身第一层平面长3.3米，高5.07米；第二层平面边长3.0米，高1.65米；第三层平面边长2.4米，高1.5米；第四层平面边长2.1米，高1.44米；第五层平面边长1.9米，高1.22米。每层檐的四角都悬有响风铎。塔身的正面（南面）有一拱券门，门宽0.9米，高1.65米。塔的正面第二、三、五层设方形壁龛各一，长宽各为20厘米。塔身的正面第四层及东西两侧的第二、三、四、五层均设直楞窗口，边长为20厘米。塔内为空心，第一、二层都砌成方形叠涩楼层，中间留有方形空井，上下相通，基本属于空间结构。塔顶为穹窿式顶。据清

▲ 灵光塔北面第三层砖结构

（图片来源：吉林省文物考古研究所提供）

末《长白山江岗志略》所载的"塔顶明时被烈风吹折今尚缺"来看，塔顶早于明时毁坏，直到清末尚未修。到了1936年，地方士绅对该塔进行了维修，并用五口铁锅扣在一起，中间串一根铁棍做成塔刹，安装在第五层上。1984年维修时照原样重新铸造并安装，并加设了避雷针。

文物保护

1982年，灵光塔经鉴定后被列为吉林省第二批重点文物保护单位。

1988年1月13日，灵光塔被中华人民共和国国务院公布为第三批全国重点文物保护单位。

文化价值

灵光塔每层檐的四角都悬有响风铎，底层的檐下四面均有纹饰花砖，并镶嵌着字型巨砖，从正面向右依次为"王""立""国""土"四字。灵光塔周围发现有铁铃、泥质陶片等。

渤海是唐时中国东北的靺鞨等族所建立的政权，武则天圣历元年（698）粟末靺鞨首领大祚荣统一靺鞨诸部，并结合部分高句丽所建，自称震国王。唐先天二年（713）受唐册封为"左骁卫大将军渤海郡王"，后又晋封为"渤海国王"。从此，靺鞨政权即以"渤海"为名。都忽汗城（今黑龙江镜泊湖畔），辖五京、十五府、六十二州，疆域南至朝鲜半岛北部、北至黑龙江境、东至苏联滨海地区、西至吉林西部。政治上受唐影响，行政组织上仿效唐制，每年遣使向唐朝贡方物。契丹天显元年（926）为太祖耶律阿保机所灭。据有关资料载，长白县城在当时是丰州地。

灵光塔的原名早已失传，无从知道。根据清末长白府第一任知府张凤台的回忆录载，他于清光绪三十四年（1908）就任后，看到古塔历经沧桑而未被毁大为感叹，将古塔喻为西汉时鲁灵光殿一般，历经战乱而独存，就命名为"灵光塔"。灵光塔为渤海时期所建，采用唐代建筑风格，由此可见中原唐文化对这一地区的影响。该古塔对于研究中国的历史、政治、经济及建筑技术有重要意义。灵光塔为唐代渤海时期的一座古塔，是东北唯一保存下来的唐代渤海国地方政权建筑，灵光塔显示了渤海时期精湛的造型艺术，具有较高的观赏价值和文物保护价值。

参考文献

［1］张胜超，冯恩学.渤海"灵光塔"装饰纹样小识［J］.北方文物，2018（2）：54-56.

［2］灵光塔［J］.地域文化研究，2022（5）：157.

［3］吉林省文物考古研究所.田野考古集粹：吉林省文物考古研究所成立二十五周年纪念［M］.北京：文物出版社，2008：84.

17

渤海中京城遗址

历史沿革

渤海中京显德府——西古城。该古城是唐代渤海国中京显德府遗址，始建于唐玄宗天宝初年（742）前后，唐天宝中年（748前后），渤海第三代王大钦茂将其国都从敦化迁至此地，曰显州。唐天宝末年（755），大钦茂徙国都于上京龙泉府后，该城遂为渤海五京之一的中京显德府。926年，契丹灭渤海，该城亦毁弃。西古城位于和龙市西城镇古城村，距西城镇4千米，距和龙市23千米。城址有内外双重城垣，内外城均呈南北纵向的长方形，城垣为土筑。外城南北长720米，东西长630米，南、东、北垣保存较好，残高一般在1.5—2.5米左右，最高处可达4米。东垣偏南部有缺口，西垣基础保存完好。内城南北长310米，东西长190米，城垣基础尚清晰可辨，现辟为小路或田埂。内城共有5座宫殿遗址，南北纵向沿同一轴线分布有3座宫殿遗址，分别编为1、2、5号宫殿，2号宫殿东西两侧各有一座宫殿，编为3、4号宫殿。西古城是发现为数不多的、较完整的渤海国建筑遗迹之一，因而具有特殊的历史地位、考古价值和学术研究价值。

渤海国时期多次向唐朝纳贡，主要贡品为"太白之鹿、率滨之马、卢城之稻、北海之鲔"，其中"卢城之稻"就是中京显德府卢州所产的稻米。渤海国灭亡后，契丹人有计划地将渤海遗民强制迁移到辽宁一带，并将原地的城池文物付

▲ 渤海中京城1号殿、2号殿全景

（图片来源：吉林省文物考古研究所提供）

▲ 渤海中京城3号宫殿殿址

（图片来源：吉林省文物考古研究所提供）

之一炬，使1300多年前的海东盛国文明默默无闻地湮灭于荒草黑土之中，并留下了许多千古之谜。龙头山古墓群：在西古城以东8千米处有一座著名的古墓群——龙头山古墓群，是唐朝渤海国王室贵族的墓地之一，分为龙湖、龙海、石国三个墓区，1988年被中华人民共和国国务院列为全国重点文物保护单位。龙湖墓区位于龙头山北部，占地2万平方米。龙海墓区位于龙头山中部，占地6万平方米。石国墓区位于龙头山南部，占地0.5万平方米。贞孝公主墓：贞孝公主墓位于龙海墓区，是渤海国第三代王大钦茂第四女夫妻合葬墓穴，墓葬里的壁画是迄今为止唯一保存完整的渤海时期壁画，对研究渤海国历史、文化及其与唐朝的密切关系有着极其重要的作用，甬道出土的墓志铭一直为国内外专家学者所关注。

建筑物特点

渤海中京国家考古遗址公园位于吉林省延边朝鲜族自治州和龙市西城镇平岗绿洲中部，包括渤海中京城遗址（西古城）和龙头山古墓群。1996年被中华人民共和国国务院列为国家级重点文物保护单位，2002年被列为中国十大考古发现。西古城是唐代渤海国中京显德府的古址，在渤海国200多年的历史发展过程中，作为渤海的五京十五府六十二州建制之中的一个重要城市，其始终是渤海国政治、经济、文化中心城市之一。

建筑遗存

龙头山古墓群是唐代渤海国王室贵族的茔地，是渤海中前期墓葬的典型代表，也是我国东北地区一处十分珍贵的文化遗存。渤海的历史遗迹和文物散布于和龙大地，为后人留下了珍贵的历史文化遗产。

文化价值

渤海中京国家考古遗址公园规划：

分为4个功能区：遗址展示区、管理服务区、预留区与周边资源利用区。建设内容：渤海中京国家考古遗址公园规划范围为70.5平方千米，其中山地3715.9公顷，平原3338.2公顷。

遗址展示区：占地约20公顷，分为中京城遗址内城展示区、龙头山展示区。中京城遗址内城展示区以展示考古遗址信息为主，体现宫殿格局和建筑规模。龙头山展示区主要展示龙海墓区墓葬分布、规模和墓主身份，同时突出墓葬的选址特点。管理服务区：占地面积为21.7公顷，主要是利用中京城遗址北侧的梭形地块建设包括博物馆、管理用房、考古工作站在内的基础设施，将中京城遗址、龙头山古墓群的历史信息进行整体展示。预留区：占地面积为35公顷，主要由中京城外城遗址考古区，龙头山古墓群保护区构成。周边资源利用区：占地面积为176公顷，主要分为渤海文化体验区和农耕体验区。渤海文化体验区利用中京城东侧的自然村落建设渤海文化体验村，再现和体验渤海国时期的生活场景，包括农耕、织布、铁具加工、烧瓦等活动。农耕体验区以特色稻田为主题的乡村休闲区，可为遗址公园提供具有特色的旅游服务设施，提高游客的文化体验效果。中京城遗址的平面呈长方形，分为内城和外城两部分，城市规划仿照了唐代长安城的布局。文化价值：外城长约720米，宽约630米。内城周长约2000米，城内又分隔为南、北两城，沿中轴线发现有3处宫殿遗址。外城辟有南、北两门，城外有护城河，城东南部还有人工水池等遗迹。城址内出土有石础、瓦当、花纹砖等遗物。

文物保护

渤海中京城遗址已被列入国家考古遗址公园名单。2013年12月17日，经专家现场考察和评议，国家文物局局务会议研究决定：包括西古城和龙头山古墓群在内的渤海中京城遗址被列入第二批国家考古遗址公园名单，并予公布。

参考文献

［1］王海.吉林省渤海国中京官殿建筑遗址研究［J］.古建园林技术，2014（1）：50-58.

［2］吉林省文物考古研究所.田野考古集粹：吉林省文物考古研究所成立二十五周年纪念［M］.北京：文物出版社，2008.

18
苏密城

历史沿革

唐代中叶，苏密城为唐地方政权渤海国五京十五府之长岭府治所、渤海通往中原王朝营州道上的重镇。

1936年，日本人鸟山喜一、藤田亮策、岩间茂次郎等人对苏密城进行了非法盗掘。

2013年，吉林省文物考古研究所对苏密城进行了主动性考古发掘。

2014年6—11月，吉林省文物考古研究所对苏密城再次进行了考古发掘。

建筑物特点

苏密城城址由苏密城内外城组成，内外两城重壕，城址四周依山傍水，为辉发河冲积盆地。

内城坐落在外城中央，成"回"字形，基本为正方形，四角高出城墙，呈四角楼遗迹。东西两门位于东墙和西墙中段内城四周，有较明显的护城壕遗迹，城墙为土筑夯实，夯层厚10—15厘米，城墙高2.6米，顶宽0.6米，基宽7米左右，东城墙长337米，南城墙长334米，西城墙长369米，北城墙长341米，周长1381米。

外城大致为长方形，东城墙长697米，南城墙长535米，西城墙长747米，北城墙长611米，周长2590米。城墙残高3—4米，顶宽0.5—1米，底宽13米左右，四角有角楼，存东南和西南角楼遗迹，高出城墙约1米，东南角楼向东突出1米，东、西、南三面城墙保存较好。外城墙四门皆位于各墙中段，并筑有方形瓮城。东瓮城城门和北瓮城城门已遭破坏，西瓮城和南瓮城保存较好，突出城墙18米左右，开口向左。内城西门南部城基可以看到河卵石，可以看到一层层夯层窝。城基是先敷石块和河卵石，然后每隔10—20厘米为一个垒垛夯层直至城顶。西面护城壕宽13米，深2米左右。

建筑遗存

2014年，吉林省文物考古研究所在苏密城外城南部发掘25个灰坑遗迹和1处渤海国时期建筑，以黄黏土和黑黄花土夯筑，台基南北约35米，东西宽约28米，整个夯土台基规模约为边长35米的正方形，磉堆直径1—1.5米，同排磉堆中心间距约3.3米，排间距近4.5米，存磉堆8个。磉堆北侧有长约6米夯土台基，台基东侧出土大量渤海国时期建筑的灰陶瓦、瓦当、兽头、鸱尾等建筑构件，10余块础石，300余件陶塑佛像残块。

文物保护

唐玄宗开元元年（713），粟末首领大祚荣受唐册封为左骁卫大将军、忽汗州都督、渤海郡王，后人专称其为渤海，"渤海国"的名称由此而来。其子孙因袭唐朝典制，传至十一世大仁秀、十二世大彝尊（835）在辖境内完成五京十五府六十二州一百余县的建置，成为辽东盛国。辉发河故道南岸的苏密甸子（粟末的音转）系冲积盆地，平坦开阔，近山傍水，"为水陆之要冲"，境东有绵亘四十余里的张广才岭为屏障，渤海国在此设长岭府治，领瑕、河二州，建有具备府治规模的苏密城（即那丹佛勒城），是当时营州道上的重镇。桦甸即渤海王朝长岭府属地。

1961年4月13日，苏密城被吉林省人民政府公布为省级重点文物保护单位。

2006年5月25日，苏密城被中华人民共和国国务院公布为第六批全国重点文物保护单位。

2007年6月，吉林省人民政府设立的保护范围为苏密城城址本体以外城墙基以外10米，建设的控制地带为保护范围以外100米。

▲ 苏密城城址

（图片来源：吉林省文物考古研究所提供）

文化价值

苏密沟古城简称苏密城，位于桦甸市城东约4千米的辉发河冲积平原上，因近苏密沟而得名。苏密城基本上呈回字形，正南北向。内城现高3—4米，顶宽0.5—1米，基宽约10米，内城东墙长337米，南墙长334米，西墙长367米，北墙长341米，周长1381米。外城现高3—4米，顶宽2—3米，基宽10—12米。外城东墙长697米，西墙长535米，南墙长747米，北墙长611米，周长2590米。内外城皆为夯土构筑，夯层厚10—15厘米，城四角突出，当年可能有角楼建筑。内外城西门有明显的瓮城痕迹。内城隐约可辨南北城楼的痕迹。城外三面（东、西、南）有护城壕，西面护城壕较为明显，现宽13米，深2米左右。城内耕地上散布许多筒瓦和板瓦残片以及灰褐色泥质陶片等遗物。日本侵略东北时期，日本考古学者岩间茂次郎等曾在此城内进行过盗掘，出土许多渤海遗物，并有简报发表。苏密城，旧说为渤海中京显德府，近年考古界有人考证，它应是渤海"营州道"上的重镇长岭府故址。在《吉林通志》以前的《盛京通志》和《嘉庆重修一统志》中只有那丹佛勒城的记载，而没有苏密城的记载。在《吉林通志》以后的《桦甸县志》中只有苏密城而没有那丹佛勒城的记载。从《吉林通志》等前后方志的记载也可以推知，《吉林通志》误把本是同一座的那丹佛勒城即苏密城当作两座城抄写下来，后人也随之一直误认为其是两座城。著名考古学家李健才在考古报告《桦甸苏密城考》中，从古城规模、古道位置、文献考订等多个方面进行辨析，确认苏密城即渤海国营州道上的重镇长岭府。苏密城是辉发河流域最大的渤海古城。它和渤海东京龙原府遗址——珲春八连城、中京显德府遗址——和龙西古城子的规模相同，外城周长均为5千米，具有渤海府城的规模。苏密城是研究渤海城池建筑和渤海历史的重要遗迹，具有重要的考古价值。

参考文献

［1］国家文物局关于苏密城城垣遗址保护工程方案的批复文物保函［2013］第777号.

［2］冉安彤.苏密古城遗址公园景观规划设计［D］.西安：西安建筑科技大学，2019.

19

城山子山城

历 史 沿 革

20世纪50年代末至60年代初，吉林大学师生和吉林省文物工作者先后对城山子山城城址进行了调查。

2006年5月25日，城山子山城被中华人民共和国国务院公布为第六批全国重点文物保护单位。

遗 址 特 点

城山子山城位于敦化市区西南22.5千米的一座海拔600米的孤山上，山的北侧是牡丹江的支流大石河（曾称大什河），山城东距大石河口4.5千米，距牡丹江东岸的永胜遗址5千米，东北距六顶山墓群7公里，东北距敖东城15千米。城址居高临下，易守难攻，扼守交通要冲。城址平面略呈椭圆形，城墙围绕于山腰，以土石混筑而成，周长2000米左右。城墙土石混筑，墙基宽5—7米，残高1.5—2.5米，城内地势东北低，西南高。北城墙较低矮，修筑在临水的悬崖上。城墙西面和东北角各有一瓮门，西城墙设有三个马面。城设东西二门，城内地势西南高，东北低，在东门内南侧的平缓山坳里，分布着50多个半地穴居住址。在居住址的北侧和西门内100米处，各有一个蓄水池。城内中部有几块大的平台。在城内外曾发现过铁矛、铁刀、铁锹和唐"开元通宝"钱币。

▲ 城山子山城全景图

（图片来源：吉林省文物考古研究所提供）

▲ 山城西门

（图片来源：吉林省文物考古研究所提供）

文物保护

2018年，延边朝鲜族自治州人民政府为了加强对延边朝鲜族自治州唐渤海国时期历史文化遗存的保护，根据《中华人民共和国文物保护法》《吉林省文物保护条例》等有关法律法规和自治州实际，制定了《延边朝鲜族自治州渤海国遗存保护条例（草案）》。

文化价值

有学者认为，作为渤海初建之地的敦化，别无其他山城可与城山子山城相比，因此，城山子山城很可能就是东牟山山城，是渤海最初的都城。之后，敖东城之平原中心确定之后，城山子山城与其配合，成为一个既利于经济发展，又利于军事防守的整体。因此，城山子山城是渤海初期都城的一部分，只能说是渤海初期都城的卫城。

城山子山城内分布有众多的半地穴居住址，说明仍保留着靺鞨族"筑城穴居"的传统。而城山子山城和敖东城或永胜遗址之间的对应、配合，又似乎接受了高句丽传统都城的影响。这一切都说明此时期渤海的都城还带有强烈的原始性。

也有学者认为，城山子山城就其性质而言，充其量也只能是一座军事防御性的小城，绝不会是与平原城相结合的都城。

到目前为止，城山子山城仅限于地面调查，具体情况还有待于今后的发掘。

参考文献

［1］魏存成.渤海都城的布局发展及其与隋唐长安城的关系［L］.边疆考古研究，2003（00）：273-297.

［2］王培新，傅佳欣.渤海早期都城遗址的考古学探索［J］.吉林大学社会科学学报，2003（3）：93-98.

［3］李健才.渤海初期都城考［J］.北方文物，2002（3）：33-37+39.

［4］魏存成.渤海遗迹的发现与研究［J］.社会科学战线，2001（6）：175-184.

20

萨其城址

　　萨其城址位于吉林省延边朝鲜族自治州珲春市杨泡满族乡杨木林子村南约1.5千米处,面积约120万平方米。

　　萨其城是珲春最古老的城址。学者一般认为,萨其城是渤海时期的古城,是渤海国的军事重镇;还有的学者认为,萨其城的建城年代还要早,可能是高句丽时期北沃沮人所筑。朝鲜《三国史记》记载:"朱蒙王二十八年灭此沃沮,置有栅城府(萨其城的因转)。"

　　萨其城始建于高句丽时期,后为渤海所沿用。城址为石筑山城,依起伏的山脊构筑城垣,平面呈不规则形,周长约7000米,地表散见较多的灰色和褐色布纹瓦片,瓦身凸面施有绳纹、席纹、方格纹和指压纹板瓦,还见有褐色网格纹板瓦。萨其城址规模大,出土遗物丰富,存在多个时期的遗存,对开展高句丽疆域、渤海行政区划,以及吉林东部地区山城的年代、性质的研究均具有重要的意义。

　　1972年,吉林省文物考古研究所的李健才先生对萨其城址进行了调查,依据调查成果发表了《珲春渤海古城考》,提出萨其城为渤海时期城址。

　　萨其城是一个古老的城址。渤海国灭亡后,该城一度空虚,无人居住。元末明初，女真人富察氏家族再次来此定居。

据《珲春史志》记载，萨其城"正东距县治二十五华里，在泡子沿南山麓，就斜坡而筑，四周崇冈环绕，坡垣即为高下，又三面环绕溪水。东门一邻小汪沟；南门二临石灰窑沟；西门一，临傅和河；北门一，傍山麓，城内面积尚未勘丈，有小山，上留废井二，瞭望台一"。《珲春县文物志》记载："萨其城乃石筑山城，依起伏的山脊筑城而垣，形状很不规则，其周长14华里。"这里不但有瞭望台，而且东西各有一口古井，当地人称"高丽井"，这里很适合古人类居住。

遗址特点

综述

萨其城址乃石筑山城，依起伏的山脊构筑城垣，平面呈不规则形，周长约7千米，面积约120万平方米。

布局

城墙石筑，现高约2—3米。

紧贴城墙内侧有宽2—5米的壕沟，似战时的交通壕。城内分东、西二沟岔，东沟长，西沟短，沟口向西北，宽约200米，沟口中间筑一条东西向长70米、高10米的石墙，横堵沟口，当是北门的辅助御设施，北门即在此沟口。石墙东部还有一处宽约30米的缺口，城内还有溪流从石墙缺口向北流去。在山城之东有一漫长的古代壕沟，此长壕从河北哈达门东荒沟过来，经过泡子沿到此山上与城相接。

门址5处，其中东、西、北墙各1门，南墙辟有2门，门道现宽均约8米。北门址是出入山城的重要孔道，门外就是平原且村镇密集，故在北门址内特筑石墙，加强守护。距北门内东南300米的一座小山上，设有瞭望台。登上这个瞭望台，既能起到监护北门的作用，又能将北门外动向一览无余。西门址设在山峦之上，出入西门要走斜陡的小路，西门监守山城西部，具有当关之势。

▲ 萨其城地城门东侧城墙及壕沟

（图片来源：方学凤：《渤海城郭》，延边人民出版社，2001年，第231页）

▲ 萨其城地瞭望台

（图片来源：方学凤：《渤海城郭》，延边人民出版社，2001年，第233页）

城内有3处瞭望台。1处位于北门内东南约300米的小山之上，另两处分别位于城址西南角和东南角。西南角的瞭望台现高约3米，直径约30米，石筑而成，登台瞭望，珲春河下游平原一览无余。

城内有3处水池遗迹。2处位于距东门约50—60米处，一处位于西南门内约500米处。水池外缘石砌，当为蓄水之用。

城内有建筑遗址两处，分别位于北门内瞭望台西侧和北侧的山麓缓坡之上。

文物遗存

萨其城（八连城东北20千米）及其附近（杨泡乡屯南）的东岗子遗址出土文物相同，不但有渤海莲瓣纹瓦当、手指斜押纹板瓦，而且有高句丽样式的红褐色绳纹、方格纹板瓦。红褐色绳纹和方格纹板瓦当为高句丽或渤海早期的遗物，这是推定萨其城及其附近的东岗子遗址为高句丽山城、渤海沿用的根据。史学界一般都是根据《新唐书·渤海传》中的"秽貊故地为东京，曰龙原府，亦曰栅城府"这一记载，认为今八连城既是渤海东京龙原府遗址，也当为高句丽栅城府的所在地。但是，从八连城内外出土的文物来看，其完全是典型的渤海文物，从未见一件高句丽样式的板瓦等文物。因此，把高句丽的栅城府推定为今八连城缺乏物证。栅城是高句丽东北的军事重镇，萨其城当为栅城的音转，是周长约5千米的石筑山城，规模较大。

文物保护

2013年3月，萨其城址被中华人民共和国国务院公布为第七批全国重点文物保护单位。

文化价值

萨其城址规模大，出土遗物丰富，存在多个时期的遗存，对开展高句丽疆域、渤海行政区划，以及吉林东部地区山城的年代、性质的研究均具有重要的意义。

参考文献

［1］王慎荣，赵鸣岐.东夏史料［M］.长春：吉林文史出版社，1990：194.

［2］王绵厚.高句丽古城研究［M］.北京：文物出版社，2002：117.

［3］方学凤.渤海城郭［M］.延吉：延边人民出版社，2001：230.

［4］李健才.珲春渤海古城考［J］.学习与探索，1985（6）：136-140.

［5］于海蓉，付莹.珲春满族名门望族：富察氏家族始末［C］//吉林省博物馆协会.春草集：吉林省博物馆协会第一届学术研讨会论文集.长春：吉林人民出版社，2011：5.

21

八连城遗址

历史沿革

龙原府又称栅城府，号东京，为渤海十五府之一。府名龙原当取义于大钦茂为王时曾以东京为王都，栅城之名乃因袭高句丽栅城旧名。领庆、盐、穆、贺四州，治庆州。其地为渤海与日本交聘通道，史称"日本道"。栅城产豉，是渤海著名物产之一。辽灭渤海后府废。其所领庆州永安县民被辽太祖徙置今内蒙古敖汉旗东北，大部分府民被辽太宗移住今辽宁凤城市和岫岩满族自治县一带。

对于八连城遗址的调查、著录始于20世纪20年代。20世纪初，一些日本学者开始在中国东北地区进行考古调查。

1924年，鸟山喜一调查八连城遗址，认为城址与渤海国有关。

1937年，鸟山喜一、藤田亮策对八连城遗址进行考古调查、测绘，并发掘了位于内城北部的两座建筑址及城址东南方的一处渤海寺庙遗址。

1938年，鸟山喜一根据考古调查、发掘的成果，结合文献记载及史地考证，推定八连城为渤海国东京龙原府故址。其后，渤海史地研究者多认同其观点。

1942年，斋藤优对八连城遗址进行了调查、测绘，并对内城北部的七座建筑址、内城南门址等遗迹进行了发掘。斋藤优认为，现存的八连城遗址仅为渤海东京龙原府故址的内城遗存，他根据八连城南面两处渤海寺庙址与城址的位置关系，以及八连城遗址外围存在其所认定的道路迹象，推测八连城遗址外侧存在边长3000米的外城。

1950年以后，吉林省文物考古部门对八连城遗址进行了多次考古调查。

1958年，珲春县文教科调查八连城遗址，建立了保护档案，开始对八连城实施有组织的保护工作。

1960年，延边州文物管理委员会对八连城遗址进行了调查，为遗址保护提供了详细的考古学资料。

1979年，吉林省考古训练班调查、测量了八连城遗址。

1983年，吉林省文物志编委会组织的《珲春县文物志》编写组对八连城遗址进行了全面的考古调查。

2004—2008年，吉林省文物考古研究所、吉林大学、珲春市文物管理所等单位对城址进行了主动发掘。主要清理了一、二号宫殿基址及其附属建筑遗迹，城门址等。出土大量砖、瓦类建筑构件。

▲ 八连城第一殿址北侧廊道及第二殿

（图片来源：吉林省文物考古研究所提供）

建筑物特点

八连城遗址平面呈长方形，分外城和内城，城墙均为分筑。城内大部分已辟为农田，外城多为水田，内城基本上是旱田。

外城周长2894米，南北长746米，东西宽712米。现存东墙南端、西墙北端和北墙，高约1米，宽约4—5米。外城有城门四处，分别设置在各墙的中部，隐约可看到遗迹。城外有护城壕。

内城周长1072米，南北长318米，东西宽218米。城垣保存较好，现高1—2米，基宽6米。南墙中段内折5米。有城门三处，分别建于南、东、西墙的中部，其中南门北部保存较好。在内城南北中轴线的中部有两个殿址，南殿址应为主殿，筑于高台之上。高台东西长45米，南北宽30米，高2米，用河卵石和黄土夯筑而成。高台上础石成群，多数被移动，难以辨认原来的序列。础石一般长0.6米，宽0.5米。此殿应是大钦茂在位时的朝殿。殿址北面尚有一处建筑址，应是当时大钦茂的寝殿。两殿之间由32米的长廊连接，两殿的东西两侧各有三处殿址，其遗迹至今仍可辨认。

▲ 八连城出土的花草纹瓦当

（图片来源：吉林省文物考古研究所提供）

建筑遗存

八连城遗址考古发掘出土遗物绝大多数是陶质建筑材料，主要有灰陶板瓦、筒瓦、瓦当、花纹砖，红陶绿釉筒瓦、瓦当、脊饰，等等。遗物往往集中出土于建筑遗迹坍塌后形成的堆积层中，尤以一号建筑基址的北侧、中廊的东西两侧和二号建筑基址东、西朵殿的北侧出土数量较多。

板瓦多为泥质灰陶，少量为夹砂灰陶。瓦身呈等腰梯形。凹面印有布纹，并有竖向抹痕。部分板瓦宽端瓦沿饰一排指压纹，檐头板瓦则将宽端瓦沿加厚，饰多种形状的戳印纹和栉齿纹。宽端瓦沿饰一排指压纹，窄端凸面有戳印阳文"昌"字。瓦体长43厘米，前端宽33.5厘米，后端宽28厘米，厚2厘米。宽端瓦沿凸面加厚，瓦沿中央有两条横向凹槽。凹槽之间戳印一排圆孔，凸面一侧饰斜向栉齿纹。瓦体长41厘米，前端宽32厘米，后端宽25厘米，厚1.6—2厘米。

筒瓦多为泥质灰陶，少量为夹砂灰陶。瓦身前后两端等宽，凹面印有布纹。横剖面多呈半圆形，瓦唇有直节型和曲节型两种。檐头筒瓦前端套接瓦当，后端瓦唇中央有一钉孔。瓦唇为直节型，表面中部刻有"本"字。瓦体通长37厘米，宽13.3厘米，厚1.8厘米。瓦唇为曲节型，前窄后宽，中部横向刮出一道凹槽，形似竹节。残长20.4厘米，宽14.2厘米，厚1.8厘米。瓦唇为曲节型。瓦舌中部有戳印阳文。通长36.2厘米，宽17.6厘米，厚2.2厘米。折腰筒瓦。瓦身后部两侧有半圆形凹缺，后端残。瓦唇为曲节型，中部有一钉孔。残长26.4厘米，宽13.8厘米，厚1.2厘米。瓦身较窄，剖面大致为四分之一圆弧，瓦沿微上翘。残长19.4厘米、宽11.6厘米、厚1.2厘米。

此外，还有绿釉筒瓦。一般比泥质陶规格稍大。泥质红陶，质地较软。瓦唇为曲节型。瓦身凸面施绿釉，凹面印有布纹。通长40.4厘米，宽22.5厘米，厚1.8厘米。

瓦当多为泥质灰陶，少量为夹砂灰陶。模制，圆形，外缘有边轮。当面纹饰以莲纹居多，少数为花草纹。当心为半球体乳突，乳突高出边轮。乳突外侧环绕六颗连珠纹，主体纹饰为对称分布的六个莲瓣，莲瓣间饰萼形纹。直径17.6厘米，厚1厘米。造型与前者相同，但形体较小。直径13厘米，厚1.2厘米。乳突外侧环绕八颗连珠纹（两个残缺），连珠外侧有一周凸弦纹。直径14厘米，厚1厘米。当心为半球体乳突，外侧环绕两周凸弦纹。凸弦纹之间排列八颗连珠纹，主体图案为对称分布的八朵连枝侧视莲花纹。直径14.6厘米，厚1.2厘米。形制同上。直径13.7厘米，厚1.3厘米。当心为半球体乳突，外侧环绕两周凸弦纹。凸弦纹之间排列八颗连珠纹，主体图案为对称分布的六枝侧视花草纹。直径14.2厘米，厚1.5厘米，已残。八瓣仰莲纹瓦当。当心为半球体乳突，外饰两圈凸弦纹。凸弦纹外饰一周等距分布的连珠纹，连珠外侧饰一周凸弦纹。直径11.6厘米，厚1厘米。

此外，还有绿釉瓦当。纹饰为对称分布的六个莲瓣，莲瓣间饰萼形纹。直径约18厘米。瓦身一侧边平直，另一侧边切割成舌状。残长36厘米，宽18厘米，厚1.4厘米。条形平瓦多数两端同宽，平面为长方形，少数呈梯形。长方形，剖面微弧。残长24.5厘米，宽11.5厘米，厚1.8厘米。宝相花纹砖夹砂灰陶。方形，一侧边缘微残。纹饰面中心为八瓣宝相花纹，四边中部各有一朵六瓣宝相花纹，并与四角处的侧视宝相花纹连枝。边长37厘米，厚5厘米。脊饰多为残块。Ⅰ T0503④：75，为较完整的狮首形套兽。通体施绿釉。长31.5厘米，宽19.5厘

▲ 绿釉套兽（T0503④：75）

（图片来源：王培新，梁会丽，张文立，李今锡：《吉林珲春市八连城内城建筑基址的发掘》，《考古》2009年第6期，图版玖）

米，高25厘米。套兽角残块，施绿釉。残长14.8厘米。

文物保护

1961年，吉林省政府公布八连城遗址为吉林省重点文物保护单位。

1992年，吉林省人民政府公布了八连城遗址的保护范围和建设控制地带。

2001年，八连城遗址被中华人民共和国国务院公布为第五批全国重点文物保护单位。

2021年10月12日，渤海遗址（八连城遗址）入选国家文物局《大遗址保护利用"十四五"专项规划》"十四五"时期大遗址名单。

文化价值

八连城遗址平面呈长方形，分外城和内城，城墙均为分筑。八连城遗址考古发掘、调查、测量所取得的最新成果为渤海都城建制渊源、格局演变等问题的深入研究，提供了重要的基础资料。

参考文献

［1］王亮，李亮亮.渤海东京八连城建筑文化背景研究［J］.四川水泥，2017（9）：280.

［2］李亮亮.渤海东京八连城宫殿建筑形制研究［D］.长春：吉林建筑大学，2018.

［3］宋玉彬.渤海都城的田野考古研究［J］.社会科学战线，2015（8）：81-89.

［4］吉林省文物考古研究所.田野考古集粹：吉林省文物考古研究所成立二十五周年纪念［M］.北京：文物出版社，2008：78.

［5］王培新，梁会丽，张文立，等.吉林珲春市八连城内城建筑基址的发掘［J］.考古，2009（6）：15-22+99-105+113.

22
宝山—六道沟冶铜遗址

历史沿革

宝山—六道沟冶铜遗址最早发现于1960年。1984年，考古工作者探明其性质，1986年、1995年、1998年又进行了数次调查，2000年、2001年先后发掘了出土文物二十余件，其中有鎏金带铃及铁器、陶器等物品。陶器有瓮、双耳重唇罐、碗等器类，另外还有鎏金铜造像一尊。

建筑物特点

宝山—六道沟冶铜遗址群所见主要为古矿洞、古冶炼址和居住址、码头、墓葬。已发现古矿洞8处，古废铜渣堆52处，古井3处，寺庙1处，墓葬8处，古道2条，古城址3处。经碳-14测定，其年代为距今646±42年，为渤海国时期的遗址。遗址范围北至老白（山）公路至鸭绿江边，西以五道沟右岸山脉为界，面积约60平方千米。

从1984年开始，宝山—六道沟冶铜遗址位于吉林省临江市东南70千米的宝山镇、六道沟镇辖区内20多个村屯，是吉林省首次确认的古代冶铜遗址。省、市、县文物部门曾多次对遗址进行文物调查和考古发掘，已发现的遗迹有古矿洞、冶炼炉、古井、房址、灶址等。出土遗物有石器、陶器、铜器、铁器以及冶炼后废弃的铜渣堆等。

▲ 宝山—六道沟冶铜遗址远景

（图片来源：吉林省文物考古研究所提供）

▲ 宝山—六道沟冶铜遗址三号炉

（图片来源：吉林省文物考古研究所提供）

文物保护

古采矿及居住遗址区的保护范围

东：东至铜山村以东的六道沟河支流自然冲沟。

南：南至007乡道。

西：西至原临江铜矿采矿区以东的六道沟河支流自然冲沟及海拔900米等高线一线。

北：北至铜山村北岗冶铜遗址地表矿渣以北300米。

古冶炼遗址区的保护范围

东：东至西大顶子至干饭锅东村道一线。

南：南至立新村以南村道—曲柳树村北村道—曲柳树至干饭锅村道一线。

西：西至立新村以西村道一线。

北：北至夹心岗（原立新村）南村道—干沟子自然冲沟—干沟子南村道至西大顶子水库一线。

古采矿区及居住遗址区、古冶炼遗址区的建设控制地带具体调整如下。

古采矿区及居住遗址区的建设控制地带

东：东至保护范围以外100米。

南：南至007乡道以南海拔650米等高线。

西：西至保护范围以外100米。

北：北至保护范围以外100米。

古冶炼遗址区的建设控制地带

东：东至西大顶子村以东村道沿海拔850米等高线到干饭锅以东村道一线。

南：南至立新村南海拔800米等高线—曲柳树村东西干道一线。

西：西至保护范围以西100米。

北：北至（原立新村）北村道—立新村至干沟子村道—沟子村北村道—西大

顶子村北村道一线。

2001年，宝山—六道沟冶铜遗址被中华人民共和国国务院公布为第五批全国重点文物保护单位。

文化价值

宝山—六道沟冶铜遗址的发现填补了吉林省境内古代铜业开采、冶炼考古的空白，是我国矿业考古领域的重大发现，对探索中国东北地区采矿、冶铜文明的发展及工艺水平等问题具有重要参考价值。该遗址对了解当时东北地区少数民族政权的生产力发展水平、与中原政权的交往和交流，以及在先进文化影响下本土文化的形成和发展，具有十分重要的学术意义。

它是渤海国铜矿冶炼地。位于临江市东南70千米处的宝山镇和六道沟镇辖区内，中心地带为六道沟河谷的原临江市铜矿采矿区和宝山镇的曲柳村、错草村、六道沟镇的桦皮甸子至七道沟等20多个村屯。宝山镇主要为古代采矿区，六道沟镇为冶炼区及交通、码头、居住、墓葬区。冶炼区范围西北为老黑顶子山，东临七道沟河，南至鸭绿江边，西以五道沟右岸山脉为界。面积约60平方千米。遗址中主要遗存有古矿洞、古冶炼址和居住址、码头、墓葬等，出土文物主要有磨制石斧、夹砂褐陶片等。经考古研究鉴定及碳-14测定，其年代均在渤海纪年之中。该遗址的发现填补了吉林省铜业开采、冶炼的空白，为探讨本地区唐代以来金属业的水平及周边地区的交流提供了重要的实物史料。

参考文献

［1］《全国重点文物保护单位》编辑委员会.全国重点文物保护单位（第一批至第五批）.第Ⅰ卷［M］.北京：文物出版社，2004：574.

［2］国务院.关于公布第五批全国重点文物保护单位和与现有全国重点文物保护单位合并项目的通知.［EB/OL］.（2014-07-21）［2022-10-26］https://www.gov.cn/guoqing/2014.07.21/Content—2721168.htm.

［3］吉林省文物考古研究所.田野考古集粹：吉林省文物考古研究所成立二十五周年纪念［M］.北京：文物出版社，2008：46-47.

23

磨盘村山城

　　磨盘村山城又名城子山山城，位于吉林省延边朝鲜族自治州图们市长安镇磨盘村南约2千米处，西距延吉市区不足5千米，遗址东、南、北三面被布尔哈通河环抱，海兰河在遗址东南侧汇入布尔哈通河。城址中心地理坐标为42°54′59.3″N、129°36′59.9″E，海拔256米。

　　该遗址最早发现于20世纪40年代，1961年被列为吉林省第一批重点文物保护单位，2006年被国务院公布为第六批全国重点文物保护单位。

　　自2013年开始，吉林省文物考古研究所对磨盘村山城开展了连续多年的考古发掘工作。其中，2021年发掘区主要位于山城的西区和北区。2021年4月13日，图们市磨盘村山城遗址考古项目榜上有名，入选"2020年度全国十大考古新发现"。

遗址特点

　　山城修筑在一座呈盆状的独立山体上，平面近阔叶形，城墙依山势沿山脊或山腹用石块和砂土砌筑，周长4549米。城墙现存最高处在4米以上，多数只见土墙，少数可见错缝垒砌的石墙外立面。城墙上有多处豁口，7处为城门，其中1—3号和6号门址有瓮门。城内地势开阔，多为平缓坡地，根据自然冲沟可分为东、

北门（南—北）

东门（西—东）

早晚两期门道的7号门（南—北）

早期水渠

▲ 磨盘村山城城门及附属设施

（图片来源：吉林省文物考古研究所提供）

中、西三区。城内有纵横交错的路网，道路两侧可见多处经过人工修整的台地，台地上遗存十分丰富。

山城中区有一处大型建筑群，经考古勘探，初步认定有11座形制相近、方向和规格略有不同的建筑基址分布在南北长280米、东西宽110米的范围内。这组建筑群自东北向西南，中部由低渐高可见3处纵向建筑基址（坐西朝东）、3处横向建筑基址（坐南朝北），以此为中轴线，其西侧和东侧略低于中轴线的台地上，各有3处和2处横向建筑基址。在J2号建筑址南侧排水沟东段出土1枚铜印，平面呈正方形，方柱形钮。正面边框内阳刻"监支纳印"两行四字，字体为九叠篆，字迹清晰。印侧面阴刻款文与印正面内容相同，字体近行楷。钮右侧刻"天泰四年五月造"，印钮顶端阴刻"上"字。铜印边长6.3厘米，重516.7克。排水沟中还出土了部分铁器和瓷片。铁器有铁鞍桥和铁钉，瓷片有钧釉和黑釉瓷片。出土计数的建筑构件总重2840千克。其中灰陶板瓦片24717件，筒瓦片787件，素面红陶板瓦片273件，绳纹红陶板瓦片69件，板瓦脊瓦片34件，筒瓦脊瓦片33件。在清理J2的过程中浮选出大量粮食作物，主要有粟、栽培稗、黍、小豆、大豆、小麦、荞麦等，其中以粟和栽培稗数量最多。根据遗迹和遗物特征判断，J2应为东夏国时期的仓储设施。

东区建筑群位于山城东区中部，南邻山坡，西邻冲沟，北为缓坡，东邻城墙。发掘前地表可见一些隆起的土包，采集到部分红色瓦件。通过2017—2019年的发掘，磨盘村山城东区早期建筑群的平面布局逐渐清晰。这组早期建筑群出土遗物中生产生活用具较少，主要为建筑构件，有筒瓦、板瓦。板瓦纹饰多为菱形网格纹。筒瓦多素面，常刻有文字和符号。此外还出土了1件八瓣莲花纹陶瓦当。在J12—14号建筑址倒塌堆积中浮选出少量炭化粟等粮食作物。根据出土遗物特征判断，这处房址应为东夏国时期遗存。

城内早期遗存为半地穴式建筑，平面呈长方形，南壁及西壁南侧已不存，南北残长5.78米，东西宽4.47米，最深0.32米。未发现门道。室内地面南高北低，较为平整。房址西壁、北壁各有一段石墙，残存1—2层石块。石墙基部石块置于地面，未见基槽。房内堆积为灰褐色沙土，土质较疏松，含较多石块，出土大量瓦件，多呈红褐色或黄褐色，种类包括绳纹板瓦、网格纹板瓦、素面筒瓦、绳纹筒瓦，素面筒瓦凸面多刻有文字、符号、图案，另出土少量泥质灰陶片。

早期出土遗物以板瓦、筒瓦等陶质建筑构件为主，另有少量陶器残片和铁器。

晚期遗迹为东夏国遗址，共12处，包括灰坑6个、房址6座。晚期出土遗物按质地划分有陶、瓷、铁、石、铜五类，以陶器和铁器数量最多。

山城早年采集到"南京路勾当公事之印""勾当公事之印"等文物。

▲ 成组分布的小型房址（东夏）

（图片来源：吉林省文物考古研究所提供）

文物保护

磨盘村山城2006年被国务院公布为第六批全国重点文物保护单位，2016年被列入"十三五"时期大遗址名单，2017年被列入第三批国家考古遗址公园立项名单。

文化价值

磨盘村山城早期遗存的文化特征、地理环境、年代区间，都与渤海国东牟山城吻合，可以确定是东牟山城。磨盘村山城早期遗存虽然保留很少，但仍表现出渤海国文化构成较多元的特点。日用陶器承续了靺鞨文化陶器的靺鞨罐，货币使用唐朝铸造的开元通宝钱，文字使用汉字，官式建筑采用木构瓦顶，属于中国古代建筑的重要组成部分。在瓦顶建筑上，吸收了集安市高句丽丸都山城的建筑技术，如绳纹和方格纹瓦、曲背脊头瓦、刻写铭文。高句丽瓦当装饰分为兽面瓦当和莲花瓦当两大体系。渤海瓦当摒弃了兽面瓦当，莲花是水生植物，能压火祥，又有吉祥的寓意，被沿用下来，产生多种变体。靺鞨原始部落时期崇拜鸟的信仰传统也被设计到瓦当图案内，房檐瓦当装饰出现了前所未有的鸟纹，开启了渤海国建筑装饰的新风尚。这些共同构成了渤海早期多元的文化面貌。

磨盘村山城晚期遗存作为东夏国南京城的时间虽然短暂，但是，在金末元初的社会大背景之下，山城有可能长期被利用。过去都认为，东夏随蒲鲜万奴的被擒而灭亡，但自康熙二十五年（1686）发现刻有"大同"年款的官印以来，于当地出土了多枚不同年份的大同年号官印，说明东夏国在南京城陷落后，可能由于某种因素，继续维持着有效统治。

磨盘村山城是我国第一座经考古发掘的东夏国城址，它的发掘对研究这一立国仅19年的割据政权具有重要学术价值，对探索我国统一多民族国家的形成与发展具有重要意义。

参考文献

[1] 冯恩学，安文荣.磨盘村山城早期遗存研究［J］.考古，2023（9）：115-120.

[2] 苗诗钰，徐廷，张恒斌，等.吉林图们市磨盘村山城遗址东区2020年发掘简报［L］.边疆考古研究，2023（1）：13-16+382+17-39+370-373.

[3] 徐廷，苗诗钰，满世金，等.吉林图们市磨盘村山城遗址2021年北区发掘简报［J］.北方文物，2023（1）：18-37.

[4] 徐廷，苗诗钰，赵莹，等.吉林图们市磨盘村山城遗址2019年调查与发掘［J］.考古，2023（1）：49-64+2.

24
────────────
温特赫部城址与裴优城址

历史沿革

温特赫部城址与裴优城址位于吉林省延边朝鲜族自治州珲春市三家子乡古城村，是唐代至金代的古城址。

裴优城与温特赫部城拥有共同的城墙，裴优城的南墙就是温特赫部城的北墙，并列成东北向与西南向两座城址，故有"姊妹城"之称。裴优城具有典型的辽金古城特点，是东北平原地区罕有的保存较完整的冷兵器时代古城。温特赫部城是一座历代沿用的古城，早在汉代，便是高句丽王国庆州龙原县治所，唐代渤海国时期，曾是渤海国东京龙原府庆州治所，辽代为女真部族温迪痕部所居。两座城址历史悠久，文物丰富，对研究珲春市地区的历史沿革、政治、经济、军事问题具有较高的学术价值。

据《明太祖实录》记载，元代曾设有奚关总管府，又据李氏朝鲜《龙飞御天歌》记载："奚关城东距薰春江（珲春河）七里，西距豆满江（图们江）五里。"裴优城可能是元代关总管府治所。裴优城一直沿用到明代。温特赫部城址于高句丽时期始建，渤海时期东京龙原府属下庆州治所。

和温特赫部城紧邻的裴优城周长2023米，有角楼、马面、瓮城，是典型的辽、金城。裴优城和温特赫部城紧紧相邻，这两座城都有辽、金文物出土，因

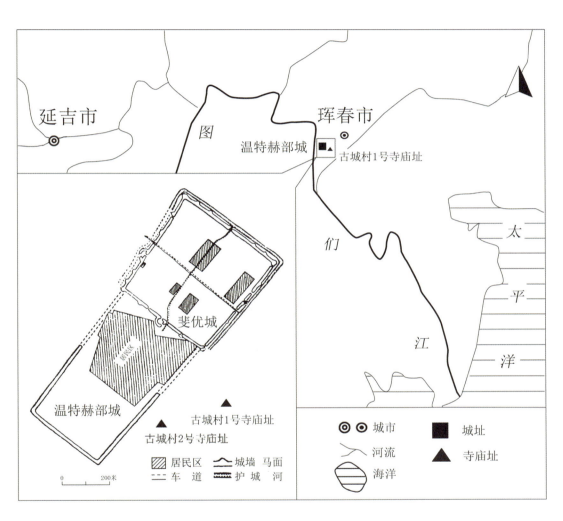

延吉市

图

珲春市

温特赫部城 ■▲ 古城村1号寺庙址

们

江

太

平

洋

温特赫部城

斐优城

温特赫部城

▲ 古城村1号寺庙址

▲ 古城村2号寺庙址

居民区   城墙 马面
车 道   护城河

0   200米

◎ ◉ 城市   ■ 城址

河流   ▲ 寺庙址

海洋

▲ 温特赫部城和斐优城平面图

（图片来源：吉林省文物考古研究所提供）

此，两城当同是金代温迪痕部的住地。裴优城也是明末东海瓦尔喀部蜚优城的遗址，明代蜚优城即今裴优城地名的由来。

1972年5—6月，考古学者李健才对珲春市境内的古城进行了考古调查，通过这次考古调查，搞清了珲春古城的时代和一些问题，其中包括温特赫部城址与裴优城址。1993年，考古队对温特赫部城的南墙和西墙进行了发掘。

2013年3月，温特赫部城址与裴优城址被中华人民共和国国务院公布为第七批全国重点文物保护单位。

遗址特点

裴优城与温特赫部城一墙相连，裴优城的南墙就是温特赫部城的北墙，并列成东北向与西南向两座城址，故有"姊妹城"之称。

裴优城址

"裴优"是满语，汉译"簸箕"之意，城以形得名。裴优城具有典型的辽金古城特点，是东北平原地区罕有的保存较完整的冷兵器时代古城。

裴优城平面略呈不规则的方形，方向偏向西南。东墙长520米，西墙长521米，南墙长460米，北墙长522米，周长约2023米。城墙用黄土分层夯筑，保存较好，高3.6米左右，顶宽1—1.5米，底宽9米。南墙和西墙各有一座门址，并有瓮城，南门址有城门柱础石。城垣四角各有一个角楼址，四面城墙共设有14个马面。城墙外8米处有明显的护城河遗迹。

温特赫部城址

温特赫部城是渤海庆州及其所领龙原县的所在地。到金代又成为女真温迪痕部的住地。据《金史·留可传》所载的"统门水温迪痕部"可知，温迪痕部在统门水（今图们江）流域，今温特赫部即金代温迪痕部的音转，温特赫部城西距图们江500米，隔江与朝鲜的庆源为邻，南距珲春河3000米，和金代温迪痕部在统门水即今图们江流域的记载相符。温特赫部城不但有高句丽、渤海的板瓦，也有辽、金古城和遗址经常见到的六耳铁锅和宋代铜钱，可知这座高句丽、渤海古城，金代仍在沿用。

温特赫部城址呈梯形，城垣土筑，周长约2269米，东西墙各长710米，南墙381米，北墙468米，高3—5米不等，呈长方形，前墙略窄。这是一座假城，真城则埋在假城底下。1993年，发掘确认假墙在上，真墙在下，真墙高3米许，宽3米许，墙的外坡较陡，内坡有一阶台阶式的坎，是一种军事设施。墙基有顺着城墙方向挖的两道基槽坑，基槽坑深0.5米，宽0.5米，是一种保护城墙的措施。城墙明显南移6—7米。在西墙基底下还发现了房址，说明该城是在古遗址上修筑的。温特赫部城址部分城垣被风沙覆盖，现呈沙丘状。

温特赫部城址城外60余米处有一个东西长110余米，南北宽40余米的高台遗址，遗址上散布着大量的渤海瓦块，亦有少量的辽金花沿纹瓦和兽西瓦等。在遗址上还发现了巨大的柱础石，其形状如渤海寺庙址础相同，因此，推测遗址恐即渤海时期的庙宇，而辽金时期沿用。

文物遗存

裴优城址内外，除出土一些渤海莲花纹瓦当和辽金时代滴水瓦、瓦片、陶片外，还出土9方铜印，其中有崇庆年号的"勾当公事威字号之印"，天泰年号的"副统所印""行军万户之印"，大同年号的"副统所印"和"尚书礼部之印"，等等。此外，还出土两颗人纽小铜印（印记）。据考证，"天泰"与"大同"两个年号是金末蒲鲜万奴所建的东夏国先后使用过的年号，从而证明裴优城是金代古城，后为金末东夏国所据。

温特赫部城内外采集有高句丽、渤海的板瓦，也出土了辽、金古城和遗址经常见到的宋代铜钱和六耳铁锅。

文物保护

2013年3月，温特赫部城址与裴优城址被中华人民共和国国务院公布为第七批全国重点文物保护单位。

文化价值

温特赫部城址与裴优城址历史悠久，出土文物丰富，对研究高句丽时期、唐代渤海国时期历史沿革、经济、政治、军事都具有较高的学术价值。

参考文献

［1］王慎荣，赵鸣岐.东夏史料［M］.长春：吉林文史出版社，1990：193.

［2］方学凤.渤海城郭［M］.延吉：延边人民出版社，2001：228.

［3］杨树.渤海纪行［M］.延吉：延边大学出版社，2015：153.

［4］王松林，郎佰君.东海满族风情［M］.延吉：延边人民出版社：1995：139.

［5］孙进己，冯永谦.东亚文库中国考古集成东北卷两晋至隋唐：3［M］.北京：北京出版社，1997：458.

［6］赵昕，王新胜，宋玉彬，等.吉林珲春古城村1号寺庙址遗物整理简报［J］.文物，2015（11）：27-48，2，1.

1

春捺钵遗址群

历史沿革

春捺钵遗址群位于吉林省松原市乾安县的查干湖西南岸和花敖泡东南岸，由四片遗址区，即后鸣字区、腾字区、藏字区、地字区组成。

吉林省乾安县春捺钵遗址群是在2009年第三次全国文物普查（下称"三普"）时发现的。"三普"时，乾安县文物管理所王中军在花敖泡南岸土包台群发现的陶片得到东北师范大学傅佳欣教授的高度重视，认为可能是辽代皇帝春捺体遗址，遂在乾安境内湖泊沿岸地带开展细致调查，最终确认4处春捺钵遗址，命名为春捺钵遗址群，4处遗址为后鸣字区、腾字区、藏字区、地字区。春捺钵遗址群在2013年被列入第七批全国重点文物保护单位。后鸣字区位于花敖泡东南，其余3区位于查干湖西南岸。花敖泡是正在修建的哈达山水利工程的主要蓄水湖之一，设计蓄水后水面将高出遗址大约8米，遗址保护迫在眉睫，为配合保护规划的编写，2013年6—7月初、10月初，吉林大学边疆考古研究中心在乾安县文物管理所配合下对后鸣字区春捺钵遗址进行了重点考古调查，同时对其他3个春捺钵遗址进行了初步调查。

春捺钵遗址群发现于2009年，在遗址群中发现了上千个土台，发现了大量的古钱币和陶、瓷片等物品，均为辽代、北宋年间制造。经考古专家调查确定是辽

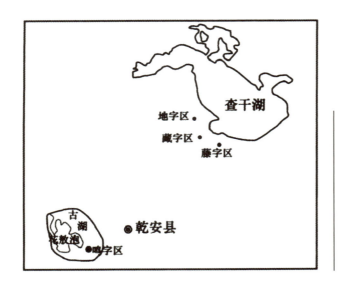

► 春捺钵遗址分布示意图

（图片来源：吴敬，冯恩学，郝军军，王中军：《吉林省乾安县查干湖西南岸春捺钵遗址群调查简报》，《边疆考古研究》2015年第2期，第84页）

代皇帝四季捺钵，即春水夏凉秋山坐冬中的春捺钵遗址群。春捺钵遗址群的发现填补了国家和省文物部门多年未寻找到春捺钵详细地址的空白，为乾安县乃至吉林省旅游产业的发展提供了重要的资源。

2009年，第三次全国文物普查时发现春捺钵遗址群。

2013年6—7月，为配合保护规划制定，吉林大学边疆考古研究中心和乾安县文保所对春捺钵遗址群进行了调查，把后鸣字区分为东、中、西、南四区。在中区北部发现了小城址，城内有瓦顶建筑址3处、圆圈遗迹1处，在中区中部的土包台边缘发现多个野炊灶。在西区发现了铁匠炉遗迹。

2013年3月，春捺钵遗址群被中华人民共和国国务院公布为第七批全国重点文物保护单位。

2014年8—10月，对后鸣字区遗址进行了勘探和小规模发掘。

2018年6—10月，吉林大学考古学院等单位选择了查干湖西南岸居中的藏字区遗址，对其进行了考古调查、勘探和发掘，有了一系列的新发现。

2021年8月，吉林大学边疆考古中心和乾安县文物管理所联合对春捺钵遗址群进行了勘探和发掘。发掘工作共持续两个月，发掘出土瓦当、滴水、陶瓷器、北宋铜钱、凤形脊兽及菩萨头像等上百件文物。

遗址特点

春捺钵遗址群4片遗址都位于湖泊的边缘，以断续分布的土包台为主要遗迹，每个遗址大约有数百座土包。

后鸣字区遗址

后鸣字区遗址位于吉林省乾安县赞字乡后鸣字村西北花敖泡湖面东南岸，基点（B090-1）地理坐标为44°57′57.35″N、123°55′00.57″E。花敖泡曾经是个很大的圆形古湖，古湖岸高出古湖底8—10米。现在，湖泊水面仅分布在古湖底的西北部。古湖底由于地势低洼，是沼泽和盐碱地，不适宜旱作农田，仍然保持草原景观，没有树木和农田。后鸣字区春捺钵遗址位于古湖底南部近水面地段，北部为沼泽，东南高，西北低，遗址中有很多条水冲沟。夏季，南半部湖底及相邻岸上高地的地表雨水从南、东南向北、西北流淌，汇集成大冲沟，最后排进湖里。

后鸣字区遗址有900余座包台。包台一般长10—50米，宽10—20米、高1—3米。土包台东西绵延3千米，总面积大约4.7平方千米。遗址所在的湖底地势低平，为草原和沼泽环境，土壤盐碱性较大，不适合农业耕作。东北夏季是雨季，土台群的地面多处积水，变成沼泽。这类遗迹只适合在无雨或少雨的冬春季节大规模居住，是一种季节性遗址。

通过试掘，以及观察被冲的包台断面，可以确认包台非自然形成，而是人工堆砌和生活所致。根据T3、T4试掘可知，土包台基本是平地起建，多次修筑，累积而成。在土台子周围采集和出土的遗物是辽金时期遗物，未见其他时代物。其中的细密篦点纹陶片是典型的辽代契丹篦纹陶罐（或壶）的下部分，稀疏篦点纹陶片在城四家子古城（辽长春州城）2013年发掘的辽代建筑中也有发现，该建筑址有辽代的纪年文字瓦出土，时代可靠。盘口陶罐、绿釉划花瓷片等也是辽代常见器物。可以确定遗址始于辽代，并与契丹人有关。钧窑瓷片和涩圈瓷碗都是金代的，宽面连弧形滴水与金代完颜希尹墓地的碑亭滴水风格一致，故遗址在金代仍被使用。

后鸣字区遗址包台的分布遵循一定的布局要求，但是规律性不强，带有随意性。在宏观布局上，中区为主，东区和西区为两翼拱卫。中区呈向心式（聚拢式）布局，核心最密集，"羊棚包"和"三大台子"最重要，可能是最高级别者使用。从西区发现的铁匠炉残迹和多个土包上的铁熔块、铁渣分析，西区有一定的手工业服务功能，同时远离核心区，烟火和打铁的噪声不会影响核心区。微观布局上存在大、中、小台子的附属关系，一个大台子周围有中小台子分布。

后鸣字区遗址建筑址的规模小，有瓦和瓦当，等级高，"圆圈"建筑特殊，围墙低矮，不具备防御功能，没有高大台子，不具备观望风景的条件，推测可能是祭祀区。

藏字区遗址

藏字区遗址为低矮的土台基，高度为50—200厘米，总数约291处。单体规模最小10平方米，最大1000余平方米，总面积1.28平方千米。形状有长方形、圆形两种。采集到北宋铜钱、辽代轮齿纹陶片、粗白瓷片、兽骨等。

2018年度的发掘共清理灰坑48个、房址2座、灶6个、窖穴1座、车辙印1组。灰坑多为圆形、椭圆形，少数为不规则形，大小不一，坑内堆积以黑灰土夹杂炭粒和红烧土粒为主。房址均位于土台中央的顶部区域，仅存部分火炕烟道的迹象。灶均为室外灶，圆形居多，灶内包含大量的红烧土块。窖穴与房址开口于同一层位下，平面呈圆形，建造方式为先下挖一个直径2.5米、深1.6米的直筒形深坑，然后紧贴坑壁的20厘米，间隔填筑厚约5厘米的黄土层和灰土层，最后在填土层内壁贴一层厚约5厘米的芦草作为护壁。车辙印为南北平行的两道黑土带，间距约1.7米。

腾字区遗址

腾字区遗址分布面积约1.73平方千米，台基数量480余个，同藏字区遗址一样，台基形状分圆形与长方形两种，其中最大的圆形台基直径30余米。遗址所在的草原已作为草库伦禁牧，故牧草茂密，高尺余。遗址中部有一条东北—西南向的水渠将本区分为南北两片。本区内的土台多数为圆形，也有少数呈长条形和椭圆形，多数土台直径10—20米，高0.5—1米，最大者直径可达40米，如B030-5。大型土台周围常围绕有数量不等的直径10米左右、高不到0.5米的小型土台。

赞字区遗址

赞字区遗址分布范围4.4平方千米，现存高大的台基969个，多为长方形。其特点是台基普遍高大，最高的近3米，最大的长方形台基长60余米，其余台基的

吉林乾安春捺钵藏字区遗址

▲ 春捺钵遗址发掘现场图
（图片来源：冯恩学提供）

车辙印痕

▶ 春捺钵遗址群疑似车辙痕迹图

（图片来源：吴敬，徐婧，王春委，等：《吉林乾安县辽金春捺钵遗址群藏字区遗址的调查与发掘》，《考古》2022年第1期，第69页）

规模均在80平方米以上。曾出土过北宋铜钱、六耳铜锅、辽代轮齿纹陶片、粗白瓷片、金银饰件、铁器、石磨、兽骨、多处灶址等。

余字区遗址

余字区遗址南北绵延约5000米，东西约1000米，现存台基265个，面积达1.24平方千米。

文物遗存

春捺钵遗址群发现一尊10厘米高、拳头大小的菩萨头像，五官清晰、发髻完整。这一发现证实了《辽史》中辽代皇帝"春捺钵"时要"头鹅荐庙"（即狩猎到第一只天鹅时在庙中祭祀）的记载，为辽帝行宫遗址的确认提供了新的证据。

2018年，春捺钵遗址群藏字区的考古发掘和调查，出土和采集了多个种类的遗物，其中以陶瓷器残片为主，此外还有石器、铁器、铜首饰、铜钱以及大量的动物骨骼等。陶器以各类灰陶器为主，可辨器型有罐、盆、壶等，其中卷沿盆具有典型的金代风格。瓷器以各类碗盏居多，部分碗盏采用了底部刮釉一周的涩圈叠烧工艺，是典型的金代瓷器制法。铜首饰为一件凤首簪，存留凤首部分，簪身已残。铜钱均为北宋年号铜钱，保存较好的有祥符通宝、天禧

▲ 春捺钵遗址群出土铜人

（图片来源：吴敬，徐婧，王春委，等：《吉林乾安县辽金春捺钵遗址群藏字区遗址的调查与发掘》，《考古》2022年第1期，第72页）

通宝、元丰通宝、元祐通宝等。铁器有碗、犁、钉等。石器有穿孔珠、砺石、磨盘等。动物骨骼的种类较为丰富，初步辨认的种属有牛、羊、狗、鼠、蚌等。

文物保护

2013年3月，春捺钵遗址群被中华人民共和国国务院公布为第七批全国重点文物保护单位。

2021年10月12日，辽金捺钵遗址（春捺钵遗址群）入选国家文物局《大遗址保护利用"十四五"专项规划》"十四五"时期大遗址名单。

文化价值

春捺钵遗址群的发掘，弥补了全国文物考古专家寻找古代皇帝捺钵遗址的空白，体现了乾安县文物悠久的历史资源和光辉灿烂的古代文化，对研究辽、金历史文化有着重要价值。

参考文献

［1］吴敬，冯恩学，王春委.辽金春捺钵遗址群的新发现：2018年乾安县藏字区春捺钵遗址考古调查发掘的重要收获［J］.吉林大学社会科学学报，2020，60（1）：200-205+224.

［2］冯恩学，武松.吉林乾安县辽金春捺钵遗址群后鸣字区遗址的调查与发掘［J］.考古，2017（6）：28-43+2.

［3］乾安县人民政府.乾安县辽金皇帝"春捺钵"遗址群情况介绍［EB/OL］.（2021-08-13）［2024-07-27］.http：//www.jlqa.gov.cn/qagk/ggly/201608/t20160813—117020.html.

［4］吴敬，徐婧，王春委，等.吉林乾安县辽金春捺钵遗址群藏字区遗址的调查与发掘［J］.考古，2022（1）：60-74+2.

［5］王春委.吉林乾安春捺钵藏字区遗址［J］.大众考古，2018（12）：14-15.

［6］吴敬，冯恩学，郝军军，等.吉林省乾安县查干湖西南岸春捺钵遗址群调查简报［J］.边疆考古研究，2015（2）：83-91+400.

2
农安辽塔

历史沿革

农安镇历史悠久，原镇古城建于扶余国，是扶余国后期的王城——闻名遐迩的黄龙府所在地，古城至今已有两千年的历史。辽圣宗太平三年（1023—1030），建有宝塔，位于古城西垣外一百米处，亦称佛塔、辽塔、金塔。古塔，八角十三层，塔高44米，为密檐实心塔，以形状各异的精制灰砖瓦建造。塔身有亚门、平栏门、角梁、斗拱、花拱，建塔时采用了不同样式的平瓦、猫头瓦、飞翅瓦等。

契丹天显元年（926），辽太祖耶律阿保机率兵攻打渤海国，他们先占领了夫余城。正月，又长驱直入攻打渤海王城忽汗城（今黑龙江省宁安市渤海镇），渤海王投降。二月改渤海为东丹，改年号天显，改忽汗城为天福城。此后，辽太祖又回师夫余城，并在这里住下养病。七月，辽太祖病重。某夜有一颗巨星落于太祖殿前。次日天刚亮，夫余城上空便有一条黄龙盘旋，身长一里多，浑身光芒四射，金光耀眼。后来，黄龙钻进了太祖住的行宫，顿时紫气遮天，黑烟蔽日，经过一天时间才渐渐散去。不久太祖病故，享年55岁。从此，辽将夫余府改为黄龙府。这段传说当然不足为信，只是为了神化辽太祖，但黄龙府之名确是由此而来。辽保宁七年（975）七月，黄龙府的卫将燕颇反叛，杀了都监张琚，辽派大军平定了这起叛乱。战火给古城造成了重创，随后辽便放弃了黄龙府（农安），将黄龙府南迁至今四平市的一面城。自此，古城降到了很不重要的地位。45年后，辽圣宗为了加强其东北部的防御力量，再次把黄龙府迁回古城（农安），为了避免重名，把一面城由黄龙府改为通州，把古城（农安）仍称黄龙府。领益州、安远州、威州、清州、雍州、黄龙县、迁民县、永平县。兴宗时于东北境伊通河地置怀德县，为祥州治（今农安万金塔乡）。辽重熙六年（1037），辽在黑龙江下游地区设节度使，统辖女真五国部，隶属黄龙府。此时是辽的极盛时期，当时黄龙府是各族人民杂居之地，人烟稠密，工商繁荣。据史料载："凡聚会处，诸国人语言不能相通晓，则各为汉语以证方能辨之。"自黄龙府迁回之后，辽就对黄龙府加紧进行建设，使黄龙府成为"五京二府"七大重镇之一。当年，黄龙府雄踞在伊通河西岸的高地上，呈正方形，城垣周长3840米，四面除有大门外，在南、西、东三面还各有一个小门，四角各有一个高大的角楼。有名的农安古塔就是在这个时期修建的。该塔用砖砌成，八角13层，高44米余，是我国东北地区最早修建的佛塔，至今已有千年，仍矗立在古城农安。

明朝末年，此处是蒙古族的游牧之地。清初为郭尔罗斯前旗地。乾隆五十六年（1791），朝廷实行"招民实边"政策，放荒招垦时，关内来此耕种的流民日渐增多。光绪八年（1882），设立民署，属长春厅。光绪十五年（1889），正式设农安县。

清朝建立后，在东北设置盛京、宁古塔、瑷珲三将军，管理东北三省，蒙古族居地则由清廷的理藩院直接管理。清乾隆五十六年（1791），郭尔罗斯前旗招民兴垦以后，关内流民不断涌入，大都来自山东省的登州、莱州、青州三府，多因当地旱涝灾害频繁，为了谋求生存，到关外来垦荒。那时没有火车，闯关东的流民，只能推着车子，载着干粮和衣物；有的挑筐、背篓，里边装着孩子，徒步行走。他们不畏艰险，背井离乡，来到荒无人烟的游牧之地，开荒种地，搭房盖屋，繁衍生息，成为黄龙府的开拓者。

农安辽塔坐落在吉林省长春西北60千米处农安县内农安镇城西门。古塔因近千年的风雨侵蚀，损坏严重。

中华人民共和国成立前此塔已濒临坍塌，1953年国家拨专款全面修缮古塔，后因故停工，1983年又对未竟工程进行续建，终使千年古塔恢复了原貌。

遗址特点

农安辽塔为砖筑，实心，密檐式，八角十三层，由塔座、塔身、塔刹三部分构成，通高44米，造型优美端庄，表现了辽代建筑艺术的风范。承托塔身的塔座高1米，平整坚固，基部直径东西8米，南北8.30米，每边长7米。塔身第一层13米，每面各建一个龛门或假门。上方承檐部分置两组斗拱；棱角部位为仿木构明柱，上置转角铺作。第二层以上各层，层层收分，均高1.75米，承檐部分均置斗拱两组，棱角部位置转角铺作。檐上戗脊均饰蹲伏的猛兽，前为狮子，后为龙马，昂首向天，栩栩如生。在瓦垄前端有圆形瓦当，周饰双重套环，中间为喜字图案。檐角均安有铁环，上系风铎，天半风来，摇曳摆动，铮铮作响，悦耳动听，为古城增添了生趣。

塔身上面是塔刹，塔刹底部是三层绽开的仰莲，仰莲上是细颈鼓腹的宝瓶，宝瓶上是镀金的圆光，圆光上有一弯镀金仰月，其上镶五颗镀金宝珠。宝盖设在第二颗宝珠上，顶端两颗宝珠间作葫芦形。宝盖下垂四条铜链，分别挂在最上层戗脊的铁色上。1953年对农安辽塔进行修缮时，在塔身第十层中部发现一砖室。

砖室的西北角设有一砖砌小台，台上为一硬山式木制的圆形骨灰盒、盛骨灰和舍利子的布包、瓷香盒、瓷香炉、银质小型圆盒、单线阴刻佛像银牌饰等。其中瓷香炉极为精致，瓷香盒施用搅釉技术，褐白相间，密密层层如花瓣状呈辐射式展开，晶莹秀丽，是辽瓷中难得的珍品。

文物遗存

在塔身第十层中部曾发现一小砖室，内藏铜铸的佛像和菩萨像、木制骨灰盒、瓷香盒、细线阴刻佛像银牌饰等珍贵文物。

文物保护

古塔因近千年的风雨侵蚀，损坏严重。中华人民共和国成立前此塔已濒临坍塌，1953年国家拨专款全面修缮古塔，后因故停工，1983年又对未完成工程进

▲ 农安辽塔

（图片来源：姜维东：《农安辽寺、辽塔考》，《东北史地》2011年第6期，图版
一）

行续建，终使千年古塔恢复了原貌。每逢旅游旺季，来此参观的中外游人络绎不绝。现为吉林省重点文物保护单位。

2013年，农安辽塔被中华人民共和国国务院公布为第七批全国重点文物保护单位。

文化价值

农安辽塔对研究辽代宗教和建筑艺术等具有重要价值。

参考文献

［1］柴杰.农安古塔［J］.建筑工人，1990（6）：53.

［2］董晓红.黄龙府·古塔·农安：吉林省农安县地名的由来［J］.中国地名，2009（12）：59-60.

［3］张晓东.辽代砖塔建筑形制初步研究［D］.长春：吉林大学，2011.

［4］刘振华.农安万金塔基出土文物［J］.文物，1973（8）：48-54+79.

3
塔虎城

历史沿革

1958年、1962年，吉林省博物馆对该城做过两次调查，采集到一些文物。

1958年4月，吉林省博物馆曾派王承礼、李健才、赵凤山等到塔虎城进行调查，并征集到该城出土的文物多件。

1962年5月下旬，又由李健才、强满庭、匡渝等会同前郭县文化科史进兴到塔虎城进行了复查。

1975年9月—11月，城内进行农田基本建设时出土了许多文物。

建筑物特点

塔虎城呈方形，方向正南，周长5213米。城墙残高5—6.5米，底宽20—25米，顶宽1.5—2米。古城四角各存一角楼址，四面城墙上分别筑有16个马面，相邻的两个马面之间正好是一箭之地。站在角楼上，可监视左右两侧城墙，与马面互为照应。城有4座城门，分设于四面城墙的正中间，城门外各有半圆形的瓮城。南、北、东门已残毁，只剩西门保存较好。城墙夯土垒筑而成，夯层十分清晰。城外有两道护城河，内河宽13.5米，外河宽11.5米，深约3.6米。城内有多处高出地表的台地，地面曾留存有兽面瓦当、绿釉筒瓦、鸱尾等建筑饰件残部，是建筑址。城内还有一处冶铁作坊遗址。城东北距城墙50米处，有一座椭圆形高

▲ 塔虎城南翁城

（图片来源：吉林省文物考古研究所提供）

▲ 塔虎城房址

（图片来源：吉林省文物考古研究所提供）

台，表面镶有牡丹花和莲花等花纹砖，应是佛塔址。

建筑遗存

塔虎城遗物十分丰富，多年来出土了大量的陶器、石器、瓷器、铜器、铁器、玉器等。中原地区各名窑烧造的瓷器，在此都有发现，品种有酱釉鱼藻匜、定窑白釉莲花盘、白釉小口瓶、黑釉双系壶、绿釉长颈瓶等。金属器物主要有犁铧、刀、斧、镢、铜人、铜佛像、铜风铃、铜釜、铜镜等。

铁器：

犁上宽28厘米，长38厘米，上部有一长方形小口，是金代遗址中经常看到的一种铁犁。

镞扁平菱形，镞长6厘米，中间宽3厘米，铤长3.5厘米。

蒺藜3件，均有四刺，刺长各2.5厘米，其中有一刺的中间有一个小孔。

铜钱：

据当地老人说，在以前，在城内耕地时，经常拾到古钱，现在地表上虽有时还能拾到，但已很少了。现征集到的铜钱中，以北宋的最多。有太平通宝、至道元宝、咸平元宝、祥符通宝、天圣元宝、皇宋通宝、元丰通宝、元祐通宝、绍圣元宝、圣宋元宝、政和通宝、宣和通宝、景祐元宝、崇宁通宝、崇宁重宝、淳化元宝、熙宁重宝、庆历重宝、治平通宝等，其次为开元通宝、康定通宝、绍兴通宝等。

砖瓦：

长方形砖灰色，长37厘米，宽17.5厘米，厚6.5厘米。

兽面纹残瓦当，兽面稍凸起，半径6.5厘米，周缘低平，背面平，边缘宽2厘米。

筒瓦残块宽14厘米，厚2厘米，灰色，素面，里有布纹。

板瓦残块宽21厘米，厚3厘米，灰色，素面，里有布纹。

勾滴残块凸面素面，凹面布纹，勾滴正面皆有一两条弧线，在其间有方格、点线、菊花等花纹。其下端多捺有绳纹等。

牡丹花纹雕砖长41厘米，宽22厘米，厚9厘米，中为深雕的牡丹花。

缘釉筒瓦残块，红陶胎，里面带有布纹，釉色光亮，并有上釉时的刷痕。

陶瓷器：

塔虎城内地表上散布着大量的陶瓷片。陶片多灰色。瓷片多乳白釉、黑花白釉以及黑釉、褐釉、茶释釉等，其中以仿定瓷片最多，还有定窑、豹窑、龙泉窑等瓷片。

1958年4月，在古城中曾出土有下列遗物：

瓮高80厘米，口径53厘米，最大腹径80厘米，底径29厘米。卷沿、鼓腹，缸胎，黑釉，口沿无釉，釉不均匀，有疤痕，旋纹凹凸不平。器壁近底处有一小孔。

四耳罐2件。一件高43.5厘米，口径14厘米，底径13厘米，腹径29厘米，黑砂质缸胎，黑釉，敞口，短颈，鼓腹，四耳附于颈部。另一件口沿残缺，高38.5厘米，口径11.5厘米，底径12.5厘米，腹径23厘米，细颈，侈口，鼓腹，小底，缸胎，暗黄橡釉，表面粗糙，釉无光泽。

三耳罐高38厘米，口径11厘米，底径13.5厘米，腹径25.5厘米，短颈、侈口，口沿残缺，三耳附于颈部。茶橡釉，表面粗糙无光泽。

双耳罐侈口，口颈和双耳残缺，高37厘米，底径12.5厘米，腹径25.5厘米，茶橡釉，表面粗糙无光泽。以上几件瓷器，瓷胎较粗，釉多黑、茶两色，当为本地所烧造。

鸡腿坛缸胎，粗硬厚重，胎厚1厘米。赭色釉，釉不到底，肩腹皆施凸旋牧，高37厘米，口径7厘米，腹径12厘米，底径7厘米。

陶瓶灰色，口沿外敞，卷沿，侈口，短颈、小平底。高36厘米，口径19厘米，底径13.5厘米。

陶罐，灰色，高35厘米，口径15.5厘米，底径21厘米，腹径36.5厘米。

文物保护

1961年，塔虎城被确定为第一批省级重点文物保护单位。

文化价值

塔虎城是吉林省境内规模较大、保存比较完好的辽金古城之一。在古城内外，依然随处可见断砖残瓦和灰色陶片。史载辽代东北路统军司、金代东北路招讨司曾设在这里。这一带也是辽、金皇帝"春猎"必到之地。此城址对于研究辽金时期的政治、军事、经济、文化和交通等具有重要价值。

参考文献

［1］郭珉，吴娟.塔虎城州治再议［J］.北方文物，2004（4）：71–73+77.

［2］崔剑锋，彭善国.塔虎城遗址出土部分瓷器的成分分析与产地推测［J］.边疆考古研究，2015（2）：389–396.

［3］吉林省文物考古研究所.田野考古集粹：吉林省文物考古研究所成立二十五周年纪念［M］.北京：文物出版社，2008：84–85.

4

嘎呀河城址

城址位于吉林省吉林市舒兰市白旗镇嘎呀河村南200米。该城的时代大体为辽金时期。

2013年3月，嘎呀河城址被中华人民共和国国务院公布为第七批全国重点文物保护单位。

遗址特点

嘎呀河城址平面略呈方形，方向120°。《舒兰县文物志》所记，周长为1540米。但根据卫片测算：西墙长300米，北墙长298米，东墙长307米，南墙长300米，周长1205米，总面积9万平方米。城址开一南门。城墙夯筑，夯层厚9—12厘米，残高4米，墙外设城壕。四隅设角台，南、北墙设马面2座，东、西墙设3座。

1983年1月，吉林市博物馆在舒兰县（今舒兰市）征购一方"中书门下之印"。这方印是该县红旗公社嘎呀河大队五队社员高凤昌在嘎呀河畔一座辽金古城旁边的农田中拾得的。

此印黄铜鎏金质地。印面近正方形，印文为汉字朱文九叠篆。长方板纽，无穿。印面长7.5厘米，宽7厘米，厚1.45厘米，纽高3厘米，根宽3厘米，顶宽3.5厘

▲ 嘎呀河-中门书之印
（图片来源：王义学提供）

▲ 嘎呀河-中门书之印1
（图片来源：王义学提供）

米，厚1.6厘米，顶端阴刻一"上"字。印背呈台阶形状。据《宋史》记载，北宋诸王及中书门下印方二寸一分，铜质鎏金，盛行九叠篆印文，笔画折迭繁复，这方印恰与之相合，因而可以断定此印为北宋所铸。

文化价值

该城址是研究辽、金两代城池建筑的实物资料，是金代女真人谋克村寨的例证之一，城址附近出土的"中书门下之印"，对考证该城在金代的历史地位有着重要的参考价值。

参考文献

［1］赵里萌.中国东北地区辽金元城址的考古学研究［D］.长春：吉林大学，2019.

5

石头城子古城址

历史沿革

　　石头城子古城址位于吉林省松原市扶余市三岔河镇石头城子社区内，是辽代至金代时期的古城遗址。石头城子古城址建于辽金时代，平面呈矩形，东西宽，南北窄，方向350°。城墙周长1922米，北城墙保存较好，残长500米，残高2.25米，基宽13.5米，上宽2.6米，有马面、角楼。古城四周有护城河。石头城子古城址的发掘为研究辽、金扶余地区的历史沿革、经济活动提供了实物资料。

　　《吉林通志》卷十一"沿革志·宁江州"条认为，石头城子即辽代宁江州。这是古城所属时代及为何级行政治所的最早记述。此后，史家多采此说。《东北历代疆域史》一书也以"宁江州当在拉林河以西，第二松花江之东"为据，认定"石头城子古城址当是辽代宁江州旧址"。

遗址特点

　　石头城子古城址地势平坦，土地肥沃。中长铁路通过古城西侧，会塘沟的支流由古城南侧流过。石头城子古城址坐落在一块略高于四周的台地上，平面呈矩形，东西宽，南北窄，方向350°。城墙周长1922米，北城墙保存较好，残长500米，残高2.25米，基宽13.5米，上宽2.6米，有马面、角楼。环城有一条护城河，现已淤平，难见原貌，河宽16米。东墙已荡然无存，仅依稀可见墙基特有的土质

▲ 石头城子古城数字正摄影像

（图片来源：吉林省文物考古研究所提供（2017–2018年度吉林省重要城址航拍影像及三维数据采集项目））

土色和漫坡，尚可显示原墙址的所在。西墙残缺不全，高低不平，可见人为破坏痕迹，残高最高处为1.5米。南墙也被平毁，在墙基上开有一条水渠。南墙的中部有一明显的缺口，应是城门址。

石头城子古城址由于破坏严重，已无法窥见古城原有布局，仅在城内偏南及北部分别见一条灰土带和一道土岗。南侧灰土带宽约13米，长约300米，北部岗宽约3米。灰土带和土岗上遍布残砖碎瓦，陶瓷残片，是当年的建筑址。城东北隅已被民房覆盖。

文物遗存

石头城子古城址遗物丰富，以酱釉、黄白釉、白釉瓷片、硬质灰陶片、灰色方砖、布纹瓦铜钱为多。1958年，出土铜钱20千克。1981年，出土一面连珠纹奏乐镜（1982年吉林省文物工作队征集）。1981年，省文物工作队征集一方铜印，此印1970年6月出土于古城附近。印面为长方形，边长5.3厘米，通高3.95厘米，印纽及印脊有明显的磨损痕迹，证明该印使用时间较长。印文为"利涉县印"四字，阳刻九叠篆字，印纽左为"内府监造"，右为"正隆二年正月"。此外，城内还出土过铁锅、铁箭头、石臼、小磨、础石等物。

石头城子古城址出土的铜钱有唐开元钱，北宋崇宁、大观、太平，南宋建炎、绍兴，金代正隆、大定通宝等。由城内出土遗物及铜钱年号看，此城为辽代建筑，金代沿用。

文物保护

1961年，石头城子古城址被吉林省人民委员会公布为省级重点文物保护单位。

2013年3月，石头城子古城址被中华人民共和国国务院公布为第七批全国重点文物保护单位。

文化价值

石头城子古城址的发掘为研究辽、金时代扶余地区的历史沿革、经济活动提供了实物资料。

参考文献

［1］王维宪，王昭全，百强，等.伯都讷满族文化概览［M］.长春：吉林人民出版社，2011：406.

［2］鲍海春，王禹浪.金源文物图集［M］.哈尔滨：哈尔滨出版社，2001：382.

［3］马龙英.吉林省经济开发区概况［M］.长春：吉林人民出版社，1993：12.

6
秦家屯城址

历史沿革

辽圣宗开泰七年（1018），秦家屯城址始建，时称信州，统管3个州2个县。

金代，秦家屯城址继续沿用，下辖1个县1个镇。

元初，秦家屯城址废弃。

清末，秦家屯城址境域称新集城。

1962年，吉林省文化厅、吉林省博物馆对秦家屯城址进行了文物发掘与调查。

建筑物特点

秦家屯城址，平面呈长方形，城墙4面相接，周长约3380米，方向南偏东15°，东墙长1028米，西墙长1007米，南墙长672米，北墙长673米，均为夯土构筑，残高4—6米不等，其底部墙基宽达16—18米，城墙除西墙局部遭到破坏之外，其他3面保存较好。古城辟东西南北4座城门，有瓮城、马面、角楼和护城壕等防御设施，四周为开阔的平原地带，东辽河支流小河子从其南面流过。

建筑遗存

此城有四门，门外都设有瓮城。东西瓮城的门口均向南开，南北瓮城的门口均向东开。瓮城门口都筑有一座稍高出于墙顶的马面。南墙、东墙和西墙马面均遭到破坏，唯有北墙马面保存较好。城的四角原都有角楼建筑，现在只留下平面略呈椭圆形高出城垣的台基，四个角楼中以西北角楼保存较完整。城垣外面有三道护城河的痕迹。西墙和南墙外的护城河已难辨认，东、北墙外的护城河痕迹明显。城址内南门到北门之间，有两条略隆起于地表的南北向土岗，土岗上遍布着砖瓦残片以及陶片和瓷片，很可能是当时的房屋建筑址。在此岗的北端距北城门口500余米处，有个高出地表的土包，推测应是当时的府衙所在。另外，在城内西南角也有一圆形土包，估计也应是一处较大的建筑遗址。城垣北墙之外有一座高大的土台，传说这里为辽金时信州操练兵马的"点将台"。《东北通史》在渤海诸州迁徙表中记述了渤海时的怀远府，迁徙到今秦家屯，即辽金两代的信州城，易其怀远之名而称为信州。由此可知，信州其时即有人居住，这次大迁徙，时当辽太宗天显三年末，即928年，较辽圣宗开泰元年（1012）要早八十余年。辽人经营此地八十余年后，方筑城置州。辽末天庆八年（1118）左右，信州为金攻占。金王朝沿辽制，以其地仍为信州不改，当时的信州，为宋出使金上京会宁府陆路上的必经之地。由咸平府（今辽宁开原）经韩州（梨树偏脸城）再经信州（秦家屯古城）直达黄龙府（今农安）的这条驿道，是辽金时非常重要的道路。金代，由上京至燕京都要经过这里。靖康年间被虏的北宋徽钦二帝赵佶、赵桓被押往黄龙府时，不但走过这条路，还在韩州、信州盘桓了很长时间。古信州不但是辽金时期兵家必争之地，也是金之后元明清历朝历代的重要驿站。明代这条驿路又被称为开原北陆路，与郑和齐名的明朝重臣亦失哈，在经营北方疆域，开拓北方丝绸之路时，多次走过这里。到了清代，这条路仍然沿用。清康熙二十二年至二十五年（1683—1686），为抗击沙俄入侵雅克萨所需军粮器械及战役捷报均由此路运输驰送。至光绪初年，怀德设县后，这条路不但是怀德赴昌图府的官道，也是昌图府至长春厅往来公文传达递交的必经之路。

▲ 秦家屯城址南侧

（图片来源：长春师范大学实地踏查拍摄）

文物保护

秦家屯城址在东西南北每面城墙各辟一个城门，只留平面略呈椭圆形的台基，还残留着3道护城河的痕迹，城内曾出土大批辽金及宋代器物，有古钱币、铜镜、铜造像、铜印、六耳铁锅、陶器、瓷器、三彩器、铁马具、瓦当等，以及一些辽金时期用过的农具，有锄头、铧、锹等。

出土文物：

双鱼瓷碗3件，均完整，碗内壁四周凸起6条等距离的竖脊，竖脊和碗沿相接处露出豁口，有芒（涩边），壁薄。高6厘米，口径19.5厘米，底径6厘米。

瓷盘5件，均完整。3件盘心刻有花纹，盘之外壁显有泪痕，有芒，高3.7厘米，口径17.8厘米，底径6厘米；2件中心刻莲花，高4.2厘米，口径20.5厘米，底径6厘米。

蒙面瓷盘2件，均完整，有芒，盘内外壁均无纹饰，高3.4厘米，口径20.1厘米，底径6.5厘米。

瓷碟2件，均完整，白釉微带色，碟之外壁有泪痕，碟心印一六瓣莲花，碟之内壁四周配以排列整齐的荷叶，平底，口径9.7厘米，底径4.7厘米。

影青暗花小碗1件，完整，有芒，圈足，影青釉微带白色，碗心暗印折叶兰草，高3.2厘米，口径8.1厘米，底径3.2厘米。

陶盆1件，完整，青灰色，平底，底部穿一直径1.7厘米的圆孔，高3.5厘米，口径11.5厘米，底径7.5厘米。

铜钵1件，完整，黄铜铸造，直口圆底，无纹饰，高5.2厘米，口径19厘米。

铜洗1件，完整，黄铜铸造，唇呈八弧，平底，无纹饰，高8.7厘米，口径41厘米。

铜注壶1件，完整，黄铜铸造，体近球形，有盖，柄上附一小铜环连接盖上铁链，下有扁平矮足，全高12.7厘米。

▲ **秦家屯城出土的玉斧**
（图片来源：由吉林省文物考古研究所提供）

文化价值

秦家屯城址是辽金两代的信州故城，是吉林省辽金时期的重要城址之一，为东北地区辽金时期的研究提供了参考资料，其对秦家屯地区乃至信州古城的文化研究，以及对辽金时期东北地区釉陶史的相关研究都具有重要的价值。

参考文献

［1］陈相伟.吉林怀德秦家屯古城调查记［J］.考古，1964（2）：79-82+10.

7

偏脸城城址

辽代，修建偏脸城，为九百奚营故地。

金代，偏脸城为韩州治所。

金末，元蒙古军攻下韩州城后，放火烧掉了偏脸城。

1956年10月中旬，吉林省文物管理委员会和博物馆考古人员对偏脸城城址进行了调查；11月，吉林省文物管理委员会和博物馆考古人员对偏脸城城址进行了试掘。

建筑物特点

从四平市梨树县城向北望去，天边有一道山岗，东西走向，绵延十余千米。在城北田间穿行三四千米。

过招苏台河，一座古城遗址即在眼前。古城顺山坡横下，四面高墙清晰可辨。全城地势不平，西北高而东南低，方向东斜，有如偏歪的人面，故人称"偏脸城"。偏脸城的城墙为土墙，东墙与西墙，南墙与北墙，大体平行。每面长约1000米，宽1米，高5—6米。

四墙有门，门外有瓮城，南北门与东西门皆呈对应状。城墙四角都有突出墙外、高于墙顶的圆形高台，这是角楼，站在上面可以瞭望全城。西墙与北墙外，

▲ 偏脸城城址全景

（图片来源：隽成军提供）

都有护城壕遗址。偏脸城在辽金时代最早叫九百奚营，归临津县管辖，统归于韩州统临。九百奚营地处交通要道，为南北往来的必经之地。

建筑遗存

从现在的偏脸城遗址向城内远望，是一片玉米农田、几个村庄和北东南西四个方向由高到低隆起的土垒（古城墙），这四趟土垒就是当年环绕古城的城墙，城墙清晰可辨，城墙两侧的梯形坡上全是蒿草和山榆，紧挨城墙的外侧是壕沟（古护城河），壕沟外是一片半尺高的农田。城墙

▲ 偏脸城城址文物保护标牌

（图片来源：隽成军提供）

有马车宽，走在上面，脚下仍可踢到少量的残砖碎瓦。

金末时，元蒙古大军攻下韩州城后，一把火烧掉了偏脸城，转年蒙古人把这里当作牧场，看到偏脸城变成了一片残垣断壁，只有西北角长着一棵大梨树，枝繁叶茂，就叫这座城为梨树城。此后数百年间，古城一直沉睡在旷野中。

整个偏脸城城墙由夯土垒成，因城内地势西北高而东南低，方向东斜，平面

略呈方形，就像人的一张偏歪的脸，俗称"偏脸城"。偏脸城遗址位于吉林省四平市梨树县白山乡岫岩村白山咀子山岗南坡，距梨树县城4000米，南临招苏台河，北依白山丘陵。在辽代叫奚营或九百奚营，在金代叫韩州，是辽金时期的重要城镇和南北交通要道。偏脸城，蒙古语阿拉木图城，汉译为有梨树的城，即梨树城。

此处曾幽囚过大宋的两朝君主——徽宗、钦宗两年之久，在历史上留下了重要的一笔。遗存有造型别致、做工精巧的金制树叶、蜻蜓等，大片建筑遗址散布着大量琉璃瓦、青砖、铜器等。还发现一个较大的辽代古墓群。

文物保护

20世纪60年代，文物部门将梨树古城定名为"偏脸城"，列为吉林省重点文物保护单位。

文化价值

出梨树县城向北，沿梨树至小城子公路前行4000米，过北郊绿野，极目远眺，一条东西走向的漫岗横亘天际，这就是梨树古城——偏脸城所在地。这条漫岗，东起西青石岭，西与大夫岭逶迤相接，南邻招苏台河，北依白山丘陵，城垣依山势修筑，因地势不平，西北高而东南低，方位偏斜，形成偏脸状，故俗称"偏脸城"。史料记载，古城平面略呈方形，城垣雄阔方正，为夯土而成，城垣周长4318米，顶宽1米，基宽12米，最高处达7.4米，城垣四角筑瞭望台（又称角楼），高出城墙2米。古城开有4座城门，城门外有瓮城，城墙外有护城河。现在除南墙破坏较严重外，其余三面城墙尚存遗迹。该城原为辽代九百奚营治所，金初称"合叔勃"，是宋金时期的交通要道。金代中期开始称为韩州。当时，韩州的州治之所，位于这条南北交通要道的西侧，并非"冲涂（途）"，难以适应政治、经济形势发展的需要。天德二年（944），金朝在开设咸平府为总管府的同时，把韩州州治从柳河县迁到了九百奚营故地，并增设了临津县。迁徙后的韩州城，同其他辽金城镇一样，是多民族聚居的地方。城内出土了一些具有渤海文化特征的遗物，如饰有带状莲花纹饰的黄褐色陶罐，刻有莲花纹的白瓷片，青灰色泥质螭头，以及刻有汉人姓氏的铜或铅质的小印章、象棋子、骨牌、骰子等，这说明当时城里不仅居住着女真人、契丹人、汉人，还有渤海人等其他民族。这时的韩州已发展为一座商贾云集的都市了。金末蒙古贵族挥兵攻金伐宋时，志在掳掠，得城即弃，大军所到之处，往往杀掠焚烧一空。东北许多渤海、辽、金时期筑起的屯寨城邑在这场浩劫中被摧毁，成为废墟，韩州城当然也未能幸免。韩州城虽已毁于兵燹，但元代时，韩州属于辽阳行省咸平散府所辖，地处咸平散府通往开元路千户所（今农安县城）的驿道上，元朝也在这里设有韩州站，该地承担着转运贡品，迎送官差和押送流放人犯、粮草的重任。偏脸城内除了俯拾皆是的建筑构件、陶瓷器皿残片等遗物以外，近年来也出土了许多具有珍贵历史价值和艺术价值的完整器物，如双鲤铜镜。该镜平面呈圆形，铜质，铸造，镜面平整，镜背缘上以楷书阴刻有"闫某某"三字镜铭，其下为一阴刻"血"字。镜缘内铸出两条头尾相抵的鲤鱼嬉戏水中。鲤鱼张口摆尾，线条流畅，造型逼真。一起出土的还有提梁瓜楞瓷壶、黑釉玉壶春瓶、陶砚、柄人物铜镜、铜风铃、铜像、铜棋子、金饰件、金蝴蝶、玉双鱼等器物。以上文物大多数已上交吉林省博物院收藏，这些丰富繁多的出土文物不仅为研究古城的历史提供了极其重要的实物资料，也展示了辽金时期东北域内的政治、经济、文化生活和手工业发展的概况。

参考文献

［1］吉林梨树县偏脸城址调查记［J］.考古通讯，1958（3）：26–31.

［2］夏宇旭.梨树县偏脸城考述［J］.地域文化研究，2019（5）：84–90+155.

8

大金得胜陀颂碑

历史沿革

　　大金得胜陀颂碑位于吉林省松原市扶余市石碑崴子村东，高约2米的得胜陀上，是金代第五世帝王金世宗完颜雍为纪念其祖父——金代开国元勋金太祖完颜阿骨打获胜而立，始建于金大定二十五年（1185）。大金得胜陀颂碑全高3.2米，厚0.38米。由碑首、碑身和龟趺（碑座）三部分组成。碑首为长方形，顶部和侧面共雕四条盘龙。正面刻大字篆书"大金得胜陀颂"6字，为书法家党怀英的手笔。碑身刻文800余字，正面为汉文，背面为女真文。此碑是现在存世较为罕见的汉、女真两种文字的碑刻。

　　金世宗大定二十五年（1185）立碑，至今已有800余年。由于历久经年，风雨剥蚀，碑正面的汉字碑文，有些字迹已难以辨认，所幸碑文已见于中外学者的不少文字记载中，又有考古工作者对石碑的研究，特别是有汉、女真两种文字可以参照研究，所以碑文几乎可以全部被认读。古碑历经风雨的摧残，初次折断于何时已无法考证。1958年，当地农民在石碑周围挖出了三四个长约5米、宽约2米、深约3米的土坑，坑壁里有许多辽、金时代的砖瓦块，并采集到一些辽、金时代的勾滴。因在石碑附近出土，这当是建筑碑亭或围墙庭院的遗物。这些勾滴（现藏于吉林省博物馆）当是金代的典型勾滴。1961年，政府拨款修造了砖木结构的碑亭，略仿孔氏砖亭旧样，保存了古代庙宇建筑的风格，碑亭坐北向南，前后两敞门，碑在亭中。"文革"时期，石碑又遭到严重破坏，不仅碑亭被洗劫无存，连碑身也受到严重破坏，折为三截，弃于荒野。1977年，党和国家落实文物保护政策，各级政府加强了对大金得胜陀颂碑的管护，将三折残碑黏接复原，在碑的四周修建了高2米、周长60米的钢筋水泥护栏。1983年，为防水患，修建了水泥石护坡，共1225平方米，用石方量300余立方米，水泥70吨，同时修建了四角亭。1993年，修建了碑罩。1999年，对护坡进行了加固，以使这一珍贵文物能长存世间。

▲ 大金得胜陀颂碑

（图片来源：王义学提供）

建筑物特点

大金得胜陀颂碑用青石雕成，由首、身、座三部分组成。全高3.2米，碑首高0.79米，宽1米，厚0.38米。大金得胜陀颂碑正、背两面各雕两条对称盘龙，龙头在碑侧面并伸向下，龙身相交，同戏一火珠。正面两盘龙之间留有碑额，上刻篆书2行6字"大金得胜陀颂"。碑身高1.77米，宽0.85米，厚0.31米。正面刻有汉字碑文的序及颂诗30行，815字。因多年风雨侵蚀和碑身断裂等，部分文字已不完整。背面为女真大字碑文。碑额3行12字，碑文33行，每行字数不等，共1500余字。碑身正、背两面的四边皆饰同样的蔓草纹图案。正面汉字与背面女真字大体对译。碑身下有龟趺（碑座），高0.72米，宽0.97米，长1.6米，重千余斤。

汉字碑文：

大金得胜陀颂并序
奉政大夫充翰林修撰同知制诰兼太常博士骁骑尉赐鲜鱼袋臣赵可奉敕撰
儒林郎咸平府清安县令武骑尉赐鲜鱼袋臣孙侯奉敕书丹
承直郎应奉翰林文字同知制诰兼充国史院编修官云骑尉赐鲜鱼袋臣党怀
英奉敕篆额

得胜陀，太祖武元皇帝誓师之地也。臣谨按实录及"睿德神功"碑云：太祖率军渡涞流水，命诸路军毕会，太祖先据高阜，国相撒改与众仰望，圣质如乔松之高，所乘赭白马亦如岗阜之大。太祖顾视撒改等人马，高大亦悉异常。太祖曰："此殆吉祥，天地协应，吾军胜敌之验也！诸君观此，正当勠力同心。若大事克成，复会于此，当酹而名之！"后以是名赐其地云。时又以襊袖之法行于军中，诸军介而序立，战士光浮万里之程，胜敌刻日，其兆复见焉。

大定甲辰岁，銮辂东巡，驻跸上都，思武元缔构之难，尽孝孙光昭之道，始也。命新神御，以严穆穆之容；既又俾刊贞石，以赞晖晖之业。而孝思不忘念所，以张闳休而扬伟迹者，盖有加而无已也。

明年夏四月，诏以得胜陀事访于相府，谓宜如何？相府订于礼官，礼官以为，昔唐玄宗幸太原，尝有"起义堂颂"；过上党，有"旧宫述圣颂"。今若仿此，刻颂建宇以彰圣迹，于义为允。相府以闻，制曰："可。"

臣可方以文字待罪禁林，然则颂成功，美形容，臣之职也。敢再拜稽首而献文

▲ 大金得胜陀颂碑保护标志
（图片来源：王义学提供）

曰：

辽季失道，腥闻于天。乃眷东顾，实生武元。

皇矣我祖，受天之祜。恭行天罚，布昭圣武。

有卷者阿，望之陂陀。爰整其旅，各称尔戈。

诸道之兵，亦集其下。大巡六师，告以福祸。

明明之令，如霆如雷。桓桓之士，如熊如罴。

先是太祖，首登高阜。灵呢自天，事骇观睹。

人仰圣质，凛如乔松。其所乘马，岗阜穹崇。

帝视左右，人马亦异。曰此美征，胜敌之瑞。

诸君勉之，往无不利。师胜而还，当名此地。

神道设教，易经著辞。厌胜之法，自古有之。

我军如云，戈甲相属。神火焰焰，光浮万烛。

天有显道，厥类惟彰。国家将兴，必有祯祥。

周武戎衣，火流王屋。汉高奋剑，素灵夜哭。

受命之符，孰云非贞。咄彼宗元，遂诬尚明。

得胜之祥，如日杲杲。至今遗老，畴弗乐道。

圣金天子，武元神孙。化被朔南，德侔羲轩。

眷言旧邦，六飞庶止。六飞庶止，江山良是。

念我烈祖，开创之勤。风栉雨沐，用集大勋。

圣容既新，圣功即高。永克厥志，以为未也。

惟此得胜，我祖所名。诏以其事，载诸颂声。

文王有声，遹骏有声。润录祖业，惟时圣明。

帝王之符，千载合契。配姬与刘，诏于万世。

大定二十五年七月二十八日立石

建筑遗存

据当地老人说："后世尚未在这里重修碑亭以前，在石碑附近曾看到许多灰色的大方砖和大型长方砖，长为1.2尺，宽为8寸，并有许多兽面瓦当。"当地群众说，在石碑附近，还发现过铁箭头、铜锅、马镫等物。

文物保护

1961年，大金得胜陀颂碑被列为吉林省重点保护文物。

1988年1月13日，大金得胜陀颂碑被中华人民共和国国务院公布为第三批全国重点文物保护单位。

文化价值

大金得胜陀颂碑是我国已发现的女真文石刻中文字最多的一座碑刻。无论其形制和内容，都具有重大的历史、艺术、科学价值。它屹立在松嫩平原，历经八百多个寒暑，阅尽人世冷暖，它不仅记录了金代开国者的创业生涯，也是女真人民反抗斗争胜利的纪念，同时雄辩地说明了我国历来就是一个统一的多民族国家，各民族共同开发建设了祖国的北疆，创造了灿烂的中华文化，谱写出伟大祖国的悠久历史。

参考文献

［1］张鹏.重塑空间与记忆："大金得胜陀颂碑"研究［J］.美术研究，2020（1）：27-32.

［2］吉林省文物志编委会.扶余县文物志［M］.长春：吉林省文物志编委会，1984：84.

9

完颜希尹家族墓地

历史沿革

光绪二十年（1894）左右，时任吉林将军的长顺发现完颜希尹家族墓地，并对墓地进行了保护。

1966—1976年，墓地遭到严重破坏，完颜希尹神道碑被炸毁。

1979年，吉林省文物工作队在对完颜希尹家族墓地复查时，为墓地划定了保护范围，并建设了控制地带。

1980年春，原吉林省文物工作队对该墓地进行了全面复查和清理发掘，共发掘墓葬14座，墓志中"选礼乾山"对今舒兰小城子完颜希尹家族墓地即"冷山"的传统结论提出了异议。1980年度，发掘并对五个墓区七组石雕进行了详细实测、著录和拍摄，且对残缺、损坏的石雕进行黏接和整修。在第二墓区发掘了希尹墓，为一大型石室墓，用修琢规整的花岗岩石材修砌而成。墓中陈放五个石函并出土铁券、莲瓣竹节形铜蜡台、仿定白瓷瓶和刻花白瓷碗等。希尹家族墓地是目前保存较完整和典型的金代墓群，引起学术界的广泛关注。1982年，舒兰市人民政府在完颜希尹家族墓地的五个墓区分别设立了永久性混凝土标志牌和说明。

遗址特点

第一墓区在东村大松树屯东北约400米处，小城镇通往柳树河村的乡路旁。当年，墓前有石柱两对、石羊两对、石人三对、石桌一对。此墓区在东北沦陷时期被日本人盗掘（未见正式报告发表，随葬品不详），从暴露的墓室看，均为青灰色板石立砌，平面呈长方形。数年前，吉林省博物馆为了历史陈列的需要，将这个墓区完整的石人、石虎、石羊运至长春。现原址尚存残石人一个、残石羊一个、残石柱一个。在距石人4米处还有被盗掘的石棺墓一座，墓室东西长约4米，南北宽约2米。

1969年，当地农民在墓地附近拣到刻有"金紫光禄……"的残墓碣一块；1979年，考古工作者又在此墓东南50米处采集到刻有"吵看即君之墓"的石碑一块，落款为"大定十年"。在墓前数十米处，还有两个青花岗岩柱座，间距11.75米，象限角为南偏东60°，可知原墓前石雕刻物的方向是西北—东南。石柱仅存下半段，残长1.32米；石羊头部微残，长1.12米，头高0.63米、宽0.35米，尾高0.49米、宽0.40米；石人头残缺，倒伏在草丛中，身长1.80米，为文官。

▲ **完颜希尹家族墓地**

（图片来源：吉林省文物考古研究所提供）

文物遗存

完颜希尹家族墓地保护区面积2200公顷。完颜希尹家族墓共分五个墓区，总面积为136.36平方米。墓地坐北朝南，后依山岭，面朝沟川。整个墓地是用花岗岩条石筑砌而成的，做工精细，工程宏大。后任当朝左丞相的完颜希尹嫡孙完颜守道为其祖父在墓地刻立"大金故左丞相金源郡宪王贞完颜公神道碑"。五个墓群中的部分古墓被日本在侵占东北时期所盗。加之由于"文革"的严重破坏，墓地已面目全非，大部分文物珍藏在吉林省博物馆。墓区的石人、石羊、石虎、石碑等现已复制一新，供游人拜祭和参观。完颜希尹家族墓地有一定的分布规律，大体是后依山岭，前向沟川，坐北朝南，背风向阳。吉林省文物工作队于1979和1980年，对完颜希尹家族墓及其附属物——石雕刻物进行了复查、清理、发掘和修复。他们将墓地依据墓葬的分布情况划分为五个墓区。东沟为一、二、三墓区，西沟为四、五墓区。五个墓区共有七组石雕刻物，每组石雕刻物基本上都是由成对的石柱、石虎、石羊和石人组成的。石人分文臣、武将两种。个别墓地还有石供桌。同时，在墓地获得了数块墓碑，初步搞清了各墓区埋葬的一些墓主人的姓名和官职。

文物保护

1961年，完颜希尹家族墓地被列为吉林省重点文物保护单位。

1981年，吉林省人民政府发布《吉林省人民政府关于公布吉林省第一批重点文物保护单位名单的通知》，通知中将"完颜希尹家族墓地"重新公布。

2001年6月25日，完颜希尹家族墓地被国务院公布为第五批全国重点文物保护单位。其后，舒兰市小城镇成立了墓地保护工作站，并设专人进行管理。同时，墓地附近的马路村专门聘请了3名文物保护员对墓地进行巡查保护。

2008年，舒兰市政府成立了文物管理所，配备了3名专职人员，加强了对文物的保护工作。

2010年7月25日，舒兰市请北京总装备部工程设计研究总院对完颜希尹家族墓地遗址保护区地形进行了翔实的测绘，并为制定保护规划提供了准确的科学依据。

2017年11月，完颜希尹家族墓地保护项目开始修建，2019年6月竣工，完成了17座墓葬的保护性清理、回填工作，完成了5100米的木栈道、停车场、保护围栏、保护用房等相关设施建设。

2019年，依托原有的资源，舒兰市启动了建设完颜希尹家族墓地遗址公园建设项目，新建了陈列馆和森林木栈道、停车场、保护房以及监控等服务设施。完颜希尹家族墓地被评为省级遗址公园。陈列馆收藏了陶器、石器、铁器、瓷器等文物1000多件。鉴于该公园具有的价值，北华大学历史文化学院将其作为教学实践基地。

文化价值

完颜希尹家族墓地带有文字的石刻，在国内外金代陵墓石刻中是保存最好、数量最多的。尤其是女真和汉字合璧的昭勇大将军同知雄州节度使墓志和其妻乌古论氏墓志、记载完颜希尹族系家世的神道碑，是研究完颜希尹生平业绩及其家族，乃至宋金、辽金之间战事和相关历史的重要实物资料，具有极高的历史和学术价值。

参考文献

［1］庞志国.1979—1980年间完颜希尹家族墓地的调查与发掘［J］.东北史地，2010（4）：62-66.

［2］吉林省文物考古研究所.田野考古集粹：吉林省文物考古研究所成立二十五周年纪念［M］.北京：文物出版社，2008：78.

10
友谊村墓群

历史沿革

友谊村墓群，位于四平市梨树县白山乡友谊村至郑家村一条东西走向的漫岗之上，漫岗东西长4.3千米，南北宽2.5千米，墓葬主要分布于漫岗南坡之上。墓群南侧坡下有一条东西向的小河流过，墓群西南约4千米为偏脸城城址。地理坐标：43°24'35.9"N，124°23'49"E，高程208米。2013年，被国务院公布为第七批全国重点文物保护单位。

墓群地势北高南低，友谊村覆盖了大半个墓群，村中间有一条南北向的乡路从墓群中间穿过，把墓群分为东、西两部分。友谊村原名高丽坟屯，位于村西北漫岗南坡，附近有辽金时代村落遗址，可能是护陵户的居住址。在友谊村西部胡家屯东部发现的两座砖室墓，一座平面为长方形，一座平面为八角形。友谊村砖室墓多见泥质灰陶骨灰罐或多人二次葬。在友谊村西侧有一石羊侧卧在路旁，当是墓前神兽之一。

1995年9月，发现友谊村墓群，并随之进行两个来月的抢救性考古发掘工作。友谊村墓群为研究九百奚营和韩州的建治年代提供了重要线索。

遗址特点

友谊村墓群，已查明砖室墓10余座。已清理的郑家村胡家屯东侧八角形壁画墓，墓道内随葬牛头，墓内壁画为廊庑，与其他地区所见辽代壁画墓绘画内容不同，推测是辽末九百奚营的奚人首领墓葬。友谊村砖室墓多见泥质灰陶骨灰罐或多人二次葬。在友谊村西侧有一石羊侧卧在路旁，当是墓前神兽之一。友谊村原名为高丽坟屯，可见当地居民较早就知此地是古墓群。辽代奚人墓在埋葬方式、随葬器物、墓内装饰等方面已经和契丹墓趋同，然而其仍然保持着火葬、殉牲、木栏护墙等独特葬俗，友谊村墓群被推测是在与契丹族不断交融背景下残留部分民族特征的奚人葬址。

八角形壁画墓位于郑家村胡家屯（偏脸城北约2.5千米处），墓道修筑不甚规整，南壁多呈斜面，而北侧平直。内中近底部填的土似经夯实，坚硬，上部为松软的五花土。墓道与墓门衔接处，高3.1米。在墓道里口与墓门之间约1米处，发现一砖砌祭坛，略呈圆形，直径0.9—1.1米，由十多块长方砖分上下两层砌成。有零散砖块、烧土、木炭和经火烧过的牛羊等动物骨骼残段，这表明埋葬墓主时，在此曾举行过祭祀活动。

墓门呈圆拱形，其券顶由21块长方砖拱券砌成，高1.27米，宽0.84米。券门上无建筑，在其两侧各分筑一堵墙，从北垛墙形制观察，该墙沿券门北壁向外（北）拓展，贴地表以长方形向上平砌12层，构成一墙高1.05米、上面宽0.4米的平整方台；南垛墙与北垛墙形相同，其方台边长较北垛墙长7厘米。两垛墙与券门顶形成两头平中间高的凸形台，其上凸凹不平，有白灰残迹。两垛墙连接券门的部分，筑造粗糙，灰面大多无存，露出参差不齐的毛茬。另在券门与两垛墙上方，残存单砖砌就的7层不甚规整的翼墙，其后即渐次内收的穹隆墓顶，现存8层砖。门洞以砖封堵，分内外两排（仅存3层），封门砖是贴地面先平铺层，其上3层以纵卧式排列；贴墓门外侧横铺一行青砖，突出墓门0.16米。墓门后接平面略呈方形的甬道，与墓门等宽、同高，长0.27米。沿两侧壁底部砌至1.1米处开始渐次内收，呈拱券顶；两壁、券顶、地面均抹有白灰，灰面光洁平整。另在甬道与墓室连接处发现牛的头骨、下腰和腿残段。

甬道后接墓室，墓室平面呈八角形，顶部已全部坍塌。墓室南北长3.8米，东西宽3.9米，残高2.12米。室壁由19层横砖错缝平砌而成，壁面残留白灰痕迹，在相邻两壁连接处（各角）置由3—4块断面呈多边条状砖雕竖砌的倚柱，白灰勾缝，倚柱与室壁平齐，高1.17米。沿室壁相邻二倚柱上方为砖雕、彩绘仿木结构的外檐形式建筑。以两壁为例，突出壁面约2厘米的阑额，其两端与倚柱相接。阑额上置于室壁同一平面，且为二层横砖平砌的普柏枋。倚柱上置是由两块雕砖叠砌的栌斗，高10厘米，突出阑额2厘米；在两倚柱之间、普柏枋正中，砌一形制与栌斗类同的散斗。两栌斗与散斗上置由二层雕砖平砌而成的压斗枋，突出壁面2厘米，拱上所托散斗，皆由两块砖登砌而成。

墓室底由长方砖，采取一横一纵的方式铺筑，东西10行，共计108块，砖缝间乃至整个地面均以白灰勾抹。贴墓室西部砌砖筑棺床，平面略呈梯形，长2.6米，宽1.09—1.66米，高0.25米。以四层长方砖起圹，床壁采用一横二顺方式修砌；床面则为一顺一横平铺，内填黄细砂夹杂少量五花土，经夯实，坚硬，棺床壁面抹有1厘米胶泥，再抹2—3毫米白灰。

文物遗存

友谊村墓群留存墓前神兽石羊一个，八角形壁画墓内留存砖雕、彩绘。

文物保护

2013年3月，友谊村墓群被中华人民共和国国务院公布为第七批全国重点文物保护单位。

文化价值

友谊村墓群是吉林省首次发现的砖雕仿木结构壁画墓群，其分布范围大、墓葬等级高，形制多砖砌八角形，墓室雕砖装饰，家居生活内容的壁画等与中原相同，表现了辽契丹风俗与中原时尚的趋同性。友谊村墓群距辽代九百奚营和金代韩州故城——偏脸城城址较近，推测为同一人群不同性质的遗址，两处遗址的共同出土意义深远，其不仅有助于更加完整地复原、再现偏脸城先民的生前身后事，还为研究九百奚营和韩州的建治年代提供了重要线索。

参考文献

［1］国家文物局.国务院核定公布第七批全国重点文物保护单位［EB/OL］.（2013-05-03）［2024-07-27］.http：//www.ncha.gov.cn/art/2013/5/3/art_722_107827.html.

［2］伊秀丽，毕玮琳，李信.吉林往事［M］.长春：吉林人民出版社，2021.

11
揽头窝堡遗址

历史沿革

1983年，吉林省开展全省文物普查期间，发现并确认揽头窝堡遗址是一处以金代遗存为主的古代遗址，面积约3万平方米。

1998—1999年，配合长余高速公路（长春至拉林河）施工建设，吉林省文物考古研究所、长春市文物保护研究所、德惠市文物管理所等单位对遗址开展了两个年度的抢救性考古发掘。总计清理面积约4000平方米，清理揭露房址12座，出土陶、瓷、骨、铁、铜、石、琉璃器700余件。

遗址特点

揽头窝堡遗址地处松花江的两条支流伊通河与饮马河之间的一道狭长漫岗上，饮马河的一条支流从该漫岗南约511米处流过，整体自然地貌适宜农耕，该区域属优质良田。分布范围北达1500米之外的双城子古城城下，南与2000米远的丹城子古城相接，东西跨度1000米，文化层厚达1.5米左右，面积约3万平方米。六号房址保存较为完整，是一座带有取暖设施的地面式长方形房址。在房址的西墙中段，清理出一段长约3米的墙体基础，为夹柱包砖土墙。房屋四面墙体位置上共见础石15块，木柱25根。房址地面比较平坦，北部略高，室内清理出火炕、灶、烟囱等附属设施。

▲ 揽头窝堡遗址11号房址

（图片来源：吉林省文物考古研究所提供）

▲ 揽头窝堡遗址6号房址倒塌堆积

（图片来源：吉林省文物考古研究所提供）

文物遗存

揽头窝堡遗址出土了不同种类的众多遗物，除砖、瓦、瓦当等建筑构件外，还有陶器、瓷器、铁器等遗物。此外，还出土了近20枚铜钱及1枚铁钱。

陶器：陶器均为泥质陶，以灰陶为主，偶见红陶。轮制，多数器物内壁可见轮制沟纹。器表磨光，部分器物有压磨而成的暗花纹饰。器形以罐为主，亦有盆、甗、器盖等。

瓷器：瓷器以白瓷为主，多是土烧白瓷，也有定窑白瓷。此外，有部分土窑烧制的酱釉瓷器。个别瓷器是南方窑系的兔毫、油滴黑釉瓷器，最富特色的是翠蓝釉（孔雀蓝）印花瓷器。

铁器：日常用具，锻制。器类有锁、带扣、带铐、凿、环状卡圈、管箍、环状构件、钉等。

铜钱、铁钱：铜钱，包括唐开元通宝，北宋太平通宝、祥符通宝、祥符元宝、天禧通宝、景祐元宝、皇宋通宝、嘉祐通宝、治平元宝、元丰通宝、元祐通宝、圣宋元宝。另有1枚铁钱，因锈蚀严重钱文未能辨识。

▲ 揽头窝堡遗址出土陶质建筑饰件

（图片来源：吉林省文物考古研究所提供）

建筑饰件：建筑饰件种类有瓦当、檐头板瓦等。

文物保护

2013年3月，揽头窝堡遗址被中华人民共和国国务院公布为第七批全国重点文物保护单位。

文化价值

揽头窝堡遗址位于吉林省德惠市边岗乡丹城子村揽头窝堡屯，是金代时期遗址，遗址地表散布着大量古代砖瓦、陶器、瓷器的残片和各种建筑构件。遗址发现于20世纪80年代初。1998—1999年，配合长余（长春至拉林河）高速公路施工建设，吉林省文物考古研究所、长春市文物保护研究所、德惠市文物管理所等单位对遗址开展了两个年度的抢救性考古发掘，清理揭露房址12座，出土陶、瓷、骨、铁、铜、石、琉璃器700余件。遗址规模大，文物堆积厚，遗存丰富，出土的大量文物遗迹，为甄别金代遗存树立了清晰的考古学标尺，对研究当时社会的政治、军事和社会生活，具有重要意义。遗址出土了一批翠蓝釉瓷器，对于金代瓷器研究具有极高的学术价值。揽头窝堡遗址是金代时期的重要遗址。分布的范围北达1.5千米之外的双城子古城城下，南与2千米远的丹城子古城相接，东西跨度1千米，文化层厚达1.5米左右。第二、第三次全国文物普查都对遗址进行了调查。早年当地砖厂在遗址东部取土，发现过大量遗迹、遗物。其中不乏瓦当、勾滴、陶瓷、陶罐、酱釉和黄白釉瓷器、铁花四系罐、铁马镫、铁刀等遗物。取土断层上还多见灰坑、房址等遗迹。通过地表采集遗物判断，遗址的时代为辽金时期。

参考文献

［1］宋玉彬，傅佳欣.吉林德惠市揽头窝堡遗址六号房址的发掘［J］.考古，2003（08）：739-750+776.

12

前进古城址

历史沿革

公元698年，我国北方的粟末靺鞨族在其首领大祚荣的率领下建立了强盛的地方政权——渤海国，立都于敖东城（今敦化市六顶山，距离前进古城不到60千米）。最强盛时，渤海国下辖5京、15府、62州，从长白山、松花江一直到牡丹江、黑龙江流域，俄国远东滨海地区都属于渤海国领地。唐开元元年（713），唐玄宗派遣郎将崔忻前往渤海王都——敖东城，册封大祚荣为左骁卫员外大将军渤海郡王。一直到926年被契丹阿保机所灭，渤海国在我国北方统治长达229年。如此强盛的渤海国在王都——敖东城外不到60千米的险要地带修筑庞大的军事防御体系——前进古城，西北可控呼兰河谷，抵御北方来犯之敌；西南可扼蛟河、吉林、桦甸，阻挡东进军旅；东南与敦化境内的西北岔古城、帽儿山古城相呼应，形成保卫渤海国王都的重要军事屏障。

从筑城方式和方法来看，前进古城也很符合渤海时期的筑城特点：就地取土，夯筑而成，城墙多设瓮城和马面，城四角建有角楼。目前发现的渤海国遗留下来的古城城址，如俄罗斯远东滨海地区的克拉斯基诺古城、南乌苏里斯克古城和我国境内的大量古城城址都具有这样的特点。寺庙遗址的发现也为渤海古城提供了佐证。据史料记载，渤海国有萨满教、道教和佛教，大祚荣建渤海国第十六年，曾派遣王子前往长安城，请求入寺礼拜。接受唐朝册封后，渤海国更是广建佛寺，以东京、中京和上京最为密集，就连军营要塞处都建有佛寺，有些佛寺还建在僻静的山冈上。从前进古城遗址周围采集到的遗物判断，渤海国灭亡后，辽、金、元、明、清各朝各代一直将前进古城作为军事要塞沿袭使用。有史料记载：清康熙十五年（1676），宁古塔将军奉旨移驻吉林乌拉城后，为了加强与东北各地的联系，特别是为了防御沙俄入侵，曾开辟多条驿路，其中一条驿路是由尼什哈站出发，经龙潭山、江密峰、拉法等10站到达宁古塔（原在黑龙江海林，后移往宁安）。这条驿路，正是通过前进古城的。

遗址特点

城墙同防御墙、守备城一样夯土修筑，东西长60米，南北宽50米，建筑面积3000平方米。墙基残宽10米，墙残高平均1.5米。城墙四角各有一个角楼，城门位于南墙正中。

在内城外围100米范围内，遗留很多蓄水池和水井，其中南面一口水井至今水源旺盛。在内城废墟四周，存在很多碎碗残片，从质地和做工判断，这些碎碗

◀ 前进古城近景

（图片来源：长春师范大学实地踏查拍摄）

残片应属于不同朝代，其中黑釉残片疑为辽金时代，而青花瓷片疑为清代。在古城东、南、西三面，有很多暗壕通道。这些暗壕通道纵横交错，相互连接，最宽处可达10米，最深处可达3米。它们从山顶一直通往山下，足有十几千米，工程量十分浩大。除此之外，内城东1500米处有一处寺庙遗址，面积200余平方米，遗址处散落着许多块石、条石、石板，不远处有一口水井。另外，在防御墙西3000米的半山腰处，还有旗杆石座一尊。旗杆石座北侧两米处修筑有条石台阶和石墙，台阶和石墙上方北侧有约1000平方米平地，推断当初应有建筑，疑为古城城门址或古茶楼驿站。前进古城应该是一座规模巨大的渤海时期的军事防御要塞。

文物遗存

防御墙南北方向，长1189米，墙基残宽10—12米，墙残高2—3米，沿墙设有瓮门1个、旁门两个、马面10个、角楼3个。瓮门东西半径11.5米，南北直径22米，外门道宽7米，内门道宽22米。

在瓮门南与北25米处，各有一旁门，门道宽7—8米。马面全部建在防御墙东侧，间距5—12米，马面直径10—16米。

在防御墙外挖有护城壕，宽8米，深1.5米。防御墙的北端有角楼2个，间距100米。南端有角楼1个，角楼长11.5米，宽8.5米。防御墙的偏南部位有掩体数处。

整座守备城呈不规则长方形，方向为南偏西60°，东北至西南长200米，东南至西北60—120米，周长600米，墙基宽9—12米，残高两米左右。

在城墙南侧偏西部位，开有瓮门1个，瓮门南北长22米，东西宽20米，内门道宽8米，外门道宽两米。在北、西、东三面均有马面，北墙2个、西墙1个、东墙2个。马面宽6—10米不等。

在守备城的东南角和西南角各有1个角楼，角楼宽约6米，内墙残高1.5米左右，外墙残高2米左右。防御墙与守备城两者最近距离为10.5米。

文物保护

前进古城于1987年10月24日被公布为省级文物保护单位。该城由防御墙和守

▲ 前进古城一号房址

（图片来源：吉林省文物考古研究所提供）

备城组成，均为山皮土筑。经过测量，前进古城的内城总面积约为1.5万平方米，城墙遗址十分清晰。

文化价值

前进古城址对研究辽金时期政治、军事、经济、民族和社会发展历史沿革具有重要价值。

参考文献

［1］董学增.吉林张广才岭上的前进古城考［J］.北方文物，1992（1）：43-46.

［2］卢成敢，解峰，周婷婷，等.2015年吉林蛟河市前进古城考古调查与勘探报告［J］.边疆考古研究，2022（1）：100-111.

13

五家子城址

五家子城址位于公主岭市八屋镇五家子村小五家子屯西北的岗地之上，东距秦家屯城址13千米，城址南墙紧邻屯落，南约1.5千米有东西流向的小辽河支流，处于东辽河右岸岗地前缘。

历史沿革

1970年，文化部门对遗址进行了全面的普查，在城址内采集、征集各类文物数十件。

1983年、2009年，通过第二次、第三次全国文物普查，对城址进行了系统的调查和著录。

文物遗存

五家子城址为辽、金时代古城址，分内、外二城，城垣均为夯土构筑。

按《怀德县文物志》所记，外城平面大致呈南北向的长方形，东、西两墙长约823米，南、北两墙长约609.5米，周长约2865米。外城残损严重，城垣基本无存，是否存有马面、瓮门等已不得而知。外城四角建有角楼，东北角楼现存最好，平面近圆形，直径约12米，残高约2米，其余三处角楼仅见稍高于地表的残迹。外城东墙位置，距内城南墙约30米处现存一高约6米的圆形台基，疑为外城东墙瓮门的残迹。城外10米处，东、西、北三面可见护城壕遗迹，唯东城不见城壕迹象，这样复杂的结构在同等级的城址中并不多见。加上新发现的西城，该城址的平面总体呈东西方向的长方形，方向186°。西墙长763米，北墙长894米，东墙长750米，南墙长864米，周长3271米，总面积66.3万平方米。这个周长要比原来认为的周长2865米增加了许多。东城（即原来的外城）破坏严重，仅存西墙、北墙的局部，城门等设施均不可辨。内城南墙保存最好，底宽8米，残高5—6米，四隅设角台。东城的西、北、东墙外均可见城壕，据此推断，西城的营建次序应在东城之后。

东北部内城有角楼，未见门址与瓮城。原被定为外城的西侧还有向西延伸的类似郭城的城墙结构，所占面积约为原认定城址总面积的一半。因此，该城实际上的结构应由内城、东城、西城组成。内城位于外城的东北角，东、北两墙借用

▲ 五家子城址数字正射影像

（图片来源：吉林省文物考古研究所提供——2017–2018年度吉林省重要城址航拍影像及三维数据采集项目）

▲ 典型陶瓷遗存

　　1—8.辽代阿鲁科尔沁窑白釉、白釉绿彩釉陶　11—12.辽代龙泉务窑白瓷　15—23.辽代东北窑口化妆白瓷

　　（图片来源：赵里萌：《中国东北地区辽金元城址的考古学研究》，吉林大学博士论文，2019年，第46页）

外城的东、北两墙，另筑西墙和南墙而成。内城平面近正方形，东西两墙长约341米，南、北两墙长约320.5米，周长约1323米。其中南墙保存最好，基宽约8米，现高5—6米，其余二面墙体地表仅存残迹。内城四角构筑有角楼，东北角楼即外城东北角楼。现存东南、西南角楼，尤以东南角楼较为完整，平面近圆形，基宽约16米，高约8米。内城未见门址与合城遗迹。

外城地表遗物丰富，尤以外城南侧近河一带遗物更为丰富。内城遗物则非常少，仅见少量细泥质灰陶片和白瓷片，以及青砖和布纹瓦残片。外城遗物以陶、瓷器为主。陶器以泥质灰陶为主，均轮制，火候较高，陶质坚硬。器形为舌罐、瓮、盆、壶等。陶器纹饰多样，以多种形式的附加堆纹为主，还可见篦卡纹、卷云纹等。另有少量的夹砂陶，主要出于城外南侧，器形多较小，可能为青铜时代遗物。城内出土瓷器均为白瓷，胎质粗糙，釉色泛黄，器形有碗盘、碟等。

文物保护

2013年，五家子城址被中华人民共和国国务院公布为第七批全国重点文物保护单位。

文化价值

五家子城址虽未发掘，城址的年代、性质认定尚无充分证据，但城内出土遗物的特点表明，遗物多为辽金时期。《辽史》"信州"条下记录，信州辖三州、二县。五家子城址周长近3000米，具有州治规模，可能为辽信州下辖之州、县城。五家子城址对研究当时的政治、经济、军事、文化、交通等各方面具有较高的历史价值。

参考文献

［1］赵里萌.中国东北地区辽金元城址的考古学研究［D］.长春：吉林大学，2019.

［2］吉林省文物局.吉林省重点文物遗迹［M］.长春：时代文艺出版社，2014.

14

庆云摩崖石刻

清光绪年间杨同桂所著的《沈故》中最早对庆云摩崖石刻做了著录，并认为该石刻为"金之国书"。此后，从清末至民国期间多部方志、碑刻金石考证的著述中对石刻均有所记述。1935年，东北史大家金毓黻在《东北文献拾零》一书中，对汉字摩崖的发现经过和具体方位做了记述。

庆云摩崖石刻位于通化市梅河口市小杨满族朝鲜族乡庆云村北500米处的半截山南坡之上，西为山城镇通往吉乐乡的公路。地理坐标为42°17′15″N，125°26′1.4″E，高程387米。

遗 址 特 点

庆云摩崖石刻是我国仅存的几块女真字碑之一，碑文铭刻在距地表22米的半山腰一块凸出的岩石上。刻石共有两处，一处刻汉字和女真字，另一处为女真字。

文 物 遗 存

汉字竖刻于高2.45米，面宽1.1—2.25米的大石右上角，刻字清晰，共三行，"大金太祖大破辽军于节山息马立石"十五字，右起竖书楷字，字迹清晰。汉

▶ 庆云摩崖石刻

（图片来源：王义学提供）

◀ 庆云摩崖石刻

（图片来源：王义学提供）

▶ 庆云摩崖石刻

（图片来源：王义学提供）

字左侧另有女真字四行二十三字，大约是汉字的对译。女真字石刻位于西侧，石壁高约2米，宽1.1米，面向东南，中部刻有女真字七行。前五行每行14至15字不等，后两行每行仅4或5字，个别文字不辨，绝大多数尚清晰。从碑文的内容来看，几处石刻都记载了金初一次较大战事。西侧的女真文石刻，孙进已译释为"我父阿台于收国二年五月五日，率领家族和部落，集合至番安儿之原。擒获颇多，因以谋克为孛"，和东侧汉字碑中"大金太祖大破辽军于节山息马立石"相对照。"收国"为金太祖年号，"擒获颇多"和大破辽军意思近同，二者所记可能为同一事，记载了金代初期发生在海龙一带的战事。

文物保护

2013年3月5日，庆云摩崖石刻被中华人民共和国国务院公布为第七批全国重点文物保护单位。

文化价值

目前，吉林省境内现存女真文字实物很少，庆云摩崖石刻上镌有70余女真文字，绝大部分文字清晰可见，是研究女真文字不可多得的石刻文化遗存。碑文中记述之事，为了解海龙县的历史沿革，研究辽、金断代史，提供了重要的文字佐证，学术价值弥足珍贵。

参考文献

[1] 摩崖石刻：承载历史岁月 [J]．建筑与文化，2009（4）：84-85.

[2] 国家文物局．中国文物地图集：吉林分册 [M]．北京：中国地图出版社.1993.

15

长白山神庙遗址

历史沿革

长白山神庙遗址位于吉林省安图县二道白河镇西北4千米，长白山北坡脚下，主峰正北略偏东处，距长白山主峰直线距离约49千米，原名"宝马城"。

长白山神庙遗址在1928年所修《安图县志》中已有著录；1978年，吉林省考古队在宝马城普查时发现一些指压纹瓦片和兽面瓦当，从而推定该城为渤海始建，辽金沿用。

2014至2017年间，经国家文物局批准，吉林省文物考古研究所、吉林大学边疆考古研究中心联合在此地进行了5年的主动性考古发掘工作，确认遗址为金代皇家修建的祭祀长白山的神庙故址。

2019年10月7日，长白山神庙遗址被中华人民共和国国务院公布为第八批全国重点文物保护单位。

遗址特点

2017年度发掘结束后，通过对城内主要建筑要素的发掘，掌握了建筑组群的布局、主要单体建筑的形制与功能，对城内外排水系统的走向也有了初步了解。围墙内中部偏北设置一回廊院落，带三瓣蝉翅慢道的门殿位于南廊正中，中轴线北部的工字殿为祠庙正殿，工字殿前殿月台转角处有一露道通往东、西两廊，门

▲ 长白山神庙4号建筑遗址

（图片来源：吉林省文物考古研究所提供）

殿与工字殿之间的轴线两侧各有一亭。其整体布局与以中岳庙（嵩山）、西岳庙（华山）等为代表的宋金时期皇家山岳祠庙相似。

文物遗存

2014年起，长白山神庙遗址累计发掘面积3498平方米，勘探18.8万平方米，共出土玉册、瓦当、鸱吻等建筑构件各类遗物超过5000件。其中，一些兽面瓦当和鸱吻等图案清晰完整，龙、凤的图案雕刻工艺显示出该建筑的皇家等级。遗址还出土了一些汉白玉的玉册残片，玉册在历史上多用于皇帝册封太子、嫔妃等身边人，后来也被用来册封名山等。此次出土的玉册上面刻有汉字，分别为"金""癸丑"（1193年为干支纪年的癸丑年）等。

在长白山神庙遗址中，考古人员发现了廊院内排水系统的出口，为砖砌涵洞形式。排水系统出涵洞后在廊院外又转为明沟，按地形转向东南，通往院墙东南角整个神庙的排水系统出口。经过清理和下井探摸发现，水井为方形井干式，深11.2米，以榆木条围砌，形制基本完整。考古人员在神庙遗址的院墙东北角发现了成组排列有序的筒瓦堆积，应该是为修缮神庙而预先存放瓦件的备品库。在遗址东墙外200米处，还发现了两座窑址，均为马蹄形，二者形制可互为补充，产品丰富。

文物保护

2019年10月7日，长白山神庙遗址被中华人民共和国国务院公布为第八批全国重点文物保护单位。

2021年10月12日，入选国家文物局《大遗址保护利用"十四五"专项规划》"十四五"时期大遗址名单。

2023年1月，国家文物局公布第四批国家考古遗址公园名单和立项名单，长白山神庙考古遗址公园成功入选。

▲ 陶鸱吻残件、陶兽头、"癸丑"玉册残块

（图片来源：吉林省文物考古研究所提供）

文化价值

长白山神庙遗址是国家山祭遗存，对探索金代礼仪制度的发展具有重要的价值，对研究金王朝的边疆经略、探索中国统一多民族国家的形成与发展也具有重要意义，对充实长白山悠久历史文化的内涵亦产生了积极而深远的影响。

参考文献

［1］安图县地方志编纂委员会.安图县志［M］.长春：吉林文史出版社，1993：578.

［2］赵俊杰.寻找大金王朝的长白山神庙旧址：吉林宝马城的考古故事［J］.大众考古，2015（8）：35-40.

［3］赵俊杰，刘庆彬，马健，等.吉林安图县金代长白山神庙遗址［J］.考古，2018（7）：67-81+2.

16

城四家子城址

历史沿革

城四家子城址，位于吉林省白城市洮北区德顺蒙古族乡南4公里洮儿河北岸的古城村内，辽中晚期始建，主要职能是军事防卫。此外，长春州还是辽代帝王捺钵期间的行宫所在地。

金代，城四家子城址被继续使用。

元朝，先后在城四家子城址设泰宁府、泰宁路。

明朝初期，在城四家子城址设泰宁卫指挥司，是兀良哈三卫之一。

2013年，吉林省文物考古研究所对城四家子城址进行了主动性考古发掘，主要选取了北城门以及一处夯土建筑台基进行发掘，发掘面积近3000平方米。

遗存特点

城四家子城址城内外有多处寺庙遗址，曾出土泥佛、铜佛、铁佛多件，还出土唐宋时期的铜钱，达数万枚以上。1981年，出土"中书门下之印"一方，被定为国家一级文物。

2013年，吉林省文物考古研究所在城四家子城址发掘出主体建筑面积达600多平方米的台基遗迹，磉墩和墙体基槽依然可见，台基东、西两侧还发现了夯土院墙及排水沟等附属设施，台基南侧发现倚院墙而建的带有火炕的房址，以及灰

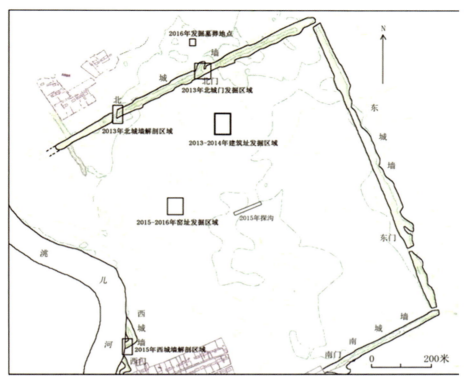

▲ 2013—2016年城四家子古城发掘地点示意图

（图片来源：吉林省文物考古研究所提供）

▲ 北墓葬的挖掘

（图片来源：吉林省文物考古研究所提供）

坑、灶址等居住遗迹。该建筑址内出土遗物以板瓦、筒瓦、兽面瓦当、鸱尾、兽头残块等屋顶建筑构件为主，同时出土了大量陶器、瓷器残片，部分出土文物带有明显的辽金时期皇家特征。在早期地层中发现若干泥塑佛像残块，部分出土绿釉瓦上还见有墨书"施主""兴教院"等字样。此外，部分出土文物还有"大安八年""大安九年"等纪年文字。

文物遗存

根据文献资料记载，城四家子城址城内原设有官衙、街道、商埠、酒楼、驿馆、军队营帐、车船码头等。在辽金元及明初的几百年间，城四家子城址境域一直是吉林省西部乃至于东北地区西部、内蒙古东部地区方圆数百里的政治、经济、文化、军事中心。

城址平面略呈方形，四面城垣除西墙被洮儿河冲去大半，其余三面保存完好。每面在1135—1175米，周长为5784米。墙顶宽1.5—2米，基宽20—27米，现高约5米。城垣外有护城河一道，壕宽5—7米。墙上皆筑有马面，东墙7个、北墙15个、南墙6个、西墙仅存2个。城之四隅各置角楼一座，东南角楼保存较好，直径为44米。有四门，外有瓮城。城内建筑址多集中在从南门至北门大道的两旁，从出土文物推测，城之正中偏东高岗为当年的冶铁作坊区，而署衙群落和手工作坊则多在城之北部近北门处。在古城东门和距南墙约280米处，分别发现寺庙址和五处烧制砖瓦的窑址。出土铜器中具有重要价值的有"禾屯吉卫指挥使司印""中书门下之印"铜印两方，另刻有铭款"泰州主簿记"或"泰州主"的铜镜，这些铭文证明该城确系辽金时代的"泰州"故址。该城于辽天庆六年（1116）被金军攻占，金天辅五年（1121）太祖使宗人婆卢火率人屯垦泰州，承安三年（1198）虽曾一度改降为金安县，泰和八年（1208）却又恢复泰州旧称。

文物保护

2006年5月25日，城四家子城址被中华人民共和国国务院公布为第六批全国重点文物保护单位。

2018年，白城市人民政府为提高遗产保护措施力度，编制了《城四家子城址国家考古遗址公园考古工作计划》。

2021年10月12日，辽金捺钵遗址（城四家子城址）入选国家文物局《大遗址保护利用"十四五"专项规划》"十四五"时期大遗址名单。

文化价值

城四家子城址是较为典型的辽金时期古城，雄伟方整，城墙为夯土板筑。城址平面呈方形，城墙周长5748米，西、南两侧以洮儿河为天然屏障，东、西两侧以当年筑城取土沟为护城河。辟有四门，南北二门都设于城墙中部，东西二门分设于西墙南段中部，城外均设有瓮城，城墙外侧筑有马面，四角设有角楼。此城为辽代前期所建，为辽泰州古地，金代、元代沿用。在辽、金、元、明初的几百年间，这里一直是方圆数百里的政治、经济、文化、军事中心，对研究辽至元三百多年的历史有着重要的历史、科学价值。城四家子城址对研究辽金元史具有重要价值，为研究辽金城市建制、经济贸易、文化政治提供了实物依据，也是研究中国古代城市规划设计史的重要实例。为国家级文物保护单位。

参考文献

［1］宋德辉.城四家子古城为辽代长春州金代新泰州［J］.北方文物，2009（2）：92-95.

［2］吉林省文物考古研究所，白城市洮北区文物管理所，吉林省文物考古研究所，等.吉林白城市城四家子古城北发现三座辽代墓葬［J］.文物春秋，2019（2）：40-44.

［3］梁会丽.城四家子城址的考古工作与认识［J］.北方文物，2019（4）：36-41.

17

乌拉街沿江古城址

乌拉街沿江古城址（乌拉古城遗址），由富尔哈古城、大常古城和三家子古城组成，分别位于吉林省吉林市龙潭区乌拉街满族镇的富尔村、大常村和三家子村。

历史沿革

1981年，通过第二次全国文物普查工作，吉林市文物部门对三座城址进行了调查和著录。

2009年，第三次全国文物普查时对城址进行了复查。

文物遗存

富尔哈古城残存东、南、北三门，东门设瓮城。城墙夯筑，宽13米，残高3米，外设双重城壕，还存在大量清代遗存。大常古城现存两处角楼、三处城门遗址，城墙外附有瓮城，城外存有护城壕遗迹。三家子古城地表遗物见有辽金时期的陶瓷片、铜钱。

富尔哈古城：史称佛儿哈城、伏尔哈城，为金代古城，并为明代、清代沿用。城址位于乌拉街镇富尔镇东800米，处于松花江右岸。《永吉县志》记载："富勒哈城，在县城北五十里，旧志作福儿哈，周围八十步，门一。"古城平面略呈方形，方向154°。经卫片测算，西墙长316米，北墙长360米，东墙长390

米，南墙长335米，周长1401米，总面积12.8万平方米。南开一门，外设瓮城。城墙夯筑，底宽10米，残高5米，设有城壕，四隅设角台。城墙设有密集的马面，北墙有7座。该城大体为辽金时期所建。

大常古城：城址位于乌拉街镇大常村南。按以往调查，城址平面略呈方形，方向90°。城址边长约250米，周长1061米，总面积6.2万平方米。该城的主体时代为辽金时期。

三家子古城：当地人俗称"老城"或"小城子"，为乌拉部沿用前代的城池，属沿江卫城之一。《永吉县文物志》中记载，该城位于乌拉街三家子村西南，应为辽金时所建的沿江军事城堡。城址位于乌拉街镇三家子村后三家子西南，北距松花江300米。城址的结构、形制十分特殊，可能是一类特殊用途的城址，墙基皆为石头垒筑，有内、中、外三重城垣，平面总体呈圆角方形，北部有一道纵向墙体将三道北墙相连并凸出外墙，外城周长380米，总面积0.9万平方米。门址不详。城墙底宽6.5米，残高1.6米。这座城址的时代大体为辽金时期。

文物保护

1961年，乌拉街沿江古城址被定为省级文物保护单位。

2013年3月，乌拉街沿江古城址被中华人民共和国国务院核定公布为第七批全国重点文物保护单位。

文化价值

为防御建州女真扩张的野心，乌拉曾以都城为中心修建了大量军事城堡，尤其是山城，大多地理位置险要，易守难攻，能控制水路交通，对附近地域起到护卫作用。事实证明，这些古城也确实在乌拉部抵御建州女真的军事进攻中，起到一定的防御作用。这些古城凝聚着乌拉人的智慧，是明代女真灿烂文化的代表之一，是研究金代城址建筑重要的实物资料。

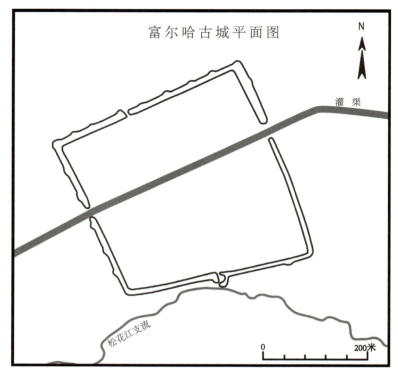

▲ 富尔哈古城平面图

（图片来源：吉林省文物志编委会：《永吉县文物志》，内部
刊物，1985年，第106、109、110页）

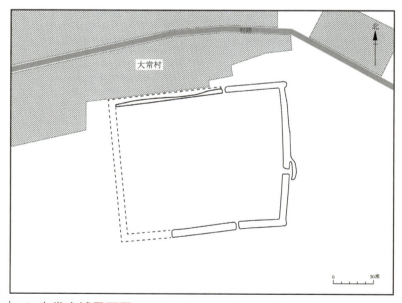

▲ 大常古城平面图

（图片来源：吉林省文物志编委会：《永吉县文物志》，内部
刊物，1985年，第106、109、110页）

参考文献

［1］赵里萌.中国东北地区辽金元城址的考古学研究［D］.长春：吉林大学，2019.

［2］唐音.吉林省永吉县辽金遗址述略［J］.北方文物，1992（2）：31-37.

［3］柳岚.辽金古城研究：以吉林区域为中心［J］.博物馆研究，2001（3）：46-49.

［4］王禹浪.中国东北地区古城文化遗迹概述［J］.黑龙江民族丛刊，1995（4）：53-64.

［5］吉林省文物志编委会.永吉县文物志［M］.长春：吉林省文物志编委会，1983.

［6］吉林省文物志编委会.吉林市郊区文物志［M］.长春：吉林省文物志编委会，1983.

［7］吉林省文物局.吉林省重点文物遗迹［M］.长春：时代文艺出版社，2014.

五、明清时期

1

叶赫部城址

叶赫那拉城位于吉林省四平市叶赫满族镇西部老爷庙村附近，城址为明代海西女真扈伦四部（乌拉、哈达、叶赫、辉发）之叶赫部王城旧址。西城始建于明嘉靖十三年（1534），东城始建于明嘉靖二十五年（1546），明万历四十七年（1619）努尔哈赤灭叶赫部，城址沿用约八十年，原有东、西两城和商监府城，呈三角形分布，隔叶赫河相望，现仅存东城。

历史沿革

1979年，四平市地区文物调查小组对叶赫部城址进行了首次考古调查。

1983年6月，为配合第二次全国文物普查，四平市地区文物调查小组对叶赫部城址进行了第二次考古调查。

1997年，四平市地区文物调查小组对叶赫部城址进行了第三次考古调查。

2007年，为配合中国第三次文物普查，四平市地区文物调查小组对叶赫部城址进行了第四次考古调查。

2014年、2015年，为配合中国文物信息咨询中心编制叶赫部城址保护规划，四平市文物管理委员会办公室又组织专业人员对叶赫部东城、西城进行了局部勘探，并对叶赫部周边城寨进行了调查。

文物遗存

古城原址在1619年努尔哈赤最后一次攻打叶赫国时被毁，原址不可复建。

东城：原称台柱寨，因修筑时间比西城晚，又位于叶赫河东岸，故称新城或东城，东城有内城和外城之分。外城三面环水，一面靠山，平面呈圆角方形，城垣为土石堆筑，周长3500米，面积约61万平方米。内城建在外城正中一座凸起的平顶山丘之上，平面呈椭圆形，城垣沿山崖边缘修筑，周长1113米，面积9万平方米，城垣外壁斜坡残高24米，内壁斜坡残高3—4米，内城有南北两座门，门外均有马蹄形瓮城，城门有两扇，向内对开，用厚木板外包铁皮并以大头铁门钉加固，故有石城铁门之称。城垣有角楼而无马面，城内有八角明楼（迎神殿）、瓦子堂（祭神殿）、贝勒府和格格楼等建筑遗址，官邸、民宅、仓储、作坊等建筑。

西城：原称夜黑寨，因修筑时间比东城早，又位于叶赫河之西岸，故称老城或西城，西城有外城和内城之分。外城三面依山，一面临水，平面呈椭圆形，城垣以土石堆筑，残高2—3米，周长2347米，面积约43万平方米，辟东西二门。内城建在外城东南隅一座凸起的山头上，平面呈梯形，南宽北窄，依山势走向筑城。城垣亦为土石堆筑，周长702米，面积约2.5万平方米，东墙和南墙沿陡崖边缘修筑，残高3—4米，西墙和北墙为平地起筑，残高10—12米，有角楼四座，残高14米，凸出城外3米，有马面12座，残高12米，凸出城外2米，马面间距20—40米，城内有两处长方形建筑址。

文物保护

1981年，叶赫部城址被列为吉林省重点文物保护单位。

2006年5月，叶赫部城址被中华人民共和国国务院公布为第六批全国重点文物保护单位。

文化价值

叶赫部城址是四平市重要的文化遗产，为明代海西女真扈伦四部之一叶赫部的故城，是满族的发祥地之一，为研究东北少数民族史、明代女真部族史、明清

▶ 叶赫城子山山城文物保护标牌
（图片来源：王义学提供）

◀ 叶赫城子山山城遗址
（图片来源：王义学提供）

史，以及满族文化等提供了重要的实证资料，具有重要的历史和学术价值。

参考文献

［1］王玥琪，焦健.满族文化在景观中的传承与创新：以叶赫那拉古城为例［J］.
艺术品鉴，2016（10）：113–114.

［2］王景.叶赫那拉古城［J］.新长征（党建版），2015（1）：60.

［3］吉林省文物局.吉林省重点文物遗迹［M］.长春：时代文艺出版社，2014.

2
辉发城址

辉发城址位于吉林省通化市辉南县朝阳镇东北约17千米处，依辉发山而建，为明代海西女真辉发部建国之扈尔奇山城，亦为海西女真辉发部之王城——辉发城。

历史沿革

1957年，辉发城在辉南县文物普查队进行文物调查时，被首次发现。1960年、1962年，辉南县文物普查队对城址开展了调查，于地表采集了大量遗物。

20世纪80年代开展的第二次全国文物普查期间，辉南县文物普查队先后两次对辉发城进行了调查和著录。对辉发城的城址结构和城内情况进行了详尽的著录，将城内遗存区分为青铜时代、高句丽、辽金、明代四个时期。

2007年开始的第三次全国文物普查期间，对辉发城址进行了复查，并邀请吉林省测绘局对城址重新进行了测绘。

2010年4—10月，为配合大遗址保护规划的编制，吉林省文物考古研究所、辉南县文物管理所等单位对城址进行了考古发掘。发掘面积近2000平方米，出土遗物近千件。此次发掘，对城址的结构和性质也有了进一步的认识，内城发现的遗存大致区分为新石器时代、金代和明代三个时期，且以明代遗存为主。

文物遗存

辉发山地势十分险要，山的西侧、南侧均为断崖，北侧为陡坡，东部略缓。辉发城址修筑在辉发山上，以山脉为天然屏障，无险可守地段则以土石夯筑城墙。城址三面环水，形成天然的护城河。城址位置可谓得天独厚，易守难攻。城址由内、中、外三部分组成。

内城平面呈不规整的菱形，东南部凭借自然山崖绝壁作为城垣，西北部则利用山势走向修筑城墙，周长706米，城墙采用河卵石夹夯土筑成，河卵石30—60厘米。城墙内壁高出地表约1米，顶宽约1.5米，外壁直垂山下，城内地势中间稍隆起，两端倾斜。在内城的东南侧，有一经人工修筑的平台，平台是借着辉发山的自然山势修筑成椭圆形，周长336.5米，高出内城4.80米。

中城是内城的外围城，大部分建筑在平地上，只有西北和东南端的一部分沿着山势走向建筑，周长1313米。城墙由西北端山顶向下，沿着山势和自然高低起伏，一直向平地伸延，再折向西南环绕山顶，并与内城的西南端城墙相连，合为一墙。城墙用土石混合夯筑，呈梯形，高出地表1—3米，墙基宽10—14米，顶宽2—4米。城门在城墙的中部，有宽12米的缺口，缺口的两端城墙各有一方形土堆，土堆高出墙面0.5米。

外城平面呈椭圆形，东西长约100米，南北宽约550米，周长2467米，利用中城和内城以自然山险构筑的城墙为壁，向西北则城垣犹如袋状筑于平地之上，西北端利用辉发河的地势，再向西北延伸400余米。城墙呈梯形，高出地表1.5—2米，墙顶宽3米左右，墙基宽10—20米，城墙用黄土夹砂石夯筑而成，夯层明显，每层厚约10—20厘米。外城门有2个，位于城的东、西两侧，东门现宽10米，西门位于辉发山下的辉发河边。

辉发城址城内遗物丰富，在内城发现新石器时代、金代和明代三个时期的遗存，出土明代房址10余座、灶址10余个、灰坑10余个。出土房址均系普通民居类建筑，均为地表式建筑，由于距地表较浅，多数破坏较为严重，烟道分为石头砌筑或土坯砌筑两种，其中以石砌烟道数量较多。

城址内发现的瓷器基本为辽金和明代，出土陶器、瓷器、铜器、铁器、石器、骨角器、琉璃器等各种遗物千余件，器形有罐、碗、盘、瓶等。其中，辽金的器物有绿釉瓶、三彩瓶和黑釉瓶等，明代的瓷器以明万历年间为主，种类较多，有青花、五彩、斗彩等品种，以青花数量最多，年代上限可达成化，下限至万历，款识有"成化年造""大明万历年制""大明年造""富贵佳器""万福攸同"等。纹饰题材亦十分丰富，有动物、花鸟、瓜果、鱼藻、树石栏杆、松竹梅、"福"字、"寿"字等。

王族墓地中出土了金帽顶，出土了砖瓦等建筑构件，铜器、铁马镫等铁器，以及五彩瓷罐、青花瓷罐、白地斗彩花碗、五彩罐、青花盘、三彩瓷、黑釉等瓷器，还出土了耳环、银饰片、石臼、铁刀、叉、箭镞等大量文物2479件。这些遗物的出土为研究明代海西女真的物质文化生活提供了丰富的资料，是研究明代历史的重要遗址。

文物保护

1961年，辉发城址被吉林省人民政府公布为省级重点文物保护单位。

2006年，辉发城址被中华人民共和国国务院公布为第六批全国重点文物保护单位。

文化价值

辉发部是明代海西女真扈伦四部的重要组成部分，是明代晚期东北地区政治舞台上的一个重要角色。辉发城址是明代东北扈伦四部之一辉发部的都城，也是明代东北女真族具有代表性的文化遗产之一，是东北地区平原与山城相结合的典型代表，对于研究明代女真辉发部、明代海西女真扈伦四部及满族文化的形成，乃至对于整个东北地区明代的考古和历史研究，都具有非常重要的意义。

参考文献

[1]吉林省文物管理委员会.辉发城调查简报[J].文物，1965（7）：39.

[2]李姗姗.吉林辉南辉发城址出土瓷器初步研究[D].长春：吉林大学，2020.

[3]刘晓溪，谢浩，高兴超，等.吉林省辉南县辉发城址发现的明代遗存[J].边

疆考古研究，2015（1）：103-125+425-426.

［4］刘晓溪，傅佳欣.明代的辉发城与海西女真：从考古学视角的观察［J］.东北师大学报（哲学社会科学版），2014（5）：26-30.

［5］张满庭，莫东.辉发城调查简报［J］.文物，1965（7）：35-43.

［6］吉林省文物局.吉林省重点文物遗迹［M］.长春：时代文艺出版社，2014.

3

阿什哈达摩崖

阿什哈达摩崖位于吉林省吉林市丰满区江南乡阿什哈达村，第二松花江北岸，朱雀山南部，被第二松花江侵蚀形成的断崖绝壁之上。地理坐标：43°45'57.21"N，126°39'53.20"E（摩崖阁）；43°45'58.09"N，东经126°39'51.50"E（阿什亭），高程202—206米。

历史沿革

1983年，吉林省文化厅拨款，吉林市博物馆监修，省、市和丰满区文物部门共同在第一摩崖石刻处修建摩崖阁、第二摩崖石刻处修建阿什亭，将这两处石刻有效地保护了起来。

2012年10月21日，吉林市编制机构委员会正式批准在摩崖石刻旁边建立吉林市明清造船厂遗址博物馆，馆中保留的石刻拓片，可以让人直接、便利地阅看石刻碑文。后来修建吉丰东路，前有摩崖石刻，后有铁路隧洞，无奈只好填江修路，路面恰巧就在碑下。

文物遗存

阿什哈达摩崖石刻为明代两摩崖文字碑，碑文记述了明辽东都指挥使刘清于永乐十八年（1420）、洪熙元年（1425）、宣德七年（1432）三次率军至此。第一块碑虽经数百年风雨剥蚀，字迹仍清晰可辨。第二块碑字迹多模糊不清，有的字只剩下半部，有的只剩偏旁。摩崖文字周围有一上圆下方的碑形刻线，中高

122厘米，两侧高108厘米，上宽61厘米，下宽62厘米，正书竖刻文字7行。

第一块摩崖石刻是刘清于永乐十九年（1421）春正月在今阿什村大阿什哈达屯（满语"一山忽然分为二"，为断崖峭壁之意）东南1千米、吉丰铁路隧道南侧濒临第二松花江北岸山上的绝崖上所刻。此处悬崖位于断崖绝壁中部较突出的长方形青灰色花岗岩石之上，坐北朝南，其下临江，距江面高约10米。摩崖通高135厘米，宽70厘米。虽历经近六百年风雨剥蚀，摩崖石刻字迹依然清晰可辨，上有三行阴刻楷书，中间一行字体较大也较清晰，每一个字大约为12厘米×12厘米。

第一块摩崖碑文为：

甲辰　丁卯　癸丑
骠骑将军辽东都指挥使刘
大明永乐十九年岁次辛丑正月吉□□□记

第二块摩崖石刻是刘清于宣德七年（1432）在距第一摩崖石刻西侧40米许，位于今铁路隧道西口南侧14米处的山脚斜坡处所刻，明确记载了刘清三次领兵至此和兼任造船总兵官以及修建龙王庙、重建龙王庙的具体时间，是刘清三次船厂生活的总记。这块石刻是过于平整的黄褐色风化花岗岩石，坐东朝西，摩崖文字有一上圆下方的碑形象纹刻线，刻线中间高122厘米，两侧高108厘米，上宽61厘米，下宽62厘米。花刻线以内深存7行竖刻文字，阴刻楷书，文字大小为4厘米×4厘米、4.5厘米×4.5厘米、5厘米×5厘米不等，每字约4—7平方厘米。由于久经风雨剥蚀，花岗岩面风化较重，字迹多模糊不清，有的只剩下半部，有的仅剩偏旁。

第二块摩崖碑文为：

钦委造船总兵官骠骑将军辽东都指挥
使刘清
永乐十八年领军至此

▲ 阿什哈达摩崖

（图片来源：王义学提供）

▲ 阿什哈达摩崖保护标志

（图片来源：王义学提供）

洪熙元年领军至此

宣德七年领军至此

本处设立龙王庙宇永乐十八年创立

宣德七年重建

碑文字迹多模糊不清，有的字只剩下半部，有的只剩偏旁。

文物保护

1961年，阿什哈达摩崖被列为省级文物保护单位。

1983年，在第一碑处修建一阁，曰"摩崖阁"；第二碑处修建一亭，曰"阿什亭"。今摩崖遗迹前方设有陈列室，两块摩崖碑为全国重点文物保护单位。

2006年，阿什哈达摩崖被中华人民共和国国务院公布为全国重点文物保护单位。

文化价值

阿什哈达摩崖石刻是研究明朝经略东北的重要历史遗迹，是吉林省唯一的明代石刻遗址，记述了明代刘清三次率军于此造船运粮，证明了吉林市是明朝造船运粮基地、运送人员物资的转运站和东北水陆交通的重要枢纽及辽东都司与奴儿干都司的联系纽带，直接推动了奴儿干的经济开发，为研究明代造船沿革及东北开发史提供了珍贵的资料。修建、重建龙王庙一事和钦委造船总兵官一职为史籍所失载，石刻起到了证史、补史的作用。阿什哈达摩崖刻石的存在，证明早在十五世纪，东北的辽阔疆土就为明朝政府所统辖。

参考文献

［1］王平，刘琳.从阿什哈达摩崖石刻看吉林船厂［J］.吉林广播电视大学学报，2019（12）：150–151.

［2］赵文生.刘清与阿什哈达摩崖石刻［J］.哈尔滨学院学报，2018，39（12）：5–10.

［3］刘锦辉，曹福忠.吉林市阿什哈达摩崖碑［J］.党员之友，2001（9）：43.

［4］李兴盛.阿什哈达摩崖碑及其勒石者刘清［J］.求是学刊，1988（4）：91–93+96.

［5］李澍田.阿什哈达摩崖考释［J］.社会科学战线，1985（1）：174–178.

［6］李健才.从阿什哈达摩崖谈到永宁寺碑［J］.文物，1973（8）：19–25+83.

［7］吉林省文物局.吉林省重点文物遗迹［M］.长春：时代文艺出版社，2014.

4

乌拉部故城

乌拉部故城即明代乌拉部都城，位于吉林省吉林市龙潭区乌拉街满族镇旧街村，东南距吉林市区约35千米，南距乌拉街镇约0.25千米。城址坐落在第二松花江右岸的冲积平原上，城址东北、西北约20千米处分别为凤凰山和九泉山，第二松花江在城址西南侧由东南向西北流去。乌拉部故城两面近山，一面临水，处在吉林盆地北口和松花江要道上。

历史沿革

1962年9月，吉林省博物馆会同吉林市博物馆对乌拉古城进行了调查。

1983年，永吉县成立永吉县文物管理所对乌拉部故城进行管理。

1992年，吉林市成立吉林市文物管理处对乌拉部故城进行管理。

文物遗存

乌拉部故城分筑三道城垣：内城、中城和外城，总面积约90万平方米。城垣绝大部分为夯土构筑，夯层厚约6—10厘米，并有排列有序的夯窝，中城北墙东段为土坯垒砌，各道城垣外均有护城河。

乌拉部故城内城：平面呈梯形，东墙长201米，南墙250米，西墙171.5米，北墙163.5米，周长766米。墙高4.2—4.3米，顶宽1—3.5米，基宽10—12.4米。城正面有一门，宽3米。城的四角有角楼建筑址。内城中央偏北，有一座夯土构筑的平面略呈椭圆形的大型建筑台基，俗称"白花公主点将台"，高台东西长50米，南北宽25米，东壁垂直高度为7.9米，西壁垂直高度为6米。内城的两面城墙遭到局部破坏，其他两面还保留着原来的面貌。城四角的角楼已不复存在，空留一座高出城墙而又突出城墙之外的土台基。西北角楼台基和西南角楼台基因为临近公路，部分地方已稍有破坏，在西南角楼台基上散布着青灰色碎瓦片、陶片等。城垣外面有护城河的残迹，北墙和西墙外面的护城河尚能辨识，东墙外面的一段较为明显，而南墙外面的护城河已被垦作耕地。

乌拉部故城中城：平面大致呈不规则四边形，东墙长879.4米，西墙1409米，南墙584.7米，北墙648.2米，城垣周长3521.3米。东墙和北墙保存较好，南墙与西墙绝大部分遭破坏，西墙因濒临松花江，破坏较为严重。城墙现高5米许，顶宽1—2.6米，基宽15—23米。墙的外壁陡峭，内辟斜缓。中城有城门3处，即东门、南门、北门。现门宽为5、6、10米不等。同内城一样，城墙四角也有角楼建筑台基，高出城墙0.7—1.8米。东、南、北墙外均有护城河遗迹，宽20米左右。中城四面城墙中以东墙和北墙保存较好，南墙中段和西墙的绝大部分已遭受破坏。西墙临近松花江，由于河水冲击，已遭受严重的破坏，现在仅北段尚有残高3—4米的城墙遗迹。墙的上部是扰乱土的堆积，灰土和陶片甚多。分层夯筑的现象表明城墙是后人维修和加固过的。和内城一样，中城城垣的四角也有角楼建筑的残骸。东南和东北的角楼保存完好，西北面已被破坏。西南面的角楼还残留着很大一部分，以东南城角和西南城角存留的一段比较明显。护城河多被垦作耕地。在夯土墙中有大致成排而且排列有序的朽木柱洞，很可能是当时筑造和以后加固城墙时遗留下来的残迹。

乌拉部故城外城：平面呈不规则四边形，外城的顶宽1米，残墙现高4—5米。外城利用了中城的西墙，只在中城西南和西北城角向南北引伸，而后与外城的南墙和北墙相接。东南城角和东北城角都呈圆弧状，在东北城角没有发现角楼建筑台基。外城保存下来的东、南、北墙，断断续续，西墙被江水冲毁。保存在地面上的只有北墙东段和东墙北段，其他已荡然无存。门址已寻觅不见，只在东墙南段外面有低洼的长沟一条，沟里有污水，推测是当时护城河的遗迹。

乌拉古城内有一座夯土筑造的高台，俗称"白花公主点将台"。这座高台在内城中央，略靠近内城北墙，高台略成椭圆形，东西长50米，南北宽25米。从台的整体观察，东高西低，台的四边稍稍倾斜，而其中心又略隆起，形成一座龟盖式的土台建筑。四壁陡峻，难以登上。测得东壁的垂道高度为7.9米，西壁的垂道高度为6米。在台的南面有一弯曲阶梯可通台上，阶共有34级，每级都是用长约2米、宽约0.5米的花岗岩质石条铺砌成的。从台壁断面所暴露出来的夯土层次来看，每层的厚度是3—5厘米，其筑造方法似与城墙相同。这座夯土筑造的高台，上面的建筑已经无存，但从它所处的地理位置和高度来看，很像用于瞭望的建筑遗址。

乌拉部故城内城出土文物主要有唐、宋、辽代铜镜，北宋铜钱，铜鞭穗和带钮铜饰物，等等。1957年于"白花公主点将台"正南方约500米处出土唐宋铜镜、北宋铜钱、辽代铜镜、铜鞭穗和带钮铜饰物，等等。1960年，乌拉部故城中城出土黄铜铸造火铳一件。火铳由铳门、药膛和铳筒三部分构成，全长55.8厘米。铳门长8.7厘米，铳门口径2.8厘米（不包括厚0.8厘米的管壁）。药膛长12.6厘米，药膛上有一圆形药门。铳筒长34.5厘米，呈竹节状，共有7节，铳筒的直径为2.2厘米（不包括厚0.8厘米的管壁）。火铳重量为3千克。在铳门和药膛部位，有阴刻铭文。

文物保护

1961年，乌拉部故城被吉林省人民委员会列为省级重点文物保护单位。

1981年，乌拉部故城被吉林省人民政府重新公布为省级重点文物保护单位。

2013年，乌拉部故城被中华人民共和国国务院公布为第七批全国重点文物保护单位。

文化价值

乌拉古城墙是年代较早、保存较为完整的夯土墙址之一，城墙处处体现着古树、古建筑文化，更是记载了满族发祥地的历史信息，保护和修缮乌拉城墙具有较高的历史价值。乌拉古城墙是中国古代城垣中至今保存较为完整的古代的战争防御工事之一，夯土墙体对于没有见过古代战争的现代人来说极具艺术价值。古城墙的本体价值，对尊重多元文化的现代社会必将产生一种凝聚力，可以作为建筑艺术的宝库，并为弘扬民族文化、教育后人提供珍贵的实物资料。乌拉古城的规划、设计、选址布局、城墙用土和夯土工艺等，代表了当时的科学技术水平，其修缮和维护具有较高的科技价值。乌拉古城墙是明清两朝满汉族社会文明进程的见证，其保护和修缮的深层作用则会激发起人们强烈的民族责任感，可以作为爱国主义教育基地。

参考文献

［1］王蔚，宋阳，孙瑞阳，等.海西女真乌拉部古城追踪［J］.学理论，2015（36）：76–78+103.

［2］战祥轩.谈乌拉古城墙的保护和修缮价值分析［J］.山西建筑，2012，38（22）：26–27.

［3］徐立艳.乌拉古城的历史变迁［J］.吉林师范大学学报（人文社会科学版），2005（5）：97–99.

［4］陈相伟.明代扈伦四部乌拉部故址：乌拉古城调查［J］.文物，1966（2）：28–35.

［5］赵里萌.中国东北地区辽金元城址的考古学研究［D］.长春：吉林大学，2019.

［6］曹怀文.明代女真扈伦四部首位聚落形态研究［D］.沈阳：沈阳建筑大学，2019.

［7］吉林省文物局.吉林省重点文物遗迹［M］.长春：时代文艺出版社，2014.

5

清追封和硕忠亲王碑

　　清追封和硕忠亲王碑又称满蒙文碑或库里碑，碑址南距前郭尔罗斯镇35千米，东距第二松花江约15千米，与扶余市（原扶余县）相邻。北约9千米即嫩江下游，与黑龙江省肇源县（原郭尔罗斯后旗）隔江相望。西2.5千米的长白铁路，从长山镇南北通过。这里地处松嫩平原，土地肥沃、水草繁茂，库里泡是著名的产鱼区。

历史沿革

　　清追封和硕忠亲王碑原址位于吉林省松原市前郭尔罗斯蒙古族自治县新丰乡库里屯南，长山电厂蓄水池东侧洼地中，东距松花江约15千米，北约9千米为嫩江，与黑龙江省肇源县隔江相望。

　　现址移至长山镇长山村，明珠公园孝庄祖陵陈列馆内。

文物遗存

　　清追封和硕忠亲王碑属于清朝遗物，是当时为了嘉奖顺治皇帝的外祖父母而立的石碑，碑文为满、蒙两种文字，又被人称为满蒙文碑。此碑全称为追封忠亲王暨忠亲王贤妃碑，通高5.82米，石质为火成岩。碑上有二龙戏珠题字碑额，下有底座，碑身四周精刻12条云龙图案，头上尾下，各逐一球。碑文为15行竖写阴刻满、蒙文字共计383个，右侧8行为蒙文，201个字，左侧7行为满文，182个字，每种文字第一行皆为"追封忠亲王暨忠亲王贤妃碑"，末行皆为"大清国顺治十二年五月初七日立"。

石碑由碑额、碑身、碑座三部分组成，通高5.82米。碑文（译文）如下：

追封忠亲王暨忠亲王贤妃碑

帝王恭贤尊功，必崇封宏世，宪前而存后，广开亲亲之道，铭于铁石，宜究本以示意。

圣母明圣仁上恭恂皇太后：王考姚育吾者也，思稽其本，祖获福而子来端，祖母荣而福生焉。尔子后济此封王，授以洪恩，今理祖母遗体，念德崇恩，并立册文，追封祖父为忠亲王，祖母为忠亲王贤妃，立碑于墓，永存后世，仁亲荐恩。

大清国顺治十二年五月初七日立。

此碑原有碑亭，系四角攒尖砖瓦结构。亭后是一寺院，外有青砖围墙，前有3

▶ 清追封和硕忠亲王碑、清追封和硕忠亲王碑身
（图片来源：王义学提供）

间门房，中为门，左右为关平、周仓塑像。院内正厅3间，内供关帝像。

文物保护

1981年4月20日，该碑以"满蒙文石碑"的名称，列为第二批吉林省文物保护单位，类型为石刻。该文物保护单位由前郭尔罗斯县文管所管理。

1983年，政府拨款在原地黏接修复石碑，并建保护围栏，竖立标志说明，恢复其历史面目。

2013年，该碑以"清追封和硕忠亲王碑"的名称，被国务院公布为第七批全国重点文物保护单位。

文化价值

此碑是吉林省境内发现的清代碑刻中规模较大、雕工精细、艺术处理完美的石碑，具有极高的艺术价值。石碑以新满文和蒙文对照书写，对研究满、蒙两种民族文字的发展，以及文化的形成具有重要的史料价值。尤其对开展科尔沁蒙古历史、清初满蒙联姻制度研究，具有特殊的实证价值。

参考文献

［1］范博凯.清追封和硕忠亲王碑选址探秘［J］.东方收藏，2021（23）：53-54.

［2］吉林省文物局.吉林省重点文物遗迹［M］.长春：时代文艺出版社，2014.

6

吉林文庙

吉林文庙，始建于乾隆元年（1736），位于吉林省吉林市昌邑区南昌路2号，属文庙街道辖区，南距松花江0.22千米。

历史沿革

乾隆元年（1736），乾隆批兴建永吉州文庙。

乾隆七年（1742），永吉州文庙落成，地址在城内东南隅（即吉林市第一实验小学院内），是清朝在东北修建的第一座文庙。

光绪三十二年（1906），清政府升祭孔为国之大祀。

光绪三十三年（1907），吉林改设行省，巡抚朱家宝和提学使吴鲁认为原有文庙简陋，不足崇礼，乃聘江苏训导管尚莹去关内考察文庙，决定在东莱门外（即今址）拓建新庙（即现吉林文庙）。

宣统元年（1909），新庙落成，其大成门、大成殿、崇圣殿及围墙均以黄琉璃瓦覆顶。

1920—1922年，吉林省督军兼省长鲍贵卿重修吉林文庙，确定了现有的建筑格局和规模。

民国至东北沦陷时期，吉林文庙曾进行多次修缮。"文革"期间，庙内建筑遭到了严重破坏。

1985年，国家、省、市先后拨款340余万元人民币对吉林文庙进行了修葺。

1990年9月28日，以吉林文庙为馆址成立了吉林市文庙博物馆，并正式对外开放。

1991年5月，在大成殿内塑孔子、四配、十二哲人泥塑像十七尊，在配殿设计、制作、陈列展览五个，分别为：《大成殿孔子、四配、十二哲人十七尊塑像及祭器、乐器陈列》《孔子圣迹陈列》《中国科举制度陈列》《吉林碑林》《江城学子陈列》。

2007年，吉林文庙拆除了三进院落、20世纪70年代建设的与崇圣殿并列且相距不足两米的两层办公楼，消除了重大火灾隐患。

2009年起，吉林市政府动迁了吉林文庙正门前商业和住宅楼，修建了吉林文庙文化广场，并采纳吉林市文庙博物馆的"修旧如旧"建设原则，将文化广场整体撤土0.6米，恢复了吉林文庙照壁原有的高度。

2010年开始，国家陆续投资对吉林文庙进行大规模维修。

文物遗存

吉林文庙是关东文脉之源，其建筑结构严谨，以大成门、大成殿、崇圣殿为主体建筑构成三进院落，人工与天然浑然一体，是"和"的建筑美学观的完美体现。

大成门（五间）：祭祀孔子的正门，其建筑风格别具一格，采用的是高浮雕龙凤脊，正面配饰五龙，背面配以五凤，宫殿式建筑，极具观赏性。大成门左右有两个披门，东曰"金声"，西曰"玉振"。大成门廊檐下立有两块吉林文庙建庙碑，左侧石碑为：同治十年碑记；右侧为：民国十一年碑记（断碑）。吉林文庙主体建筑两侧建筑为辅助性建筑，呈对称状排列。大成门南为四柱三楹的石质棂星门，棂星门南为汉白玉的状元桥，状元桥南为高5米的照壁（万仞宫墙）。

大成殿：吉林文庙主体建筑的核心，典型的宫殿式建筑，它高屋建瓴，周绕四廊，玉石雕栏，雄峙于近两米的月台之上。它体量宏大，形象华美，凌驾于四周门庑殿堂之巅，突显了孔子在人们心目中至高无上的地位。大成殿高19.46米，面阔36米，进深25米，十一开间，是典型的宫殿式建筑，重檐歇山式殿顶，双重飞檐，高浮雕龙凤脊，正面九龙，背面九凤，黄琉璃瓦覆顶。

崇圣殿（七间）：位于大成殿后，为孔子的家庙，大式建筑，镂空龙脊，原供奉孔子五代祖先的牌位，后曾陈列具有很高的文物价值的《历代衍圣公绢质绣像陈列》。

文物保护

1961年，吉林文庙被吉林市人民委员会公布为吉林市重点文物保护单位。

1987年，吉林文庙被吉林省政府公布为吉林省重点文物保护单位。

1991年，吉林市政府命名吉林文庙为"爱国主义教育基地"。

▲ 吉林文庙大成殿

（图片来源：臧晗骁提供）

1996年，吉林市政府命名吉林文庙为"德育基地"。

2006年5月25日，吉林文庙被中华人民共和国国务院公布为第六批全国重点文物保护单位。

2009年，吉林文庙被中国孔庙保护协会评为"孔庙保护先进单位"。

文化价值

吉林文庙是东北地区保存最为完整的一座清代文庙。吉林文庙的建立既是清朝政府对汉文化传入东北地区的认可，也是汉文化与东北少数民族文化互通有无的历史见证。吉林文庙的兴建对满汉文化的融合起到了促进作用。

吉林文庙是吉林省内保存最完整、规模最大、建筑等级最高的古建筑群，是我国古代历经两千多年的发展具有东方特色的建筑，它除了概括我国木结构建筑的诸多优势外，还具有自身的独特艺术风格。其平面布局、单体设置、整体构造、色彩装饰，均形成了自己的造型与模式，具有重要的国学价值、古建价值和研究价值。

参考文献

［1］张新.吉林省文庙博物馆的初步研究［D］.长春：吉林大学，2017.

［2］张颖.吉林文庙的建筑形态与文化内涵［J］.中外企业家，2015（8）：254.

［3］李晨楠.浅析吉林文庙建筑布局风格［J］.科技资讯，2015，13（3）：219.

［4］孙世辉.对吉林文庙古建筑维护的几点思考［C］//吉林省博物馆协会.春草集（二）：吉林省博物馆协会第二届学术研讨会论文集.吉林市文庙博物馆，2013：5.

［5］吉林省文物局.吉林省重点文物遗迹［M］.长春：时代文艺出版社，2014.

7

延吉边务督办公署旧址

延吉边务督办公署旧址，位于吉林省延边朝鲜族自治州延吉市光华路和丛柳街交会处，布尔哈通河南岸的冲积平原之上，北约800米有布尔哈通河西北向东南流过，遗址南16米为道尹花园小区，北距长白路0.1千米，东距河南街0.1千米，西隔一栋楼房为丛柳街。

历史沿革

清光绪三十三年（1907），为抵制日本侵占东北的阴谋，解决中韩边界问题，设立了吉林边务督办公署，处理边务问题。约在宣统元年（1909），边务督办吴禄贞修建了边务督办公署。

清宣统二年（1910），裁撤边务督办公署，旧址逐渐废弃，现仅存南大楼和一栋厢房。

1984年、2002年，延边朝鲜族自治州人民政府两次对旧址进行了整修。

文物遗存

延吉边务督办公署（亦称戍边楼），原是一处规模较大的近代建筑群，整体建筑坐北朝南，南北轴线布置，采用院落式布局，是典型的四合院形式，强调南北纵轴线上的关系。整体布局严谨，将公署楼放置在总平面的北侧，紧邻正门，可方便办公出入，其分割空间用于不同的职能、功能，并且一层配有大空间会议室。

延吉边务办公署总面积193334.3平方米，南北长222米，东西宽108米，建筑群有南大楼、北楼、办公厅、大堂、花厅、青砖瓦房等共221间。建筑群分南北两部分，南有砖座木栅栏组成的庭院，北有青砖筑成的围墙。南、北墙各设有一座大门，东西二墙设有辕门和角门。南部庭院有26间瓦房和8间草房，是军警住房。北部院内为边务督办公署所在，主体建筑为正对南大门的南大楼。南大楼为二层楼房，东西长20.8米，南北宽18.6米，柱下有琢磨工细的石鼓，廊、檐之下有雕刻精美的几何图案。南大楼青砖粉黛、重檐飞翘，具有清代建筑之风。南大楼东、西两侧共有厢房17间，南大门两侧有瓦房24.5间。办公厅、大堂、北楼等处于建筑群南北中轴线之上。此外，院内还设有库房、淋浴室、水井、养鱼池、游览桥、花池等设施，院内空地及甬道均以青砖铺地。

延吉边务督办公署继承了中国传统古建筑的大屋顶形式，楼屋顶为庑殿顶样式。庑殿顶为我国古代中等级最高的屋顶，此建筑用庑殿顶形式充分表现出延吉边务督办公署在延边地区的最高地位，在职能上起到统领作用。延吉边务督办公署楼墙体用红黑两种颜色的砖交替砌筑，四层为青砖，四层为红砖，相互交替使用，直到檐口处以红砖结束。这样的砌筑方式突出了立面效果，使得墙体立面效果丰富，不单调，充分显现了建筑已具备了近代性。此建筑也是围廊式建筑，同时可看出南方道台府的样式。此建筑主体看似中国传统建筑，但细部处理吸取了外来的文化。例如，门窗装饰、空间分割、砌筑方式、建筑主体结构等都引进了外来的文化。所以，整体建筑带有明显的当时流行的折中主义建筑形式。

20世纪80年代，此建筑历经70多年的风雨岁月，经过自然和人为的破坏，只遗留了南大楼和一栋厢房。

文物保护

2013年，延吉边务督办公署旧址被中华人民共和国国务院公布为第七批全国重点文物保护单位。

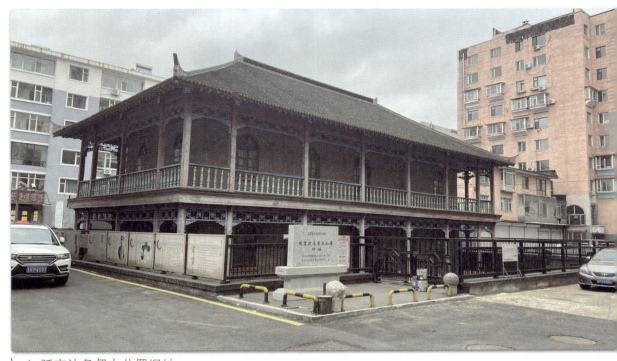

▲ 延吉边务督办公署旧址

（图片来源：郑京日提供）

◀ 延吉边务督办公署保护标志

（图片来源：郑京日提供）

文化价值

延吉边务督办公署旧址是延边辖区内仅存的清代建筑。它承载了近代中国的百年沧桑，见证了俄日列强侵略东北的历史，记录了清末仁人志士维护国家主权之义举，是开展爱国主义教育的珍贵实证教材。延吉边务督办公署所在地在人们心目中成为延边人民抗御日本帝国主义的侵略，捍卫领土主权正义力量的象征。

延吉边务督办公署建筑中西合璧，既有西方折中主义建筑元素，又有中国传统建筑风格的运用与融合，用庑殿顶这样传统的高级屋顶彰显其在该地区的统领职能。建筑结构新颖，形制独特，工艺精湛，别具一格，具有一定的研究价值和历史意义。

参考文献

［1］林金花.近代吉林边务督办公署楼的保存价值［J］.中外建筑，2017，（12）：58-60.

［2］吉林省文物局.吉林省重点文物遗迹［M］.长春：时代文艺出版社，2014.

8

乌拉街清代建筑群

乌拉街坐落在吉林省吉林市龙潭区乌拉街满族镇，第二松花江从乌拉街镇西流过，东南距吉林市区约35千米。

历史沿革

古镇建于公元8世纪，是满族人的聚居地。辖区面积为110平方千米，其中居住面积为188平方千米。

乌拉街官邸以乌拉街"三府"为代表，乌拉街"三府"始建于清代，由萨府、后府、魁府组成。萨府始建于清乾隆二十年（1755），是第十三任正四品打牲乌拉总管索柱的官邸。后府始建于清光绪六年（1880），是第三十一任打牲乌拉地方总管三品翼领赵云生的官邸。魁府始建于清光绪年间，是察哈尔副都统王魁福的官邸。

文物遗存

乌拉街清代建筑群遗址主要包括乌拉三府：魁府、后府、萨府和清真寺四部分。乌拉街"三府"为典型的清代东北民居建筑，建筑风格独特，既有建筑艺术研究价值，也有北方民居特色。清真寺是回民的礼拜堂，是乌拉街唯一尚存的寺庙建筑。

魁府位于乌拉街镇政府西侧，门前是乌拉街镇东西向出入的主要道路109乡道。魁府建于清光绪年间，为二进四合院建筑。最早的主人是王魁某，故称为"魁府"。1875年，王魁某出征伊犁，受到光绪帝的褒奖，晋升为副都统，赏赐金银，衣锦还乡，修建府邸。魁府后卖于曾在张作相手下任伪松花江上游水上公安局长的张茂塘。1949年后，此宅曾被辟为永北县政府、永吉县农业展览馆、乌拉街人民公社、乌拉街满族镇招待所。魁府的主体建筑——正房设于南北中轴线上，两侧厢房东西对称，南面临街处为一面阔三间的倒座，大门设在总体平面的东南，两侧置有耳房各一间。中为拱券形大门，门房外墙两侧置有八字抛山影壁，门瞻立面以大门为中心，依次叠落成三级。正房以及东西厢房均为硬山、抬梁式、斗拱、木架结构的青砖瓦建筑。前出檐廊后出厦，磨砖对缝，建造精良。柱头、墙脚等处还嵌以漂亮的砖石雕图饰。正房与东西厢房相连的"回廊"至今

▲ 魁府

（图片来源：孙颖拍摄）

仍保存完好。

　　后府位于乌拉街镇东北隅，现永康路南，西南距镇政府约300米。建于清光绪年间，是管理打牲乌拉地方总管三品翼领云生的私人府邸。因镇内还有东府、前府，而云生宅邸居于此，兼居"两衙署"之后，故称"后府"。光绪六年（1880），云生任乌拉总管后，开始营建府邸，至光绪二十四年（1898）落成。辛亥革命后，后府逐年败落。东北沦陷后，只残留四合院一套。虽还有人看守院落，但百花园和南园早已凋零，院墙几倾，满目萧条。后曾作为永北县政府，辟为永吉县"四化站"、县炼铁厂办公室、县师范学校老师住宅。现仅存正房和西厢房。

▲ 后府
（图片来源：孙颢拍摄）

萨府位于吉林市第三中学（原永吉县第三中学）院内，始建于清乾隆二十年（1755），系时任打牲乌拉总管衙门第十三任总管（正四品）索柱的私邸，为典型的清初时期二进四合院格局。1786年索柱调任吉林副都统之后，将其转卖给他人。因其曾为一显贵萨大人所有，所以亦称"萨府"。萨府建筑面积500平方米，有门房三间，正房三间，东、西厢房各六间，与清末时期的其他建筑相比，萨府明显更加奢侈豪华之别。正房有套间，间壁为松木板结构，地面为松木地板，飞檐翘脊，曾有青龙、白虎、朱雀、玄武脊饰，"文革"时期被砸掉。中华人民共和国成立后，萨府一直辟作永吉三中教室。2004年以后，萨府归吉林市第四十九中学管理和使用，局部曾几经小修，所以整体上保护较好。

清真寺位于乌拉街镇西南，距镇政府700米处，建于清康熙三十一年（1692），是乌拉街仅存的寺庙建筑。坐西向东，殿是长方形宫殿式的楼阁，北廊五间，南廊三间，对厅三间，正殿匾额正书"德维教化"。此寺院对厅和南廊已拆除，1984年，政府拨款重修，现北廊为讲堂。

文物保护

2008年，乌拉街被住建部、国家文物局公布为国家级历史文化名镇。

2013年，乌拉街清代建筑群被中华人民共和国国务院公布为第七批全国重点文物保护单位。

文化价值

乌拉街作为清朝时期一个重要的商业和交通中心，满族风情浓郁。清朝时期，皇帝经常派遣宦官前往满族乌拉街，管理、监督商业和贸易活动，清朝末期繁华逝去，乌拉街逐渐衰败。乌拉街"三府"为典型的清代满族二进四合院官邸建筑，在中国传统建筑工艺的基础上，融入满族特色，建筑风格和装饰别具一格，体现了封建社会的等级制度。建筑结构和建筑造型具有较高的文化品味和艺术造诣，是吉林市乃至吉林省清代满族官邸建筑杰出代表。

参考文献

［1］白立敏，魏玉芝，邵敏，等.北方满族传统民居建筑文化景观特征及影响因素分析：以吉林市乌拉街古镇建筑为例［J］.建筑与文化，2023（5）：173-175.

［2］李世明.乌拉街"后府"砖雕与石刻寓意探究［J］.美术大观，2019（1）：90-91.

［3］张所超.乌拉街镇中心镇区建筑保护与更新研究［D］.长春：吉林建筑大学，2017.

［4］肖帅，程龙.吉林市乌拉街满族镇的"三府"建筑［J］.古建园林技术，2010（1）：32-36+85.

［5］吉林省文物局.吉林省重点文物遗迹［M］.长春：时代文艺出版社，2014.

9

宝泉涌酒坊

历史沿革

宝泉涌酒坊是通化大泉源酒业的前身，位于吉林省通化县大泉源乡大泉源村。清末，大泉源御用烧锅转由满人经营。1884年，奉天商人傅成贤筹资买下了古井、烧锅和周边土地，在原有基础上扩建成酒坊，因老烧锅对清廷有御用功劳，被兴京府赐名为"宝泉涌"。酒坊开张之日，通化县府赐"宝泉涌酒坊"匾额一块，以示恭贺。当年宝泉涌酒坊生产的纯粮美酒名甲一方，被誉为"关东第一烧"。

宝泉涌酒坊是通化县最早的酿酒企业，因"宝泉涌"酒坊融合满、汉民族酿酒技艺，得到了快速发展。抗日战争时期，酒坊多次无偿提供大泉源酒给抗联战士御寒杀敌。1945年日本投降后，人民解放军接管了宝泉涌酒坊。1946年8月，解放军实行战略转移，酒坊又被刘敬斋、陈满堂占有。1947年3月，人民解放军解放通化，宝泉涌酒坊真正回到人民手中。

1948年，宝泉涌酒坊由通化县人民政府生产管理处管理，命名为通化县兴源酒厂。1949年，大泉酒厂成为通化县第一个地方国营企业。1962年，大泉酒厂改名为地方国营吉林省通化县大泉源酒厂。

1984年，实行第一轮承包经营，酒厂扩大规模，职工达600多人，成为全县利税大户，支柱产业。1990年，建起2800多平方米的机械化酿造车间。1991年，又在机械化车间以西建起传统酿造车间，使酒厂扩大为拥有24个酒班、231个窖池的规模。

1995年开始，大泉源酒业销售业绩逐步上升，创历史辉煌，成为通化县企业利税大户。2004年7月，国有大泉源酒业转制为民营公司。2006年7月，更名为吉林省大泉源酒业有限公司。

遗址特点

古井，下部用圆木垛成，中部以石块垒成，上部套落两节水泥管，可见明末、清初和民国三个不同时代的修缮特点。这口古井水清澈透明，在井沿上就可看到井底有一个碗大的泉眼喷涌不息。古井水经国家地矿部科学鉴定，是含氡、锶、锌、偏硅酸等多种有益微量元素的重碳酸钙镁天然矿泉水。

古甑锅灶台，是古代酒坊蒸馏出酒的地方。灶台为石砌，平面是方形，南面为灶门，东侧前有一石墩，为接酒时放置酒篓所用，灶坑里有很厚的柴炭灰，边墙被熏成黑色。

古发酵窖池，建于清光绪十年（1884），具有关东满族酿造工艺中崇尚木质器具的特点，古窖池四壁和底部皆镶嵌木板，窖内残留的酒料已碳化变黑，可见年代的久远。其特点：一是与土、砖等隔离，使酒无异味；二是木板有保温隔凉性能，利于曲种和原料发酵；三是木板表面不易粘料，便于取料和清扫。经考古探测，厂区内还分布着不同时期（清至民国）建造的古发酵窖池200余个，因生产需要不能全部发掘出土。

酒海，都是使用长白山里珍贵的红松锯成，以传统手工工艺将木缝咬合，有的使用古老的"皮夹子"固定。壁内使用桑纸加鹿血、蛋清封糊。

文物遗存

遗址现存千年古井一口、古发酵窖池一座（探明而未发掘的近百座）、古甑锅灶台一座、木制酒海53个（其中国家一级文物4个、国家三级文物49个）、地下水泥酒海20个。

▲ 大泉源酒海

（图片来源：王义学提供）

▲ 大泉源酒厂木板窖池

（图片来源：王义学提供）

文物保护

2005年12月，木质酒海群被通化县人民政府公布为文物保护单位。

2007年5月31日，大泉源酒酿造技术被吉林省人民政府批准列入第一批省级非物质文化遗产名录。

2007年5月31日，宝泉涌酒坊被吉林省人民政府核定为第六批省级文物保护单位。

2007年6月27日，大泉源酒酿造技术被吉林省人民政府推荐列入第二批国家级非物质文化遗产名录。

2013年3月5日，宝泉涌酒坊被中华人民共和国国务院核定为第七批全国重点文物保护单位。

文化价值

清代宝泉涌酒坊属近现代重要的工业史迹，酒坊内遗存的古井、古发酵窖池、古甑锅灶台、木制酒海，是国内为数不多的完整体现酿酒工艺流程的文化遗存之一。53个古老的酒海以活态遗存的方式向世人展示着这个老酒厂的历史和多彩的文化，这是真正的酒文化活化石。该遗存是东北地区非常完整、规模最大、时间最长的古代酿酒遗迹，有明清古酒老作坊出土的遗址。它的整个生产过程仍然采取原色的烧制和酿贮方式，活态地、全面地保留了东北地区久远的酒生产手艺。酒坊以其不受现代文明的冲击留住古代生产和生存记忆而著称，使这里的老酒驰名中外。这里是中国北方传统酿酒工艺的重要组成部分，是重要的酒文化历史研究基地，对研究东北地区传统的酿酒工艺及历史文化有重要的价值和意义。

参考文献

［1］任凤霞.吉林老字号［M］.长春：吉林大学出版社，2008：1-15.

［2］王志敏.通化大泉源酒业"宝泉涌酒坊"小考［J］.东北史地，2010（1）：23-24.

［3］刘娟.通化县宝泉涌酒坊遗址分析及保护研究［J］.才智，2011（10）：217.

［4］通化县人民政府.宝泉涌酒坊［EB/OL］.（2016-12-07）［2024-04-20］.http：//tonghuaxian.gov.cn/mlthx/lswh/201612/t20161207_33227.html.

10

中东铁路建筑群（扩展项目）

中东铁路建筑群（扩展项目）由六部分组成，即公主岭市俄式建筑群、四平机车修理库、德惠东正教堂、德惠松花江铁路大桥、德惠中东铁路车站旧址和侨俄中学旧址。

公主岭市俄式建筑群

历史沿革

公主岭市俄式建筑群形成于中东铁路建设初期，是随着公主岭火车站建设而逐渐形成的。晚清，这里是科尔沁达尔罕王的游牧地。1898年到1903年沙俄修筑中东铁路时，把苇子沟（光绪初年，公主岭的名字）叫作"三站"。当时南段的铁路支线以长春为起点，向南每隔30千米为一站，故而范家屯为二站，公主岭为三站。1903年7月，公主岭站交付使用。同年，中东铁路开始运营。

除附属地的公共建筑和民用住宅外，沙俄修筑中东铁路支线时为了把公主岭建成哈尔滨、辽阳式的城市，使之成为军事重镇和物产集散地，在车站北部、公主岭最初城市的边缘上修建了铁路工厂和能容纳22台机车的扇形机关车库，是当时沿线最大的机车库。中东铁路时期，公主岭车站曾是一座二等站，地位一度领先于长春。

日俄战争中沙俄战败，日本接收了铁路工厂和机关车库，并继续使用。1913

年，日本侵略者将公主岭铁路工厂撤销，将其厂址改为产业试验场，后成为"满铁"农事试验所的畜产科试验场。1925年11月，"满铁"在四平街修建了能同时容纳24台机车的扇形机车库。1926年10月25日，公主岭机关车库及全部机械设备被迁移到四平，并成立机务段。由于公主岭铁路附属地辽阔空旷，农牧业发达，"满铁"将原铁路工厂和机关车库改为农事试验场畜产部用地。后来用作伪满洲国国立农事试验总场畜产部、东北行政委员会农业处公主岭农事试验场畜产系、东北人民政府农林部农业科学研究所畜牧系、中国农业科学院东北农业科学研究所畜牧系。

1959年，吉林省农业科学院畜牧研究所成立，农业试验场大院后来被吉林省农业科学院畜牧分院使用至今。

建筑群特点

这些建筑大部分建造于20世纪初，具有浓郁的俄罗斯风格。其中有几栋可能是日本"满铁"接手后按照之前建筑风格续建的。建筑材料为砖、砖石混筑和石筑。从建造风格上看，可分为小屋顶悬山式建筑、小屋顶歇山式建筑和大屋顶歇山式建筑。

建筑遗存

现存机车厂检修车间1栋、沙俄护路队营房1栋、铁路工厂建筑遗存8栋，总面积约16万平方米，建筑面积约1.1万平方米。

文物保护

2011年，在国家文物局的支持下，吉林省展开了中东铁路专项调查，包括公主岭市俄式建筑群在内的200多处中东铁路工业文化遗存被发现、确认。

2013年3月5日，公主岭市俄式建筑群被中华人民共和国国务院核定为第七批全国重点文物保护单位，并归入第六批全国重点文物保护单位中东铁路建筑群。

文化价值

公主岭市俄式建筑群规模庞大，错落有致，配合协调，风格统一，且保存较

▲ 公主岭俄式建筑群——机关车库检修车间

（图片来源：隽成军、田永兵主编：《中东铁路支线四平段调查与研究》，吉林文史出版社，2013年，第222页）

好，是目前中东铁路南满支线中保存最完整的俄式建筑群，具有精美的艺术造型和宏伟的气势，更有着重要的工业文化遗产价值和建筑艺术价值，是不可多得的历史见证。

参考文献

［1］隽成军，田永兵.中东铁路支线四平段调查与研究［M］.长春：吉林文史出版社，2013：46-54；86-87.

［2］于博洋，莫畏.基于GIS技术的长春市工业遗产保护策略研究：以公主岭站俄式工业建筑群为例［J］.四川建材，2023，49（4）：59-61.

［3］王潮，冯铁宏.中东铁路最后一座"L形"检修车间：公主岭俄式建筑群J10建筑的勘察与修缮［J］.建筑遗产，2017（1）：87-93.

［4］付子轩，莫畏.中东铁路四平段工业遗产廊道保护策略研究［J］.中国住宅设施，2023（1）：79-81.

［5］孙赫然.公主岭近代城市与建筑研究［D］.长春：吉林建筑大学，2015.

［6］雷家玥.南满铁路附属地历史建筑研究［D］.哈尔滨：哈尔滨工业大学，2012.

［7］公主岭市互联网信息中心.百年公主岭［N］.长春日报，2020-11-26（7）.

四平机车修理库

历史沿革

中东铁路南满支线四平机车修理库位于吉林省四平市铁西区北沟街道北河西路267号四平工务机械段内，修建于1925年，总面积约2万平方米，其主体建筑面积约6000平方米，包括能容纳24台机车的扇形机车库，库内有洗修线、架修线和转盘，库外有机车整备作业线等。东侧为京哈铁路，西侧为机车通向修理库的铁路专线。

因为铁路的推动作用，四平由当初的科尔沁蒙古族的游牧地，逐渐转化成东北腹地的商业交通节点城市，城市迅速兴起。今天，四平机车修理库经多次修缮，其作为铁路机车维修中枢的职能重获新生。

建筑特点

该建筑为红砖砌筑，屋顶由铅皮铺设，整个机车库平面呈扇形，由主楼、车间组成。主楼位于整个建筑的南端，为三层凸字形结构，高约10米，正门朝南。北部扇形车库内共有12个车间24条轨道，车间通高8米，能同时容纳24台机车。车间两端开门，一楼顶部按扇形等距排开，设有22个排烟口，间距5米，排烟口每处建有高约6米的烟囱。车间西北侧等距分布12扇门，分别与12组（每组2条）呈放射状分布的铁轨相接。

建筑遗存

主体车间。

文物保护

2011年6月3日，四平机车修理库入选吉林省"三普"十大新发现。

2013年3月5日，四平机车修理库被中华人民共和国国务院核定为第七批全国

▲ 四平机车修理库

（图片来源：隽成军、田永兵主编：《中东铁路支线四平段调查与研究》，吉林文史出版社，2013年，第253页）

重点文物保护单位，并归入第六批全国重点文物保护单位中东铁路建筑群。

文化价值

该建筑采用折中主义的设计理念，建筑风格独特，保存完好，仍在正常使用。这是中东铁路南满支线现存的唯一保存完好的机车修理库，具有较高的工业产业价值。

参考文献

［1］隽成军，田永兵.中东铁路支线四平段调查与研究［M］.长春：吉林文史出版

社，2013：72-87.

　　[2]付子轩，莫畏.中东铁路四平段工业遗产廊道保护策略研究[J].中国住宅设施，2023（1）：79-81.

德惠东正教堂

历史沿革

　　德惠东正教堂，原名尼古拉教堂，俗称"喇嘛台"，位于德惠站南200米处，始建于1903年，按照中东铁路当局完成的标准设计建造，由中东铁路局管理。教堂是俄籍铁路员工及家属文化生活重要的活动场所，教堂后面是供牧师及其家人居住的平房。1907年，该教堂转归俄符拉迪沃斯托克（海参崴）教区管

▲ 德惠东正教堂

（图片来源：王义学提供）

▲ 德惠东正教堂保护标志

（图片来源：王义学提供）

辖。1928年第二次修建完成。1958年，因俄侨减少，教堂关闭。1966年，塔顶和钟楼顶部的银白色十字装饰物严重受损，其他部分也有不同程度的损坏。曾一度改为民宅，现教堂主体部分依存。

建筑群特点

该建筑为砖木结构，西高东低，平面呈X字形，坐北朝南，轴线与铁路相垂直。建筑除勒脚为毛石砌外，其余部分均由青砖砌筑磨缝。正门口和侧门均采用两根砖砌圆柱，支撑拱券门廊造型，正门和侧门门前均筑有三级台阶。教堂原为木质屋架，黑色铁皮屋顶。正门入口上部建有塔楼，顶部在后期使用过程中遭受损毁。钟楼的平面为方形，立面为两竖条拱窗并列，其上的装饰与门廊略同，在似洋葱顶纵剖面的轮廓中开出圆形窗口。

建筑遗存

教堂主体部分。

文物保护

1986年11月22日，德惠东正教堂被德惠市人民政府确定为德惠市文物保护单位。

2002年7月8日，德惠东正教堂被长春市人民政府确定为长春市第七批市级文物保护单位。

2014—2015年，德惠市人民政府和沈阳铁路局对其进行了专门的维修，修复后外墙颜色改为红褐色和白色相间。这次修复工作还恢复了教堂顶部本已损毁的"洋葱头"。

2019年10月7日，德惠东正教堂被中华人民共和国国务院核定为第八批全国重点文物保护单位，并归入第六批全国重点文物保护单位中东铁路建筑群。

文化价值

德惠东正教堂是目前吉林省境内仅存的一座逾百年的宗教设施，从政治、经济、文化多个层面来看，它不仅见证了沙皇俄国侵略东北的历史行径，还记录了异域宗教对近代吉林的文化渗透，更体现了给近代城市化所带来的影响与演变。

参考文献

[1]长春市文物保护研究所.中东铁路支线长春段调查报告［M］.长春：吉林文史出版社，2013：48-49.

[2]史夯.中东铁路德惠段"大白楼"历史建筑修缮设计研究［D］.长春：吉林建筑大学，2015：23-24.

德惠松花江铁路大桥

历史沿革

第二松花江铁路桥，又称松花江甲线桥，位于德惠市松花江镇松花江村三社东北600米。松花江甲线桥于1901年4月22日动工，1902年3月28日建成。该桥由东省铁路公司设计施工，全长787.4米，17孔，跨度22—76.8米，是中东铁路支线跨度最大的桥梁，横跨第二松花江，连接德惠、扶余两地。沙俄借口抵御"胡子"、保护铁路职工安全及保障铁路运务，开始派兵驻扎在铁路附属地，在大桥两端修筑了钢筋混凝土结构的桥头堡，右（北）岸桥头两座，左（南）岸桥头一座，还在后口子屯修建了兵营，总面积33.34公顷，还租用了面积为1187.05公顷的土地，大大超过了作为三等车站的窑门站，派兵驻守，保卫大桥。大约有1000俄侨在此生活并驻军。

1932年3月，伪满洲国成立，东北全境沦陷，中东铁路处于日本势力包围之中，并且日本一步步地不断紧逼。9月14日，日军两辆装甲车向松花江铁路大桥进犯，意图夺取该桥。东北陆军第三团在老少沟车站以南贺药铺屯一带阻击，日军未能得逞，撤回张家湾（今德惠市区）。日军再次进攻占领了后口子兵营及松花江大桥桥头堡。1935年3月，苏联当局向伪满洲国政府出售了苏联在中东铁路的一切权利。

1946年12月底，国民党方面集结10万大军，向共产党在南满的最后一块根据地发起大规模进攻。为阻止敌军向江北发动进攻，东北民主联军对中东铁路德惠以北的路段和松花江大桥等实施了爆破。

之后，我方军队在东北由战略防御转入战略进攻，为了通过铁路将已解放地区的部队、支前物资运往前线，中共中央军委决定成立铁道纵队（铁道兵前身），立即抢修被炸毁的中长铁路松花江大桥。1948年8月1日，抢修开始，数千名战士、铁路职工及支前农民投入紧张的工作中。他们在松花江右（北）岸铺设铁路便线，抢卸架桥器材；潜入湍急的江水中打捞沉入江中的残梁、器材；不分昼夜地灌筑桥墩，铆焊钢梁。经84个昼夜突击抢修，10月24日，松花江大桥胜利通车，并举行隆重的通车庆典，中共中央东北局副书记、东北人民解放军副政委陈云参加通车庆典并讲话。一列列满载着战车、弹药、粮食等物资的军列，通过大桥驶向解放战争前线。

中华人民共和国成立后，为确保铁路交通运输，于1950年11月11日开始了第二松花江铁路桥修复工程，1951年10月10日修复完工并交付使用。由于松花江江水长时期冲刷，松花江大桥北侧陶赖昭境内部分桥墩发生位移，使得梁位检定等级不足，导致火车行驶至此处时长期慢行。1957年、1960年，武汉大桥局、沈阳铁路局桥梁大修段、长春工务段先后采取换梁、投石及修筑导流堤等方式对大桥桥梁进行加固。1962年至1973年间，又先后5次对桥梁进行加固。

1988年，因该桥一直存在难以排除的安全隐患，考虑将该站撤销，但还是通过挖潜改造等手段，使该铁桥继续使用到2006年，至此，承运了103年的铁路桥结束了它的使命。也许出于战备考虑，或者由于拆除成本过高，百余岁高龄的松花江甲线大桥被保留下来，但桥面上的钢轨等被全部拆除了。为了防止保留下来

▲ 德惠松花江铁路大桥

（图片来源：王义学提供）

的钢桁架被人为破坏，大桥南北两端与岸边路基相连的一段梁架被拆掉了。

建筑物特点

第二松花江铁路桥桥梁上部构造：第1、17孔跨度21.96米，上承鱼腹桁梁；第2、3孔跨度77米，下承桥梁；第4、5、6孔跨度76.8米，下承桁梁；第7—16孔跨度33.5米，上承钣梁，设计载重E-40级（相当中17级）。桥梁下部构造：桥墩第1—6号为大墩。大墩基础采用矩形浆砌块石沉井，基底支撑在泥质页岩上；小墩及桥台基础采用双孔八角形浆砌石沉井，沉井高度10.5米，埋式桥台。全桥墩台均采用块石和石膏白灰砂浆砌筑，花岗岩料石镶面。

建筑遗存

松花江铁路大桥桁架。

文物保护

2019年10月7日，德惠松花江铁路大桥被中华人民共和国国务院核定为第八批全国重点文物保护单位，并归入第六批全国重点文物保护单位中东铁路建筑群。

文化价值

据统计，在1948年秋冬辽沈战役激战之际，由哈尔滨、齐齐哈尔等地开往前线的军列达631列，德惠松花江铁路大桥为我军夺取辽沈战役和全国解放战争的最后胜利做出了不可磨灭的贡献。

参考文献

［1］长春市文物保护研究所.中东铁路支线长春段调查报告［M］.长春：吉林文史出版社，2013：13-14.

［2］刘大平，李国友.文化线路视野下的中东铁路建筑文化解读［M］.哈尔滨：哈尔滨工业大学出版社，2018：98.

德惠中东铁路车站旧址

历史沿革

德惠中东铁路车站旧址，又称窑门车站（今德惠站，）位于第二松花江以南，南距长春82千米，北距哈尔滨160千米，开站时为三等站，是长春地区等级最高的中东铁路车站。1903年开站时因车站南侧有7户砖窑，故名窑门车站。当时以五道街为界，东南称"道里"，为中东铁路用地，归中东铁路公司管辖；西北称"道外"，归清政府管辖。1924年以后，窑门车站铁路用地归属东省特别区。1936年1月，"北满特别区"撤销后，原铁路用地划归德惠县（今德惠市）管辖，窑门车站更名为德惠站。窑门车站作为当时长春地区等级最高的中东铁路车站，总面积相对较大。

窑门车站作为三等车站，当时在铁路用地内修建有车站站台、站舍、水塔、库房、机车库、兵营、职工住宅、冰室、教堂和学校等建筑。目前，窑门车站周边仍留存站舍、库房、兵营、职工住宅、冰室、教堂和学校等各类中东铁路时期历史建筑50余栋（座）。

主站房和高等候车室面向站内铁路一侧，原有的大跨度出挑檐廊和屋脊处鸥吻等细部装饰构件均已拆除，原黑色瓦楞铁皮屋面更换为蓝色彩钢板屋面。此外，站舍的原始布局和功能也发生改变。高等候车室现为车站办公场所，主站房现为行包办理处，两座建筑之间用彩钢雨搭连接，下方作为出站检票口。库房现由德惠保养工区使用。

建筑物特点

建筑呈非对称式，自由灵活，极富俄罗斯传统建筑风格，由高等候车室和主站房两个独立的部分构成。高等候车室为局部二层建筑，虽为砖石结构，却保留着俄罗斯民间木结构建筑的传统形式，长32米，宽9米，高8米。立面横向由基础、建筑主体、檐部及屋顶等部分构成。正门入口无台阶。外观错落有致，由清水砖块砌筑而成，墙体厚达0.8米。建筑主体檐部和腰围均有几何图像装饰，突

▲ 窑门车站近景
（图片来源：王义学提供）

▲ 窑门车站远景
（图片来源：王义学提供）

出墙面。建筑主体共开设三个门，设计简单。东侧入口上方为欧式圆弧额窗，顶部采用双圆心圆拱装饰，富有立体感，矩形窗，高度约为宽度的3倍，使建筑增加了纵向拉伸的视觉效果。西侧入口上方矩形窗上楣采用木梳背式贴脸，无拱心石。山墙挑檐下方装饰有杆件式木质装饰构件，呈直角交错搭接的木质杆件从山花顶部沿山墙向下垂直延展，与墙面装饰的几何图像相呼应。

主站房位于高等候车室的南侧，为单层砖木结构建筑，长31米，宽10米。立面横向由基础、建筑主体、檐部及屋顶等部分构成。基础，即勒脚外部用规整石材砌筑人工勾缝，凸出于墙面，没有细部装饰。建筑主体由清水砖块砌筑，表面饰以黄白涂料，四周转角采用砖砌线脚，层层挑出式垒砌，并饰以白色涂料。窗户均为矩形窗，上楣贴脸采用木梳背式，合龙砖处顺砌凸出拱心石。屋顶仍采用木屋架人字形铁皮屋顶。正面入口上方采用砖砌装饰。正门入口处设有三层石质台阶。

库房采用定型设计，单层平房建筑。建筑平面呈长方形，长31米，宽10米，檐高4.4米，脊高9米。人字形木屋架，两端山墙挑檐部以木质构件装饰，采用杆件式造型。屋面超出墙面部分使用木支架支撑。墙体为清水砖墙，四周转角采用悬空壁柱装饰墙体，凸出于墙面。门窗均为矩形，上楣贴脸为平券式，无拱心石，窗分宽窗、窄窗两种。

建筑遗存

高等候车室、主站房、库房。

文物保护

2019年10月7日，德惠中东铁路车站旧址被中华人民共和国国务院核定为第八批全国重点文物保护单位，并归入第六批全国重点文物保护单位中东铁路建筑群。

文化价值

德惠中东铁路车站旧址具有重要的工业文化遗产价值和建筑艺术价值，是德惠向公众展示地方历史文化的重要场所，德惠百年沧桑的重要见证。

参考文献

［1］长春市文物保护研究所.中东铁路支线长春段调查报告［M］.长春：吉林文史出版社，2013：43-48.

［2］武国庆.中国铁路百年老站［M］.北京：中国铁道出版社，2012：112-113.

侨俄中学旧址

历史沿革

"大白楼"原为俄侨中学，位于今吉林省德惠市爱民街43号，是德惠攻坚战遗址。该楼始建于1903年（另一说"大白楼"建于1913年），是沙俄修建中东铁路窑门车站（今德惠站）的附属建筑，保存状况良好，建筑面积2000平方米，保护面积2600平方米。该楼建成后，曾用作铁路办公用房、旅馆、官邸、公寓、商店。东北沦陷时期，又用作日本地方官、居民住所。

1945年日本投降后，曾用作德惠市中学学生宿舍。1946年5月25日，国民党新一军第50师进驻德惠，司令部设在楼内，指挥国民党部队在德惠境内的军事活动。德惠解放后，铁路中学成立，至1957年，该楼用作铁路中学学生校舍。现今为德惠市博物馆。

建筑物特点

这座建筑属于折中主义建筑风格，地下一层，地上二层，长52.5米，宽40米，檐高9.5米，建筑面积806平方米。建筑平面呈山字形，横向立面对称，两端采用矩形风格以突出正门入口。建筑立面整体采用水泥砂浆抹面，正门入口和建筑两端的上方均设有欧洲古典式的阳台，窗户、窗套也采用欧洲古典样式。

建筑遗存

整体建筑。

文物保护

2002年7月8日，侨俄中学旧址被长春市人民政府列为长春市第七批市级文物保护单位。

2019年10月7日，侨俄中学旧址被中华人民共和国国务院核定为第八批全国重点文物保护单位，并归入第六批全国重点文物保护单位中东铁路建筑群。

文化价值

该楼作为沙俄侵占我国领土的历史见证及解放德惠战役重大事件发生地，记录了近现代德惠的历史。

参考文献

［1］长春市文物保护研究所.中东铁路支线长春段调查报告［M］.长春：吉林文史出版社，2013：50.

［2］史夺.中东铁路德惠段"大白楼"历史建筑修缮设计研究［D］.长春：吉林建筑大学，2015：22–23.

▲ 侨中学旧址侧面
（图片来源：王义学提供）

▲ 侨俄中学旧址正面
（图片来源：王义学提供）

1

吉林机器局旧址

吉林机器局旧址位于吉林市昌邑区江湾路204号，始建于清光绪七年（1881），1883年竣工投入生产，有枪厂、子弹厂。工厂设备全部由国外引进，主要管理人员和技师均从关内征调而来。

负责东北对俄军事防御大臣吴大澂为解决东北地区对俄军事斗争的武器装备问题，奏请清政府所建，以抵御沙俄入侵。主要生产抬枪、骑铳、雷管、鸟铳、子弹、开花炮、水雷、炮弹、毛瑟枪、葛尔萨林炮，后期又生产来复枪、二人抬枪和25吨汽艇、炮车等，有力支持了晚清东北军队向近代化转型。工厂内还设一书院称为"表正书院"，专门用于培养机械制造人才，该书院很可能是中国历史上第一所近代工业专科学校。

机器局建成后，又在对面松花江南岸增设了一个火药厂。1884年，吉林将军希元奏请在吉林机器局建立制币厂，制造银币。这是吉林制币之始，也是中国机械制银币之始。1900年9月，沙俄侵占吉林市，机器局的生产设备有的被抢走，有的被抛入江中，江南火药局也被炸毁。劫后的吉林机器局，变成俄国侵略军的兵营。1905年，吉林机器局改称"吉林造币局"。1907年，经吉林将军达桂奏请，在此设立"吉林外国语学堂"。1909年，成立"吉林军械专局"。

1928年，吉林督军张作相在土墙内修筑高4米青砖围墙，四角增设炮楼，院

◀ 吉林机器局旧址

（图片来源：王义学提供）

▶ 吉林机器局旧址

（图片来源：王义学提供）

◀ 吉林机器局旧址保护标志

（图片来源：王义学提供）

内重建军火仓库六栋，并修南大门一座。1931年，日本帝国主义侵占吉林时，机器局第二次遭受大洗劫，日本军队在此设警备队，机器局大院又成了日本人的军械修理厂。1936年，改为伪满洲国警官学校。1945年后，国民党当局将吉林机器局改为"吉林保安司令部修械所"。1948年3月9日，吉林解放，初为军工部第七办事处吉林三厂，后改为吉林师范学校。1953年，改为吉林市朝鲜族中学。1966年，在这里重建吉林市第八工读学校。1968年，为吉林市一技工学校。1985年，改为国营江北机械厂第五车间。1995年，成为军工塑料分厂。2006年起，开发商不顾政府的政策规定及民众的反对，强行在旧址的东侧建起商住楼，对旧址破坏相当严重。

2011年，吉林市政府利用市文联准备创办吉林市艺术中心的这笔专款资金，对吉林机器局旧址进行了保护性维修，清理了长期以来附近居民在院落中私建的大量房子，对院中的厂房和道路进行了修缮。2011年12月18日，吉林市艺术中心正式对外开放。中心就设在了这个工厂遗址中，总面积2.2万平方米，建筑面积近5000平方米，其中一、二、三号馆就是利用机器局的老厂房改建的。

遗址特点

建成时，全局占地面积约2万平方米，平面呈长方形院落，共有厂房227间，四周有土墙，场地分东、中、西3个部分。东部是"表正书院"，中部为厂房，西部为公务房。厂房四周筑有土围墙，约有3米高，围墙上面设有木栅栏，墙外有护墙壕，宽约4.8米，深约2米。吉林机器局有东、南、北3个大门，筑有门楼，布有炮台，每门前有吊桥。1928年，张作霖令吉林督军张作相在土墙内修筑青砖墙，四角增设炮楼。

吉林机器局是一组非常庞大的建筑群，从远处看像城堡一样，因此又称"东局子古城"。

建筑遗迹

机器局的旧建筑，厂区仅存张作相建的3个军火库和西北、西南、东南3个角楼。

文物保护

2002年，吉林机器局旧址被吉林市政府定为市级文物保护单位。

2007年5月31日，吉林机器局旧址被吉林省人民政府核定为第六批省级文物保护单位。

2019年10月7日，吉林机器局旧址被中华人民共和国国务院核定为第八批全国重点文物保护单位。

文化价值

吉林机器局旧址作为整个东北近代化工业的摇篮，是吉林市的近代工业鼻祖。吉林机器局是洋务运动时期东北的第一个兵工厂，是东北地区第一家近代机器工业，在近代中国军事工业史、东北历史及整个东北地区工业建筑发展史上具有极其重要的地位。

参考文献

［1］吉林省地方志编纂委员会.吉林省志：文物志［M］.长春：吉林人民出版社，1991：159.

［2］吉林市地方志编纂委员会.吉林市志：文物志［M］.长春：吉林文史出版社，1994：403-404.

［3］国家文物局.中国文物地图集：吉林分册［M］.北京：中国地图出版社，1993：57.

［4］马国晏，张本政.东北第一个近代军火工厂：吉林机器局［J］.社会科学战线，1981（1）：154-160.

［5］刘学军，黄海泉.吉林机器局的创办及其历史作用［J］.北方论丛，1995（2）：82-85.

［6］王亮，周园.吉林机器局旧址保护研究［J］.吉林建筑工程学院学报，2011，28（3）：53-56.

2

中俄边界清勘界碑（土字牌）

历史沿革

中俄边界清勘界碑（土字牌），立在距吉林省珲春市城东南敬信镇防川村沙草峰南麓尽处，图们江下游左岸防护堤上，1886年中俄重勘珲春东部边界时重立。珲春原本是日本海沿岸地区，康熙五十年（1711）设立珲春协领，其辖区范围大体在图们江以北，乌苏里江以南，西至哈尔巴岭，东到日本海的广大地区，原本只与朝鲜有界，并不与俄国为邻。

1860年11月14日，沙俄乘英法联军发动第二次鸦片战争之机，强迫清政府签订了不平等的《中俄北京条约》（又名《中俄续增条约》），割占了乌苏里江以东的广大地区，从珲春辖区内就割去了三分之二的中国领土。1861年6月28日，清政府派钦差总督仓场户部侍郎成琦，会同吉林将军景淳，抵兴凯湖与俄国全权代表卡札凯维奇和副代表布多戈斯基等人举行勘界谈判，双方签署了《勘分东界约记》，并附有《交界道路记文》。《记文》规定：自乌苏里江口之图们江口设立"耶""亦""喀""拉""那""倭""怕""土"八个字牌。其中"土"字牌立于距图们江口10千米的地方。由于清朝廷立牌代表的昏聩和不负责任，贪得无厌的俄方竟背信弃义地将"土"字牌立在离图们江口23千米的沙草峰一带，从而侵占了更多中国领土，截断了我国图们江的出海口。

此后，沙俄竟公然在黑顶子设卡、屯营，侵占沙草峰以北广大濒江地区。面对沙俄对我领土的不断蚕食，清朝廷于1885年派吴大澂为钦差大臣到吉林督办边务。他率中方代表与俄方代表举行勘界谈判，1886年10月12日与俄方签署了《中俄珲春东界约》。在吴大澂的据理力争下，不仅收回了黑顶子地方，还重新确定了边界界碑、记号，使得土字牌立于沙草峰以南越岭而下的山麓尽处，也就是现在石碑所处的位置。

　　1960年，我国政府为保护这一具有历史意义的完整疆域标志不被江水冲毁，修筑了高6—8米，长1860米的江岸护堤。1993年，中俄重新划定中俄东段边界时，俄国在其右侧设立了422号界碑；在土字牌以南135.6米，距离朝俄大桥511.9米处设立了423号界碑。至此，土字牌成了记录那段屈辱与抗争历史的文物。

遗址特点

　　土字牌面向西南223°，高为1.44米，宽0.5米，厚0.22米，底部露出地面部分0.09米。花岗岩石质，琢工不甚精细。正面竖向镌刻"土字牌"三字，左侧刻

▲ 土字牌
（图片来源：高承龙提供）

▲ 土字牌保护标志
（图片来源：高承龙提供）

"光绪十二年四月立"八字，背面镌刻俄文"T"字。

文物保护

2007年5月31日，土字牌被吉林省人民政府确定为吉林省第六批文物保护单位。

2019年10月7日，土字牌被中华人民共和国国务院核定为第八批全国重点文物保护单位。

文化价值

土字牌上文字不多，但沉重的历史却深深刻印其中。土字牌作为中华民族荣辱兴衰史的见证者，既见证了近代中国忍受沙俄侵略的屈辱，又见证了中华民族顽强抵御外来侵略压迫的伟大民族精神，是省级爱国主义教育基地和国防教育基地。

参考文献

［1］王铁崖.中外旧约章汇编第1册.［M］.北京：生活·读书·新知三联出版社，1957：149-150，160-163，488-498.

［2］国家文物局.中国文物地图集：吉林分册［M］.北京：中国地图出版社，1993：206.

［3］吉林省地方志编纂委员会.吉林省志：文物志.［M］.长春：吉林人民出版社，1991：237-239.

［4］姜龙范.东疆"土字牌"［J］.东疆学刊，2000（1）：97.

3

吉长道尹公署旧址

吉长道尹公署旧址，位于长春市南关区长通街道亚泰大街669号，光复路立交桥西侧。东距伊通河约1.5千米，周围密布现代城市街区。吉长道尹公署旧址在2013年列入第七批全国重点文物保护单位。

历史沿革

吉长道，是清末民初吉林省下辖的四道之一，曾是长春历史上级别最高的一座旧官署——清朝吉林西南路兵备道，光绪三十四年（1908）设，初名吉林西路兵备道。

宣统元年（1909），道台衙门建立，1914年改为吉长道尹公署。

1932年3月9日，溥仪以伪满洲国执政者身份，在道台衙门起居室门前举行"就职典礼"。

1935—1936年，道台衙门变成伪首都宪兵团驻地。

20世纪40年代前后，道台衙门用作伪满高等学府"王道书院"的教室。

1945年日本投降后，道台衙门为国民党新一军炮团驻地。先后由东北电信修配厂、邮电器材厂、邮电部长春电话设备厂元件分厂使用。

2002年，长春市人民政府出资对道台衙门进行维修，设立长春城市建设规划展览馆对外开放。

2010年1月，道台衙门建筑群被鉴定为C级危房，展览馆停止开放。

2011年，长春市人民政府将道台衙门划归长春市地方志编委会，用于建设长春市方志馆。

2012年，长春市方志馆成立。

2018年12月12日，长春市方志馆举行开馆仪式。

建筑物特点

吉长道尹公署旧址（俗称道台衙门），总面积11000平方米，建筑面积1662平方米，是中国最北的一例外廊式建筑。它与清代传统的官衙大不相同，是中国传统布局与西方外形的结合。传统的建筑布局是"衙门口朝南开"，也就是主建

▲ 吉长道尹公署旧址现为长春市方志馆

（图片来源：李威拍摄）

▲ 吉长道尹公署旧址保护标志

（图片来源：李威提供）

筑一律坐北朝南，但它却一反旧制，是坐西朝东，开东大门。所以不仅门房，而且大堂、二堂和后堂等主建筑，一律是朝东的厢房（只保留下大堂和二堂）。在大堂、二堂的北面，有正房4座，是道署官员家眷的住房，坐北朝南（只保留下1座）。大堂四周有回廊与二堂、后堂相连。

这个建筑群，不仅布局与中国传统的官衙建筑不同，整个建筑完全为洋式建筑，而且立面部分采用了希腊神庙和意大利文艺复兴时期的建筑风格。正面14根水泥圆柱，四周为木质回廊，拾级而上便入大堂，堂内宽敞明亮，给人以威严肃穆之感。

吉长道尹公署采用的砖木结构较之中国传统的木构架体系是进步的，这种结构与传统的技术很容易适应，具有结构合理、取材方便、技术简单等优点。此外，它还使用了水泥和钢筋，建筑群为青色砖瓦水泥结构。如此多元文化的设计、组合，既让人体会到中国传统礼制文化、建筑文化的典雅厚重，又不失西方欧式的审美元素、近代化建筑理念。

文物保护

1985年，吉长道尹公署旧址被定为长春市文物保护单位。

1999年，旧址升格为吉林省文物保护单位。

2002年，长春市政府投资3000多万元修复旧址，当年年末重装对外开放，成为长春市城市建设展览馆。

2011年，旧址由长春市地方志编委会接收管理，建设长春市方志馆。

2013年，吉长道尹公署旧址被中华人民共和国国务院核定为第七批全国重点文物保护单位。

2016年，重修为现今我们看到的样子。

文化价值

从政治中心到文教基地，其特殊的历史人物与事件都与中国近代历史息息相关，也被赋予了特殊的历史意义。抚今追昔，作为长春市方志馆（道台衙门博物馆）使用的吉长道尹公署旧址必将日益发挥保存珍贵史料、延续城市记忆的历史价值与现实意义，以其自信抗争的家国情怀、民族独立意识标示着一座城市、一个民族的发展史、复兴梦。

参考文献

［1］申杰.文化基因视角下吉长道尹公署旧址建筑历史研究［D］.长春：吉林建筑大学，2023.

［2］孙彦平.吉长道尹公署旧址沿革与研究［J］.溥仪研究，2014（4）：77-93.

［3］郑文龙.吉长道尹公署旧址建筑风格浅析［J］.文学教育（下），2015（12）：155.

4

吉林天主教堂

历史沿革

　　吉林天主教堂，圣名"耶稣圣心堂"，位于吉林省吉林市松江路3号，吉林大桥北端附近，南临松花江。光绪二十四年（1898），法国巴黎天主教外方传教会神父兰禄业和古若瑟从沈阳来到吉林市传教，当时天主教东北教务分设南北两个教区：南教区主教纪隆统理奉天省（今辽宁省）的教务，总堂设在奉天（今沈阳）；北教区主教兰禄业统理吉林省和黑龙江省教务，总堂设在吉林市（原址位于粮米行东头，今北京路公安局西侧）。光绪二十八年（1902）购买了今天主教堂所占的土地，约6449平方米，开始筹建天主教堂。法国巴黎外方传教会出资，建筑图纸由法国人设计，中国奉天省盖平县穆工程师承包施工，于1912年动工，费时10年落成。因45米高的塔楼与22米高的拜堂正厅鹤立于江沿，自建成后，江沿天主教堂便成为吉林城极具吸睛效果的人文景观。

　　1961年，天主教堂的钟楼尖顶曾被雷电击毁，1963年修复并安装避雷装置。后来，江沿天主教堂遭到一定破坏，宗教活动也一度停滞，教堂变成了木材加工车间。直到1979年，政府拨款并于第二年开始进行维修，天主教堂重新恢复了宗教活动。1994年，教区长严太俊神父将主教府迁至长春市，长春市的小德肋撒堂成为主教座堂。

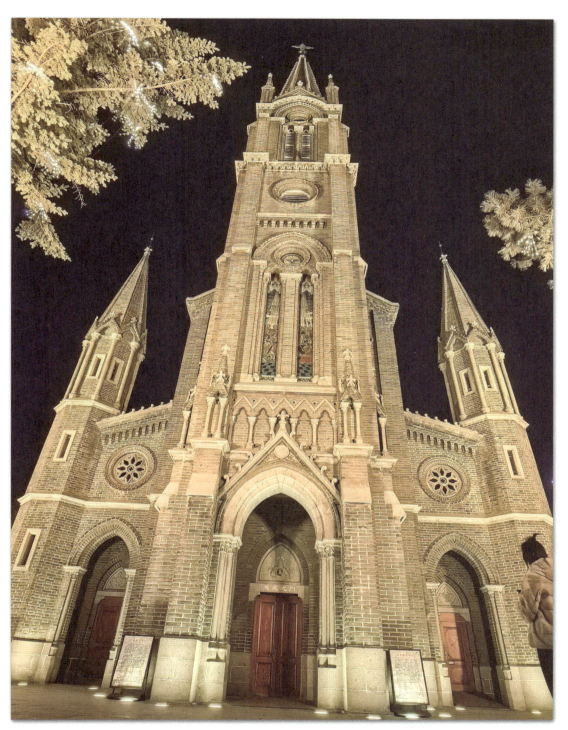

▲ 教堂外景

（图片来源：孙颢提供）

▲ 教堂礼拜堂

（图片来源：孙颢提供）

吉林天主教堂有着近百年的历史，历经沧桑，经过岁月的洗礼之后留下了痕迹。至今仍然屹立在美丽的松花江畔，保存得非常完好。现在是吉林市天主教爱国会和吉林市天主教教务委员会会址。

建筑物特点

吉林天主教堂是典型的哥特式建筑，建筑风格独特，东西宽27米，南北长33米。天主教堂由礼拜堂、住宅、宿舍楼、办公楼、食堂等组成，共建造8栋51间房。教堂主体建筑高出地表2.5米，两边教堂高24米，钟楼高48米（顶端十字架高3米）。教堂采用砖石拱形建筑，无木梁或木柱。石材均为阿什哈达提供的上等白色大理石，全堂用14根圆石柱支撑，每根石柱高2.8米，直径0.5米，雕刻圆润。玻璃彩窗全部用铅丝镶嵌花朵和圣经人物故事等图案，做工细腻，工艺十分精美。

教堂平面略呈十字形，钟楼由三座尖塔组成，中间最高的钟楼内挂有铜警钟，每日早晚鸣钟，声闻数里。教堂正面开有东、中、西三扇券门，由东边门进去沿螺旋状石楼梯可达二楼，再曲转往上便是木制阶梯，可至钟楼。教堂内原有五座祭台，正祭台由巨石雕琢而成，庄重美观，上置七尊由法国运来的石膏塑像。教堂的东侧和东北侧有砖瓦结构附属建筑，共24间，南修铁栅栏，其余三面为灰砖墙。

建筑遗存

教堂和钟楼。

文物保护

1992年8月19日，吉林天主教堂被吉林市人民政府确定为第三批重点文物保护单位。

1999年2月26日，吉林天主教堂被吉林省人民政府核定为第五批省级文物保护单位。

2013年3月5日，吉林天主教堂被中华人民共和国国务院核定为第七批全国重点文物保护单位。

文化价值

吉林天主教堂为典型的哥特式建筑，是吉林市的标志性建筑，经历了近百年的风霜雨雪，见证了现代吉林的变迁，也见证了吉林历史上许多难忘的人与事。

参考文献

[1] 吉林省地方志编纂委员会.吉林省志：文物志［M］.长春：吉林人民出版社，1991：142.

[2] 吉林市地方志编纂委员会.吉林市志：文物志［M］.长春：吉林文史出版社，1994：472—473.

[3] 国家文物局主编.中国文物地图集：吉林分册［M］.北京：中国地图出版社，1993：156—158.

5

吉海铁路总站旧址

历史沿革

吉海铁路总站旧址，位于吉林市船营区新生街22号，建成于1929年，后称八百垄站、黄旗屯站，1985年改为吉林西站，主要承担货物发运业务。

为摆脱日本的控制，从1922年开始，张作霖制订了修筑纵贯东北三省的铁路东、西干线计划。当时准备修吉海铁路（吉林北山至朝阳镇段），拟与吉长、吉敦铁路接轨联运。但因吉海铁路是中方筹款，中方自建，所以日本横加阻挠，无理拒绝在吉林站接轨，无法与吉长、吉敦铁路联运，"满铁"还拒绝运输筑路材料。

在这种无奈的情况下，吉林省省长兼督军张作相采取官商合办、分段修筑、逐段竣工通车的办法修筑吉海铁路。1927年6月25日，吉海铁路在北山脚下练兵场举行了开工典礼。吉林省选择黄旗屯为总站，以办理货运为主，另在北山黑牛圈设一小站（即现在的北山火车站），以便旅客乘降。经过大量艰苦的筹备工作，解决了资金筹集和筑路材料的运输问题。1928年11月20日，朝阳镇至磐石路段竣工通车。1929年6月30日，朝阳镇至黄旗屯总站全线通车，并延伸至北山站。同年，还修建了吉林总站站舍。至此，日本侵略者反对中国自筑铁路的伎俩，在吉海铁路上宣告失败。

1933年4月1日，奉海铁路与吉海铁路合并为奉吉铁路。1945年改称沈吉铁路，从接入吉林站开始，吉海铁路沿线火车站的设置和名称又出现一些变化。1943年，在西阳和双河镇两站之间增设大黑山站。20世纪60—70年代，北极门乘降所被取消，沈吉铁路又增加了长岗站（1972）、大梨树站（1981）。至今，铁路沿线许多火车站虽然已经停止旅客运输，但沈吉铁路仍保留着18个火车站。原吉海铁路沿线火车站站房大多已被改建，但黄旗屯火车站站房仍旧留存，被誉为"最文艺的火车站"。目前，吉林西站只承担部分小件列车货运业务，是吉铁分局的重要货运车站。

建筑物特点

　　吉海铁路总站为哥特式大型尖屋顶建筑，旧址总面积达897平方米，由站舍和钟塔组成，主体建筑为砖石结构。黄白相间的屋顶为折型木结构，外挂琉璃

▲ 黄旗屯车站（吉海铁路总站），现为吉林西站
（图片来源：孙颢提供）

瓦,室内有壁画装饰。钟塔方圆有机结合,是建筑的视觉核心。钟塔高29米,顶部建有塔亭,塔内有螺旋形木制楼梯,沿木梯可登上塔亭。整个建筑坐北朝南,面向铁路,呈雄狮状,狮尾巧妙地设计成钟塔。整座建筑造型独特。

1959年和1985年对屋架结构进行改修,将屋顶琉璃瓦改为水泥瓦。

建筑遗存

主体建筑。

文物保护

1992年8月19日,吉海铁路总站旧址被吉林市人民政府确定为第三批重点文物保护单位。

2007年5月31日,吉海铁路总站旧址被吉林省人民政府核定为第六批省级文物保护单位。

2013年3月5日,吉海铁路总站旧址被中华人民共和国国务院核定为第七批全国重点文物保护单位。

文化价值

吉海铁路总站旧址担负着抗击日本对我国经济上的殖民侵略的重任,其设计满溢着中华崛起的"文风"。作为站舍建筑,它在国内是独一无二的。作为中西合璧的建筑物,它既有中国传统建筑的底蕴,又有西方现代建筑的风格,堪称我国近代建筑史上的杰作之一。其因造型奇特的站舍和作为东北第一条民族铁路的见证,深受建筑学界关注和文史爱好者的青睐。

参考文献

[1]吉林市地方志编纂委员会.吉林市志:文物志[M].长春:吉林文史出版社,1994:474-475.

[2]高菲.两处旧址三个背影[N].吉林日报,2012-12-25(13).

[3]武国庆.中国铁路百年老站[M].北京:中国铁道出版社,2012:260-263.

6

吉林大学教学楼旧址

历史沿革

吉林大学教学楼旧址，位于吉林市船营区长春路169号，今东北电力大学老校区主教学楼后。是民国时期吉林省省长张作相主持兴办的吉林省第一所近代高等学府——吉林大学所在地，始建于1929年，1931年建成，是吉林大学创立时期的主体教学设施。由正楼、东楼、西楼三座建筑组成，皆用长方形花岗岩砌成，故亦称"石头楼"。设计者为中国著名建筑设计大师梁思成。

整个校区建成后，几经变易。吉林大学于1929年8月20日在校长张作相、副校长李锡恩的主持下正式开学。但由于新校舍正在兴建，招收的文法学院学生暂在原法政专门学校原址（原裕华染织厂位置）学习，理工学院招收的土木工程系学生暂在北大街南端的临时校舍（现已拆除）学习，并曾一度借用原市一高中校舍上课。1931年7月校舍竣工，但启用后不久，"九一八"事变爆发，吉林大学停办。1932年初，吉林省第一师范学校迁入本校舍。1934年，改办为高等师范学校。1938年，又改名为国立师范大学。1945年8月15日，日本帝国主义投降，师范大学停办。八路军进驻吉林后，于1946年初恢复了吉林大学，对接收的大学生组织政治学习和培训工作。1946年6月，国民党占领吉林市，成立了长白师范学院。1948年3月8日，重新恢复了吉林大学。1948年6月，原在佳木斯市的东北大学迁入吉林，与吉林大学合并，学校改称东北大学。1948年10月18日，长春解放，东北大学陆续搬迁，到1949年初，全部迁往长春，成立师范大学。其后吉林省曾利用本校舍开办了省委党校。1950年初，经东北局决定，东北工人政治大学由沈迁吉，在本校址开办。1951年夏，东北工人政治大学又迁回沈阳，将本校舍交给吉林省军区。1955年5月，吉林省军区伴同省委、省政府迁往长春。长春电力学校将校舍与吉林省军区在吉房舍对调，迁来此地，改名吉林电力学校，并于1958年8月升格为高等工科院校，改名为吉林电力学院。

一直到1966年以前，学院虽然历年也稍有兴建，但总面积不大。学院的教学活动，还基本上是围绕着三座石头楼为中心进行的。中华人民共和国成立以后，石头楼虽得到了一定保护，但在1966—1976年间，亦遭到了一定破坏。在石头楼中间广场的中心位置，原设计了一座喷水鱼池，构成了小型庭院，将全部建筑联系在一起，后被拆除，石头楼上的螭吻用水泥涂上。1976年以后，国家加强了对石头楼的保护管理和利用。

1989年，在东北电力学院建院40周年之际，校方按照梁思成的设计扩建完成了建筑的尾翼部分，完成飞机造型，其余则保持原有风貌。2003年和2004年，东北电力大学对石头楼进行了维修。目前，石头楼保存状况较好。主楼现为东北电力大学行政办公室，东楼和西楼为教室和实验室。近年来，东北电力大学组织对楼体进行了维修，结构稳定，保存完好，基本保持了原有风貌。

建筑物特点

建筑样式融合了传统文化与近代中西方建筑理念，古朴典雅，威严庄重，气势恢宏，三栋建筑摆脱了中国传统屋顶的设计方式，以现代的手法处理粗石。

楼体全部采用花岗岩石材构筑，增加了威严庄重感，而在楼的顶端和女儿墙部位加装了石砌斗拱花纹，门柱上部按中国建筑风格安装石雕螭吻，使整个建筑给人以明快而又带有神秘色彩的印象。

正楼两层（不包括地下室），总面积3383平方米，平面略呈T形，屋脊两侧有鸱吻，正门外有两层石台阶。东楼和西楼式样与正楼相同，两楼建筑面积相等，均为3018平方米，楼的中部为四层，两端为三层，顶部为人字形屋脊，南北两侧有门。三座石头楼按海、陆、空三军的含义，象形飞机、军舰、堡垒的特点进行设计，并采取中式建筑和西洋式建筑结合的做法，在当时的国内绝无仅有。

东楼除了在一楼的东西侧各有一门外，在楼外的南北两侧也各开一门，象征通往军舰前后甲板的通道。楼的东北角矗立着一根高达36米的烟囱，象征军舰的烟囱。除在二、三楼走廊的两端（即一楼南、北门的上部）考虑走廊的采光，设有较小的窗户外，南北山墙的其余部分全部封闭，不再开窗。

西楼仅在东西两侧开门，南北两侧不设门，并在南北山墙上按全楼统一标准设置大型采光窗，同时在一、二、三楼走廊的南北两端按同一标准开设明窗，象征堡垒。中间主楼的设计，则使门厅部分向前突出，象征飞机的首部；两侧办公

▲ 吉林大学教学楼旧址

（图片来源：臧晗骁提供）

用房象征机翼；中间礼堂和图书馆则垂直向后延伸，模仿机身；在飞机的尾翼部分，梁思成只在图纸上画出了轮廓，并注明作为图书馆藏书库的扩建部分留归后期建设。

建筑遗存

主楼、东楼、西楼保存完好。

文物保护

1992年8月19日，吉林大学教学楼旧址被吉林市人民政府确定为第三批重点文物保护单位。

1999年2月26日，吉林大学教学楼旧址被吉林省人民政府核定为第五批省级文物保护单位。

2013年3月5日，吉林大学教学楼旧址被中华人民共和国国务院核定为第七批全国重点文物保护单位。

2018年11月24日，吉林大学教学楼旧址入选第三批中国"20世纪建筑遗产项目"名录。

文化价值

吉林大学教学楼旧址，是中国近现代建筑史上的精品，石头楼带有浓郁的中西合璧色彩，具有很高的建筑艺术价值。石头楼也是吉林省现代高等教育的发端之地，是我省高校发展历程中的一组活化石，记录了近代教育在吉林的发展历程，时至今日依然服务于吉林省的教育事业。对于研究吉林省近代教育史、中国建筑史具有较高的实证价值和典型意义。

参考文献

［1］吉林市地方志编纂委员会.吉林市志：文物志［M］.长春：吉林文史出版社，1994：474.

［2］高菲.两处旧址　三个背影［N］.吉林日报，2012-12-25（13）.

7

辽源矿工墓

历史沿革

辽源矿工墓，位于吉林省辽源市市区西北约8千米处，俗称"方家坟""万人坑"，是东北沦陷时期埋葬被日本侵略者奴役残害致死的中国劳工的墓地，是日本侵略者实行血腥法西斯殖民统治的罪证遗址之一。

辽源原名西安，1902年设县。民国初年，创办了第一家私营煤炭公司——富国公司。1927年，成立官商合办的西安煤矿公司，历经近20年的经营发展，煤炭产销形成了一定规模，成为地方经济的支柱产业。1931年"九一八"事变后，在汉奸于芷山的武力协助下河本大作完成了对西安煤矿的全部交接，日本侵略者开始了对西安煤矿长达14年的殖民统治。日本侵略者为把辽源的矿山变成"以战养战"的物资供应地和"以华治华"的集中营，残酷地推行"以人换煤"的"人肉开采"政策。伪满炭矿株式会社在辽源设立了4个采炭所，辖42个大柜，建立了14对坑口。在矿区设立法西斯统治机构，在掠夺大量煤炭的同时，制造了6个万人坑、7处尸骨点和1处"炼人炉"。据不完全统计，日本侵略者野蛮开采掠夺煤炭1548.96万吨，在获取上亿元高额利润的同时，造成数以万计的矿工被奴役残害致死，矿工的平均寿命仅30.5岁。

1945年8月15日，经过中国人民艰苦卓绝的斗争，终于迎来抗日战争的胜利，西安煤矿脱离了日寇的统治，却留下了一个个堆满中国矿工尸骨的"万人坑"。

"方家柜"是当年矿区6处"万人坑"中的典型之一。据不完全统计，仅从1940年秋起，在一年零八个月的时间里，就有万余名矿工惨死在这里。墓地一处土层断面仅0.18米，就出现两层人骨。"炼人炉"处骨灰断层深达0.4米。发掘的尸骸上刀砍和铁丝捆绑的痕迹清晰可见，其中还有妇女和儿童。1963年发掘矿工墓时，在墓地遗址东南坡296平方米范围内，发现三排179具死难矿工遗骨。在遗址西坡发现了"炼人炉"遗址，虽经过20多年的自然风化和水土流失，在42平方米范围内仍留存有一尺多厚的骨灰和焦土。

1964年，整理出7处各种类型死亡的矿工尸骨点及1处"炼人炉"遗址供参观凭吊，在墓地中心山冈修筑了"日伪统治时期辽源煤矿死难矿工墓"纪念碑。

1973年，矿务局又组织100多人以历史文物为依托，以矿工墓为现场，筹建了"阶级教育展览馆"，轰动全国，使辽源矿工墓成为教育的课堂。

矿工墓原由辽源矿务局管理，2001年9月3日，整建制移交辽源市文化局，现隶属辽源市文旅局。

遗址特点

地表有封土堆、展室、纪念碑。墓地遗址总面积近6万平方米，现有八处尸骨展馆，保存着反映不同时期及不同内涵的179具完整的死难矿工遗骨及20余具零散的矿工遗骨。在墓地西坡还有一处"炼人炉"遗址，虽经历半个多世纪，迄今为止仍可见一尺多厚的骨灰和焦土。周围山坡上分布着3000多座矿工坟。

文物遗存

辽源矿工墓陈列馆文物藏品230件，主要有日本侵略者遗留下来的矿山所用的生产设备、文化与生活设施，还有与矿工息息相关的生产及生活用品。珍贵藏品有牛世清的工票、史志大钟、《西安矿业十年史》（日文版）、劳工证、在籍证明、矿山用日式大型绞车、日制变压器、电动机等。

▲ 辽源矿工墓陈列馆

（图片来源：王义学提供）

▲ 辽源矿工墓遗骸

（图片来源：王义学提供）

文物保护

1983年12月24日，辽源矿工墓被吉林省人民政府核定为吉林省第三批重点文物保护单位。

2001—2003年，辽源矿工墓在省、市各级领导和社会各界人士的重视与支持下进行了维修保护建设，7处尸骨点和1处"炼人炉"遗址在保护原貌的基础上进行了维修加固，还新建了一座1055平方米的综合陈列馆。

2005年11月20日，辽源矿工墓被中共中央宣传部确立为全国第三批爱国主义教育示范基地。

2008年3月25日，辽源矿工墓陈列馆被确定为吉林省首批免费开放展馆向社会公众开放。

2013年3月5日，辽源矿工墓被中华人民共和国国务院核定为第七批全国重点文物保护单位。

文化价值

辽源矿工墓作为日本侵略东北疯狂掠夺煤炭资源，奴役残害中国劳工的重要历史遗存，是吉林省境内重要的涉日遗存之一。它从一个侧面真实记录了东北沦陷的十四年里，中国人民所遭受的血腥统治、残酷剥削以及在党的领导下广大矿工所表现出来的顽强革命意志和可歌可泣的斗争精神，具有的重要历史价值和警示教育意义。

参考文献

［1］吉林省地方志编纂委员会.吉林省志：文物志［M］.长春：吉林人民出版社，1991：159.

［2］国家文物局.中国文物地图集：吉林分册［M］.北京：中国地图出版社，1993：99.

8

红石砬子抗日根据地遗址

历史沿革

红石砬子抗日根据地遗址位于吉林省磐石市明城与朝阳山镇交界处，主峰海拔879米。

1930年8月，中共磐石县委初建时，驻地便设在玻璃河套杨树泊子（今明城镇七间房屯附近）。1931年8月，根据中共中央的决定，满洲省委将磐石县委改为中心县委，驻地移至西玻璃河套小北山下（今永红村附近）。"九一八"事变后，磐石中心县委开始领导人民群众进行抗日武装斗争。1932年初，在李红光领导的贫农赤卫队和县委特务队的基础上，成立赤色游击队，西玻璃河套有了党领导的抗日武装队伍。此后，赤色游击队配合中心县委在玻璃河套附近的蛤蟆河子、七间房和磐东地区开展了多次群众抗日斗争活动。

1932年6月，在磐石中心县委的主持下，在磐东呼兰境内的小孤山成立了磐石工农反日义勇军，扩大了抗日武装队伍。这时，中心县委成员随工农反日义勇军主要活动于磐东一带。后受到形势影响，队伍到桦甸境内隐蔽。11月，满洲省委候补委员、军委代理书记、巡视员杨靖宇（当时化名张贯一）在桦甸常山屯找到了磐石中心县委主要领导成员和工农反日义勇军指战员，向他们指出在磐石地区建立抗日根据地，依靠磐石地区人民的支持开展抗日武装斗争，并按省委的决定将义勇军改编为中国工农红军第三十二军南满游击队。随后，将游击队和中心县委成员带回磐石县（今磐石市）境内，在磐北石虎沟整顿了游击队，并改组了中心县委。此时，中心县委机关、南满游击队总部和重要后勤部门均设在西玻璃河套，初步形成了抗日根据地。

1933年1月末至4月末，南满游击队在群众抗日武装组织的配合下，粉碎了日伪军对根据地的4次大规模进攻。南满游击队越战越强，红石砬子抗日游击根据地得到进一步巩固。

磐石中心县委领导下的磐石一带的抗日斗争烈火越烧越旺。各种武装的或非武装的反日群众组织很快发展。红石砬子抗日根据地及其周围的游击区，地处军事要冲，成为日本帝国主义的"心腹之患"，视为"癌肿地带"。日伪当局采取各种残酷手段对根据地和游击区加以破坏。在政治上强化殖民统治，搞"集团部落"，推行"保甲制度"和"连坐法"，剥夺居民自由，切断中国共产党和抗日武装与人民群众的联系。到1936年底磐石中心县委被破坏前，这里一直没有间断过公开的和秘密的抗日活动。

中华人民共和国成立后，党组织和人民政府多次派人到红石砬子山区和西玻璃河套踏查。2021年以来，考古人员对该遗址开展了系统的考古调查和发掘工作。

遗址特点

红石砬子抗日根据地遗址分为南北两部分，南部位于朝阳山镇红石村红石砬子山东南面八家沟半山坡上，处于密林深处。以八家沟修械所遗址为中心，上至山头，下至沟口各500米，左右以两条山脊为界，由遗址向东北延伸200米，保护面积40万平方米。包括的遗址有红军医院、红军伤员包扎所、红军地窖子、红军点将台、红军被服厂、红军报社、八家沟子密营、红军指挥所、红军铁匠炉、红军密营、磐石中心县委办公地、红军行营。

密营房址，设施完备，功能齐全，有指挥机关，包括地窖子、医院、被服厂、哨所等，有成战斗队形的营区，是东北抗联在日本殖民血腥统治下的恶劣环境中作战的一类重要根据地。根据发掘得知，密营房址建设地点一般选择在窝风向阳的山坳间，随山势而建，在平整地修建，沿山体一侧下挖。建设地点一般近山岗，或近水源。圆形房址（俗称地窖子），直径为3—4米，深1—1.3米，房址内部有石砌烟囱，没有火炕，在室外有露天灶。方形房址长3—6米，深0.6—0.8米，室内残存有石板铺设的火炕、灶膛、烟囱和柱洞，出土生活用具和武器。

北部在西玻璃河套的生财沟，有红军办公室、武器修理所、炭窑和密营遗址。

文物遗存

遗址有游击队员居住址、会议址、县委机关办公址、后方医院址、修械所址等。遗址出土遗物近400件，质地以铁器、铜器、瓷器为主，有九一式手榴弹、三八式步枪残件、汉阳造步枪残件、苏式雷明顿子弹、吉林机器制造局生产的老式栓动步枪子弹壳、瓷碗、陶盆、铁锅、毛笔、烟嘴、玻璃瓶、医用镊子、掌钉、纽扣、鞋标、伪满洲国五角钱币、水壶、砚台、胶鞋、镐、锯等。

文物保护

1961年9月7日，红石砬子抗日根据地遗址被吉林市人民委员会确定为第一批重点文物保护单位。

1974年5月20日，红石砬子抗日根据地遗址被吉林市革命委员会确定为吉林市重点文物保护单位。

1981年4月20日，红石砬子抗日根据地遗址被吉林省人民政府核定为吉林省第二批重点文物保护单位。

2019年10月7日，红石砬子抗日根据地遗址被中华人民共和国国务院核定为第八批全国重点文物保护单位。

文化价值

红石砬子抗日根据地，虽然存在的时间很短，形态也不够完备，但它确实是"九一八"事变后，中国共产党在东北创建的第一块抗日游击根据地，是中国共产党领导的最早的抗日武装——赤色游击队的诞生地，也可以说是东北抗日联军

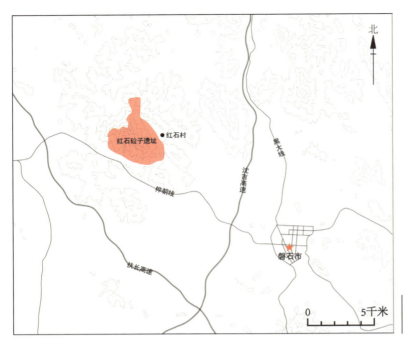

▶ 红石砬子抗日根据地位置示意图

（图片来源：孟庆旭提供）

二趟沟1号地窨子（2024年）

小姚家沟地窨子岗哨（2023年）

小姚家沟2号地窨子（2022年）

二趟沟3号地窨子（2023年）

▲ 岗哨类型遗迹

（图片来源：孟庆旭提供）

第一军的摇篮。该遗址真实再现了东北抗联艰苦卓绝的抗战历史，生动呈现了伟大的抗联精神。

红石砬子遗址发现各类遗迹3000余处，是目前国内体量最大、内涵丰富的东北抗联遗址群，考古工作进一步摸清了红石砬子遗址的分布范围与内部布局，对各类型遗迹状况有了初步掌握，为进一步开展保护和利用奠定了良好的基础。这些遗迹充分利用山谷地形，形成动态军事作战系统，构成居战一体的根据地密营，表现出抗联初期抗日力量蓬勃发展的良好面貌。其从考古学角度阐释了东北抗联密营的形制特点，结合历史文献材料和参与者口述，为东北抗联密营的成立背景、使用和废弃年代、形制特点等研究提供了重要的学术依据，为研究东北抗联史和十四年抗战史提供了重要的考古学材料，依托丰富的革命文物、抗联遗址可以完整阐释东北地区革命斗争史实，统筹发展东北地区革命文物工作。

参考文献

［1］国家文物局.中国文物地图集：吉林分册［M］.北京：中国地图出版社，1993：74.

［2］吉林省地方志编纂委员会.吉林省志：文物志［M］.长春：吉林人民出版社，1991：44-46.

［3］吉林市地方志编纂委员会.吉林市志：文物志［M］.长春：吉林文史出版社，1994：517-518.

［4］迟海波.红色文化资源［M］.长春：吉林人民出版社，2011：34-35.

［5］吉林省文物考古研究所.从红石砬子遗址看吉林省东北抗联遗址［N］.中国社会科学报，2022-12-22（4）.

［6］李春成.吉林省东北抗联遗迹保护的若干思考［J］.文物天地，2009（6）：4-7.

伪满皇宫及日伪军政机构旧址

伪满皇宫旧址

伪满皇宫旧址位于长春市宽城区光复北路5号，是清朝末代皇帝爱新觉罗·溥仪充当伪满洲国傀儡皇帝时的宫廷遗址，是全国重点文物保护单位和首批AAAAA级旅游景区，保护区面积13.7万平方米，是国内现存比较完整的宫廷遗址之一，也是日本武力侵占中国东北、推行法西斯殖民统治的最典型的历史见证。

历史沿革

伪满皇宫前身是民国时期管理吉林、黑龙江两省盐务的吉黑榷运局官署。

1932年3月9日，在日本侵略者的扶持下，溥仪出任"满洲国执政"。

1932年4月3日，溥仪迁居于此，这里便成为"满洲国执政府"。

1934年，伪满推行帝制，"满洲国"改为"满洲帝国"。

1934年3月1日，溥仪在勤民楼举行"登基"大典，由"执政"改头换面为"皇帝"，"执政府"随之改为"帝宫"，俗称"皇宫"。此后，伪满帝宫进行了较大规模的扩建。

1934年到1940年，先后修建了怀远楼、同德殿、东御花园、防空地下室、假山、嘉乐殿、建国神庙等建筑。

1954年，吉林省博物馆由吉林市迁到长春市，临时选址在伪满皇宫，以同德殿、嘉乐殿和书画楼等作为其馆舍。

1962年7月，时任中宣部副部长周扬在考察伪满皇宫旧址后，做出"要把伪皇宫由文化部门管理起来，使之成为展览中国末代皇帝前半生和日本帝国主义侵略东北罪行的场所"的指示。

1962年12月1日，中共吉林省委常委会于是做出决定："同意将伪皇宫遗址交省文化局筹办陈列馆。"

1962年12月24日，吉林省伪皇宫陈列馆宣告成立，当时对外馆名为：日本帝国主义侵略东北十四年罪行陈列馆。

1964年7月28日，中共吉林省委宣传部、吉林省文化局决定将吉林省伪皇宫陈列馆与吉林省博物馆合署办公。

1982年8月16日，经吉林省人民政府批准，吉林省伪皇宫陈列馆恢复建制，从长春市第二非金属材料试验机厂接收伪皇宫旧址作为馆址。

1984年，伪满皇宫核心区的勤民楼、缉熙楼等主要建筑陆续复原并对外开放，开放区域不足伪满皇宫旧址总面积的十分之一。

2000年7月，中共吉林省委、吉林省人民政府决定将伪满皇宫旧址划归长春市实行属地管理。

2001年2月，吉林省伪皇宫陈列馆更名为"伪满皇宫博物院"。

建筑物特点

伪满皇宫总面积13.7万平方米，其中宫廷主体部分为4.6万平方米，其余为附属部分。主体是内廷与外廷，二者以中和门为界分落南北。内廷有缉熙楼、中膳房、茶房、西膳房、司房、用人住房、西花园与同德殿、书画库、御花园等建筑设施，是溥仪及其眷属的日常起居区。外廷有勤民楼、怀远楼、嘉乐殿、日本宪兵室等建筑设施，是溥仪的政务活动区。此外，伪满皇宫还包括西部的御用汽车库、跑马场、禁卫军营房、花窖与东部的建国神庙、祭祀府、近卫军营房等。缉熙楼、同德殿分别是伪满皇宫建筑群中建成年代最早和体量最大的建筑。

伪满皇宫建筑格局依然保留传统特色，在伪满皇宫中天安门至神武门间只安排了午门、太和殿、御书房、重华门、田坤门、御花园六处建筑。皇宫内部也延续传统皇宫格局，分为三部分，最里面为寝宫，是皇帝及皇后休息的场所。中间为皇宫核心地区，建有皇宫大殿，皇帝在此办公。整座皇宫南部地势平坦，中间地势稍低，其地势走向如同一条巨龙。皇宫位置恰好建在北部地势最高处，占龙首位置。按照规划，皇宫四周还建有宽大的护城河，四周也设置护城角楼，护城墙高达十米，护城河也有五十米宽。四周角楼虽然没有故宫角楼复杂，但同样设计得大气威严。这样的设计，在保证皇宫安全的同时，也能体现皇家地位及尊贵，给民众以威严之感。

伪满皇宫的建筑格局，参考了北京故宫的建筑形制，从顺天门开始进入承光门，其建筑格局如同故宫天安门到午门。道路中间是石板御道，宫墙高十米，巍峨坚固。在确定将午门命名为承光门之时，溥仪曾积极表态，希望以此为名，寓意继承中华民族遗产发扬光大之意。

从承光门进入就是伪满皇宫核心地区，这里按功能结构分为内廷和外廷。外廷由太和殿、宫内各部、万姓园和勤见室组成。在这里，溥仪将行使伪满洲皇帝权力，颁布号令。内廷建有皇帝寝宫和众嫔妃入住的东西二宫，再往里就是御花园，这里是皇帝与内眷休息娱乐的场所，这里的建筑没有外廷高大威严，更多呈现出生活气息。内廷中各个房舍自成体系，同时以曲廊、甬道、广场相连。亭台楼榭之间绿树红花掩映，小桥流水、假山怪石的设计，让这里成为展现中国传统园林艺术的建筑群体。

在溥仪的建议下，太和殿内部建筑采用中西合璧的方式进行装修，门窗及大殿内四周采用西方装修工艺，大殿内屏风、台阶以及龙椅等采用传统中国工艺形式。大殿内外梁柱仍以中国传统贴金和彩绘进行装饰，显得艳丽异常。整座太和殿被中西文化装修方式装饰得富丽堂皇。在伪皇宫中，除了太和殿外，也有一些房屋装修采用了日式装修和现代玻璃彩画，这使得伪皇宫的传统建筑富于现代特色。在整个伪满洲皇宫的颜色确定上，溥仪仍然坚持采用与北京故宫相同的黄瓦、红墙、朱楹、白玉雕栏等部件的颜色，以此表明其中华民族传统宫廷建筑习俗。

文物遗存

2007年5月24日，伪满皇宫博物院被评为全国文物系统先进集体。2009年5月21日，被评为第四批全国爱国主义教育示范基地。2013年5月16日，被评为全国重点文物保护单位。2017年5月18日，被评为国家一级博物馆。2018年10月11日，入选"全国中小学生研学实践教育基地"名单。

伪满皇宫博物院有包括缉熙楼、勤民楼、同德殿等在内的伪满宫廷原状陈列50个、大型基本陈列2个、专题展览3个，举办临时展览33个、中国国内巡展17个、出国展览11个。同德殿原状陈列是伪满皇宫旧址内体量最大、建筑宏伟、体现皇家宫殿和中日合璧风格的建筑。伪满故宫博物院是中国比较完整的宫廷遗址之一，伪满皇宫建筑风格古今并陈、中外杂糅，具有典型的殖民性特点，在建筑风格上反映出当时中国东北的特殊社会状况。

伪满皇宫博物院收藏了大批伪满宫廷文物，日本近现代文物，东北近现代文物、民俗文物，近现代有代表性的书画、雕刻、非遗传承人作品等艺术精品。其中包括溥仪日记、伪满执政令、景仁宫御用地毯、日本名家书法、绘画作品、日本九谷、锅岛、萨摩等名窑陶瓷等文物。例如，珊瑚釉双耳酒杯、御纹章黄釉描金足杯、御纹章金边把杯、御纹章金边盘、七宝烧凤纹瓶、七宝烧红地小花瓶、《禅狐图》《回首图》。

文物保护

长春市接管伪满皇宫后，对保护恢复利用伪满皇宫非常重视，市委、市政府把这项工作列为2002年为市民所做的十二件大事之一，并制定了一系列便于伪满皇宫保护恢复利用及发展的优惠政策，提出"举全市之力，三年内恢复伪满皇宫原貌"的总体部署，确定了对伪满皇宫保护恢复与利用的总体思路。

在省市政府的高度重视和大力支持下，在全体员工的辛勤努力工作下，十几年来，伪满皇宫的保护恢复利用大见成效。伪满皇宫博物院从所管辖的1.2万平方米的区域，已经发展到了伪满皇宫13.7万平方米的全部保护范围，景区面积已经达到25万平方米。同时依据《中华人民共和国文物保护法》全面恢复了伪满皇宫原貌，并对公众开放。伪满皇宫如今已经形成了以宫廷主体建筑群为核心的宫廷游览区，以东北沦陷史陈列馆为主体的警示教育区，以跑马场、禁卫军礼堂及营房等为主体的休闲文化区，以古玩艺术品交流中心、游客服务中心为主体的商贸服务区。伪满皇宫先后被评为全国爱国主义教育示范基地、全国AAAAA级旅游景区、全国抗战遗址纪念地，并被批准为全国文物保护单位。伪满皇宫博物院也由此荣获全国文物系统、全国旅游系统先进集体称号。

文化价值

长春伪满皇宫如同一面镜子，映照出中华民族一段屈辱历史，在它大气奢华背后，隐藏着受辱的悲哀。虽然它的建筑形式彰显了中华传统建筑特色，但在日本扶持下的皇帝和皇宫建筑，日本的险恶用心昭然若揭。长春伪满皇宫建筑设计精美，其建筑规模和表现形式，都代表了中华传统文化建筑的超高水平。如果建成，长春伪满皇宫将同北京故宫一样，成为中国经典宫殿建筑群，是珍贵的历史遗产。但历史不能重演，长春伪满皇宫展现的不但有精湛绝伦的民族建筑工艺，同时照射出曾经被凌辱的伤痛。伪满皇宫在土木基础工程完成之际，就因时局突变而成为历史上永远无法建成的建筑群，但这并不影响它辉煌的建筑规模和昭示后人的历史价值。

◀ 伪满皇宫旧址保护标志

（图片来源：李威拍摄）

参考文献

[1] 本刊编辑部.伪满皇宫及日伪军政机构旧址入选第七批全国重点文物保护单位
[J].溥仪研究，2013（2）：2-7.

[2] 王春晖，徐颖.长春伪满皇宫的历史价值和结构特征[J].兰台世界，2014
（19）：90-91.

侵华日军关东军司令部旧址

关东军司令部位于吉林省长春市新发路577号，旧址现为中共吉林省委所在
地。

历史沿革

关东军司令部是日本驻扎在中国东北的殖民部队关东军的指挥机关驻地，也
是日本驻伪满洲国"大使馆"所在地。关东军司令部旧址陈列馆位于旅顺口区太
阳沟万乐街10号，是一座历经百年的欧式建筑。其1906年为关东都督府陆军部，
1919年4月12日改为关东军司令部，1932年迁至长春，旧址现为中共吉林省委所
在地。建筑时间为1932年8月至1934年8月，总面积34万平方米。

▲日本关东军司令部旧址

（图片来源：王义学提供）

从1946年春夏之交，到1948年10月17日长春和平解放这段时间，国民党新一军、新七军先后将军事指挥机关设在日本关东军司令部旧址。

　　长春解放后的一段时间里，中国人民解放军空军九航校在这座昔日的关东军司令部办公楼里面开始了新中国空军的建设工作。1954年，长春成为吉林省省会，吉林省委机关由江城吉林搬迁到了北国春城，日本关东军司令部旧址开始成为中共吉林省委的办公驻地。

建筑物特点

　　日本关东军司令部在长春地区的建筑工程由日本关东军经理部负责，因为地位特殊，所以日本关东军经理部凌驾于其他伪满建筑设计部门之上，在其设计的建筑样式方面，没有像其他伪满机构建筑那样使用日本关东军规定的所谓"满洲

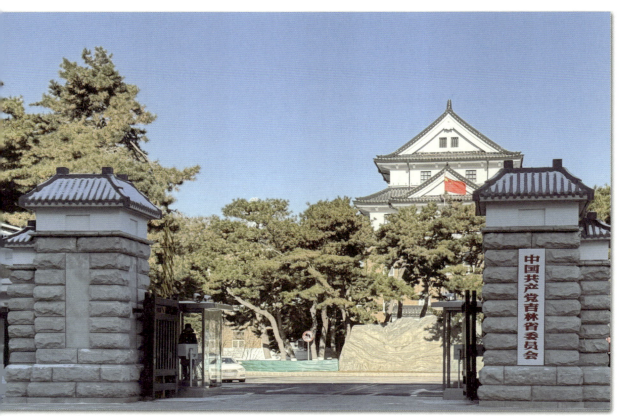

▲ 侵华日军关东军司令部旧址，现为吉林省委

（图片来源：李威提供）

特色"。日本关东军司令部办公楼的建筑形式完全延续了日本国内帝冠式建筑风格，尤其是中央的塔楼外观完全模仿日本传统城堡天守阁的样式，后来日本设计界更是将这栋建筑标注为"近世东洋风"。此外，依照惯例，城市广场周边建筑应面对广场中心，但日本关东军作为当时长春城市规划的制定者和伪满政权的实际操纵者，其在司令部办公楼的修建上却完全没有受这一原则的约束，建筑朝向是正南方向，没有面对广场中心。

建筑平面呈卅字形，地上三层，两翼局部四层，中间塔楼五层，并设有半地下室一层，总面积达到76500平方米，建筑面积达到13424平方米，房间多达221间，最高点距地面31.5米，是当时长春所有建筑的最高点。

文物保护

1983年，日本关东军司令部旧址由吉林省人民政府公布为第三批省级文物保护单位。

▲ 日本关东军司令部旧址保护标志

（图片来源：王义学提供）

文化价值

日本关东军从建立，到穷兵黩武横行一时，直至彻底覆灭，是自19世纪末以来日本帝国主义推行侵略扩张政策全过程的一个缩影。历史最终证明，侵略是人类最大的罪行，战争是人类最可怕的灾难。在人类社会的前进道路中，尽管有许多曲折和磨难，但力量属于正义，正义终将胜利。

参考文献

[1] 刘杰.恶魔的巢穴——日本关东军司令部旧址参观记 [J].环球军事，2005
（15）：62-63.

侵华日军关东军宪兵队司令部旧址

侵华日军关东军宪兵队司令部旧址位于长春市新发路329号。此建筑是伪满洲国成立后，日本政府在长春修建的第一座官厅建筑。

历史沿革

日本关东军宪兵队司令部于1932年动工建设，1933年10月竣工。建筑竣工后，先是由日本关东军司令部入住（后迁往一路之隔的关东军司令部大楼），1934年12月，日本政府在此设立关东局，1935年，日本关东军宪兵队司令部也迁入此楼。现为吉林省人民政府所在地。

1945年8月光复后，此楼被国民党新一军接收使用。

1948年后，此旧址为中国人民解放军空军第九航校校部的一部分。

1954年，吉林省政府从吉林市迁移长春后，此楼作为省政府的办公楼一直使用到今。现保存基本完好。

建筑物特点

日本关东军宪兵队司令部，建筑面积1.2万平方米，主体建筑为钢筋混凝土结构，地上4层，地下1层，内设长官室、办公室、审问室、刑讯室等，是镇压抗日力量，迫害广大人民群众的特务机关。此建筑四方四角、规规矩矩，没有建筑美学上的任何特殊之处，就是一个急急忙忙修建而成的普通办公楼。由关东厅土木课臼井健三设计，大林组施工。大楼整体造型简洁，外墙用棕黄色瓷砖贴面，只在檐口处饰以水平线条，没有其他烦琐装饰。虽然外部设计非常普通，但其内部的建筑质量还是一流的，楼梯、走廊、房间也都规规矩矩，至今仍非常坚固。

该建筑总面积30881平方米，建筑面积12165平方米。

▲ 侵华日军关东军宪兵队司令部旧址现为吉林省人民政府

（图片来源：李威提供）

文物保护

1984年4月，侵华日军关东军宪兵队司令部旧址被长春市人民政府公布为长春市第三批市级文物保护单位。

2007年，侵华日军关东军宪兵队司令部旧址被吉林省公布为第六批省级文物保护单位。

2013年，侵华日军关东军宪兵队司令部旧址被中华人民共和国国务院公布为第七批全国重点文物保护单位。

文化价值

日本关东宪兵队组建于1906年，其历史要比日本关东军早得多。成立之初，它隶属关东都督府，目的就是执行军事警察及对关东州和"满铁"附属地的行政与司法警察（类似武警）任务。1919年，关东州实行军政分离，关东军成立后，关东宪兵队改由日本国内的宪兵司令部直接指挥，与关东军是两套管理体系。当时，其本部设在旅顺，共有7个分队，8个分遣所，人员共计200余名。

1931年"九一八"事变后，关东宪兵队升格为关东宪兵司令部，改由关东军司令部直接领导。其后，关东宪兵司令部在奉天、长春、哈尔滨等地设立了5个宪兵队和17个宪兵分队，总人数上升为500多人。其任务明确为"在关东军司令部的指挥下，在相应区域内，执掌治安与军事警察业务"。1934年，关东宪兵司令部从旅顺迁往新京（今长春），在大和旅馆（今春谊宾馆）暂短驻扎后，1935年4月，迁入这座大楼，与关东军局各居其半。从那以后，关东宪兵部队迅速膨胀，到1937年，在新京、奉天、延吉、哈尔滨、承德等地设置8个宪兵队，人员增加到3000多人。战后的日本第一战犯东条英机，就在1935年到1937年担任过关东宪兵队司令官。与此同时，关东军在伪满洲国内部也建立了宪兵队，使之成为日本关东宪兵队的助手。

侵华日军关东军宪兵队司令部旧址，是帝国主义侵华遗迹。在日本帝国主义侵占东北的十四年中，关东宪兵队司令部策划了一系列针对中国人民抗日活动，尤其是针对中国共产党领导的抗日群众组织及抗日联军的镇压活动，杀害了大批共产党人和爱国人士，对中国人民犯下了滔天罪行。遗址的保留对于新时代爱国主义教育有着重要的意义。

参考文献

［1］本刊编辑部.伪满皇宫及日伪军政机构旧址入选第七批全国重点文物保护单位［J］.溥仪研究，2013（2）：2–7.

伪满洲国国务院旧址

伪满洲国国务院旧址是伪八大部建筑群中的主要建筑，位于吉林省长春市新民大街126号，此处原为伪满国务院总务厅和参议院受命日本关东军对东北实行殖民统治的场所，现为吉林大学新民校区基础医学院。

历史沿革

伪满洲国国务院旧址始建于1935年，系伪满洲国国务活动的办公场所，为该

▲ 伪满洲国国务院旧址，现为吉林大学新民校区基础医学院

（图片来源：李威拍摄）

▲ 伪满洲国国务院旧址全景

（图片来源：王义学提供）

傀儡政权的中枢机关。在东北沦陷十四年间，伪满洲国国务院奉行日本帝国主义的政治、经济、军事计划，助纣为虐，犯下了滔天罪行。

1946—1948年10月，旧址先后由国民党励志社、长春国民党第一兵团政工、副官、军需处占用。

1948年3月25日至1948年10月17日，东北"剿总"第一兵团团部设置于此。

1948年10月，长春解放后，长春解放大路小学使用旧址办学，后移交给中国人民解放军第一军医大学基础医学部。

1958年，旧址由吉林医科大学使用。

1978年，旧址由白求恩医科大学使用。

2000年，旧址由吉林大学基础医学院使用，保存现状较好。

建筑物特点

伪满洲国国务院旧址又称"第五厅舍"，由石井达郎设计，大林组负责施工，1934年7月19日动工，1936年11月20日竣工，造价250万元。

伪满洲国国务院旧址主体建筑为钢筋混凝土结构，共五层，地上四层，有一层半地下室，中间塔楼为六层，高度达44.8米。总面积50600平方米，建筑面积20500平方米。两翼各四层，在出入口门厅处，立着两根方边柱和四根圆柱。楼顶以棕色琉璃瓦覆顶，外墙饰以咖啡色瓷砖贴面。主要景点有末代皇帝溥仪阅兵台、伪满洲国国务总理大臣张景惠办公室、京华阁画廊。

建筑设计风格仿日本国会大楼，具有共同的"兴亚式"风格，正门朝西，院落为正方形，整个建筑物呈川字形，塔式屋顶，屋顶茸以烟色琉璃瓦。南北西各有大门，地面主体五层，两翼各四层。

文物遗存

末代皇帝溥仪阅兵台；

伪满洲国国务总理大臣张景惠办公室；

病理人体标本陈列馆；

京华阁画廊。

文物保护

1983年，伪满洲国国务院旧址由吉林省人民政府公布为第三批省级文物保护单位。

2013年3月，伪满洲国国务院旧址成为第七批全国重点文物保护单位。

2013年开始，长春市完善对伪满洲国建筑旧址的保护、修缮工作。吉林省与长春市两级文物行政部门积极组织开展新民大街两侧伪满洲国建筑旧址的修缮工程，申请全国重点文物保护专项资金2亿多元，修缮工程已完成大部分。在修复过程中尽量保留建筑的原有形式，将现代技术与传统工艺相结合。随着时间的推移、社会的发展，人们对文物建筑的保护意识加强，未来将会有更多的文物建筑需要修复，许多同类型、同时期文物建筑的结构形式和破损状况都有相似之处，伪满洲国国务院旧址的修复实践可以为以后其他文物建筑的修复提供借鉴。

2017年12月，伪满洲国国务院旧址作为伪满皇宫及日伪军政机构旧址的组成部分，入选由中国文物学会、中国建筑学会联合发布的第二批中国20世纪建筑遗产名录。

▶ 伪满洲国国务院旧址保护标志

（图片来源：李威拍摄）

文化价值

伪满洲国国务院曾是伪满政权的最高行政中枢机关，掌握伪满政府行政事务。伪满洲国国务院日常行政领导部门为总务厅，直属机构包括兴安局、恩赏局、审计局、建筑局、官需局、地政局、大陆科学院、大同学院、建国大学等。先后有两任伪国务总理大臣在此办公，第一任是郑孝胥，第二任是张景惠。这两任伪国务总理只是形式上的伪国务院最高官员，实权完全掌握在日本人手里，在国务院内设立的由日本人担任的伪总务厅长官才是实际的主宰者，他实际上代表日本帝国主义控制着伪满洲国国务院。

伪满洲国国务院旧址具有历史、艺术、科学价值，建筑设计风格仿日本国会大楼。伪满建筑是由当时日本一流建筑师用一流的材料与技术建造而成的，其风格不是单纯的日式风格，而是融合了日本特色与中国文化的产物。

参考文献

［1］李之吉，陆申烨.伪满洲国国务院旧址修复研究［J］.安徽建筑，2017，24（4）：81-82+128.

［2］本刊编辑部.伪满皇宫及日伪军政机构旧址入选第七批全国重点文物保护单位［J］.溥仪研究，2013（2）：2-7.

［3］王冉.伪满洲国国务院旧址［J］.新长征（党建版），2016（10）：63.

［4］韩锐，付胜美，赵春雷.长春地区典型"兴亚式建筑"三维数字化规划与模拟改造方案探讨：以伪满洲国国务院旧址为例［J］.沈阳建筑大学学报（社会科学版），2012，14（1）：16-20.

伪满洲国军事部旧址

伪满洲国军事部旧址位于吉林省长春市新民大街71号。伪满洲国军事部管辖国防、兵事、军政，是武力镇压抗日民众、残酷围剿抗日力量的中心，是日本帝国主义的爪牙和帮凶。

▲ 伪满洲国军事部旧址，现为吉大一院1号楼

（图片来源：李威拍摄）

历史沿革

伪满军事部的前身是设在沈阳的军政部筹备处，成立于1932年3月，同年4月移至长春，它主要镇压反满抗日运动，积极配合日本侵略军的侵略活动。

1937年7月，军政部与民政部的警务司统一，设治安部。

1943年4月，又改为军事部，是指挥伪满洲国军队的机关。

1945年，伪满洲国灭亡后，该大楼被国民党军队占用。

1948年，长春解放后，由中国人民解放军军医大学第一临床医院（今吉林大学白求恩第一医院）接收使用。

1970年，该医院在四楼之上接高一层。经维修后使用至今。

建筑物特点

伪满洲国军事部旧址，始建于1935年，1938年11月竣工，整个建筑平面呈三角形，具有中西折中主义的"兴亚式"风格，为钢筋混凝土结构，总面积53850平方米，主体建筑面积17000平方米，地上四层，地下一层。

1970年，使用单位在其上加高一层，面积达20136平方米，并把顶部改为歇山式屋顶，屋顶及檐口的琉璃瓦都改成绿色，加上后加的尺度巨大的装饰浮雕图案，更加剧了该建筑存在的既有矛盾。

旧址主体楼外有车库、锅炉房等附属建筑。目前由吉林大学白求恩第一医院使用，保存现状较好。

文物保护

1984年，伪满洲国军事部旧址被长春市公布为第三批市级文物保护单位。

2007年，伪满洲国军事部旧址被吉林省公布为第六批省级文物保护单位。

文化价值

伪满的校官们在这座楼里指挥东北各地军、警、宪、特，残酷地镇压中国人民，凶狠地"围剿"抗日力量，并强令东北人民接受日本帝国主义的统治，把东北变成日本的殖民地。

▲ 伪满洲国军事部旧址保护标志

（图片来源：李威拍摄）

战争的硝烟已经散尽，留下来的历史教训将是永存的。矗立在吉林大地上的伪满洲国军事部旧址，既是历史文物，又是进行爱国主义教育的极好教材。

参考文献

［1］本刊编辑部.伪满皇宫及日伪军政机构旧址入选第七批全国重点文物保护单位［J］.溥仪研究，2013（2）：2-7.

伪满洲国司法部旧址

伪满洲国司法部旧址位于今新民大街828号，正门面临新民大街，与伪满洲国国务院旧址相邻。伪满洲国司法部设有总务、法务、行刑三司，存在期间积极推行反人民的法律，为帝国主义侵略政策服务。

历史沿革

伪满洲国司法部旧址建于1935年。

1945年日本投降后，被国民党军队占用。

1948年10月，长春解放后，由中国人民解放军军医大学（今吉林大学白求恩医学部）接管，使用至今，现状基本完好。

伪满司法部1932年12月成立，设有总务

▲ 伪满洲国司法部旧址，现为吉林大学白求恩医学部办公楼（图片来源：李威拍摄）

司、法务司、行刑司三个司。司法部总长监督法院及检查厅。司法部掌管司法、法院、检察院、监狱、民事、刑事、民籍、地籍及其他司法等事项。该部存在期间，秉承日本侵略者的旨意，专门实施卖国勾当，制定镇压爱国力量的法律，实施奴役东北人民的法令法规，为日本帝国主义侵略服务。

建筑物特点

伪满洲国司法部旧址总面积32656平方米，平面呈长方形，建筑面积16328平方米，地上三层，地下一层。司法部旧址由相贺兼介主持设计，整个建筑呈十字形，没有采用当时在其他"厅舍"建筑中常见的钢筋混凝土结构，而是用了传统的砖混结构，只在局部采用了内框架，坡屋顶为木屋架结构。这是典型的折中主义风格建筑，既受日本建筑风格影响，在细节处又能看到中国传统文化的痕迹。建筑平面布局采用单廊形式，即东侧为走廊，西侧布置房间，南北两侧为楼梯间，仅北侧楼梯间可通往地下一层。

旧址正门朝西，正中建有塔楼，塔楼为三层。塔楼底层为拱型窗，二、三层为条窗。主楼中上部配以歇山、马尾、重檐。门厅宽大敞亮，门厅前部每侧由三根圆柱呈L字形排列，顶棚上部用宝蓝色琉璃瓦装饰。主楼第一层为拱型窗。整个建筑用赭石色瓷砖贴面。中部高出主体建筑三分之一，用白色瓷砖贴切面。塔楼、层檐部均以宝蓝色琉璃瓦装饰。

文物保护

1984年，伪满洲国司法部旧址被长春市公布为第三批市级文物保护单位。

1999年，伪满洲国司法部旧址被吉林省公布为第五批省级文物保护单位。

目前伪满洲国司法部旧址由吉林大学新民校区使用，保存基本完好。对于伪满洲国司法部旧址这类已使用多年并且经过多次改造维修，又是国家级文物保护建筑物的修复，应从其本身的空间布局、结构体系等客观情况出发，并与建筑未来使用者讨论确定其具体使用的功能，在此基础上，讨论建筑修复的具体方案才有现实意义。

▲ 伪满洲国司法部旧址保护标志

（图片来源：李威拍摄）

文化价值

伪满洲国司法部旧址的职能为监督法院、检察厅及监狱工作。掌管有关民事、刑事、行刑、非讼事件、民籍、地籍及其他司法行政的审批事项。伪满洲国司法部旧址的内设机构经过多项调整，到1944年有大臣官房、总务司、民事司、刑事司、司法矫正总局、法律审议委员会、日满司法联络委员会和司法部职员养成所。1937年之前，任伪满洲国司法部总长（后改称大臣）的是冯涵清，1937年之后为张焕相，1942年以后则由闫传绂担任这一职务。

伪满洲国司法部从1937年至1942年公布实施的法令主要有：屠杀爱国志士的《叛徒惩治法》，帮助日本掠夺东北物质资源的《产业统制法》，限制人民自由的《治安维持法》，强制征兵的《兵役法》，镇压人民反抗的《刑法》《刑事诉讼法》《监狱法》，禁止出入境的《国境保安法》等等。伪满洲国司法部是镇压、监禁、役使、迫害东北人民的主要机关。

参考文献

[1]本刊编辑部.伪满皇宫及日伪军政机构旧址入选第七批全国重点文物保护单位[J].溥仪研究，2013（2）：2-7.

[2]李之吉，邓云琴.浅析伪满司法部旧址保护与修复[J].四川建材，2017，43（8）：43-44.

伪满洲国民生部旧址

伪满洲国民生部旧址位于吉林省长春市人民大街3623号。

历史沿革

1932年初，伪满洲国设立民政部，下设总务、地方、警务、土木、卫生、文教六个司。伪满民政部当时有两项工作，一是购买土地准备移民工作，二是收缴枪支让民众没有反抗能力。

1937年，伪满洲国民政部撤销，改设伪满洲国民生部，下设大臣礼宾司及教育、保健、社会等机构。主要掌管学校教育、保健卫生、社会设施、礼教等事宜。部内的社会司内设立辅导科，作为劳动管理的行政部门。后又专设劳务司，再后又设勤劳奉仕局，专门从事抓劳工等罪恶活动。

1943年4月，撤销教育司，成立文教部。

1945年3月12日，伪满洲国民生部废止，分别成立伪满洲国厚生部和国民勤劳

▲ 伪满洲国民生部旧址，现为吉林省石油化工设计研究院

（图片来源：李威拍摄）

▲ 伪满洲国民生部旧址

（图片来源：伪满皇宫博物院提供）

奉公部。

　　1957年，这栋建筑成为吉林省地方工业研究所的办公场所，后来作为吉林省石油化工设计研究院的办公楼，至今保存较好。

建筑物特点

　　伪满洲国民生部旧址，建筑面积5310平方米，主楼二层，地下一层，平面呈长方形，钢筋混凝土结构。被称为"第五厅舍"。

　　建筑的中间大厅是塔楼式设计，六根罗马柱增强了视觉效果，房顶采用传统中式，建筑整体风格属于西方古典主义与中式传统的结合。罗马柱上面的设计很有特点，有点儿像瓶盖的感觉。建筑两侧的设计特点跟伪满州国财政部一模一样，只是粉刷的颜色不同。

　　这栋老建筑的内部是不对外开放的，窗户的设计跟这座建筑的整体风格好像不搭，跟清真寺房顶的设计风格很像。

建筑的正面是左右对称的结构，背面的设计稍有变化，这里有通往地下室的入口。地下室在外面，有两个门可以通往内部，墙体下面运用了中式回字纹的设计。

房顶保留了中式兽形设计，除了主体房檐上的兽形，旁边的房檐上也设计了大理石材质的兽形。

文物保护

1984年，伪满洲国民生部旧址被长春市公布为第三批市级文物保护单位。

2007年，伪满洲国民生部旧址被吉林省公布为第六批省级文物保护单位。

文化价值

民生部实为镇压东北民众、负责日本移民政策的一处重要的工作机构。通过"地籍整理"大肆掠夺东北农民的土地，并积极策划成立"满洲拓殖株式会社"，负责"移民现地指导和获取土地"等事项。深入了解伪满洲国民生部，对于分析日本对中国东北经济的掠夺政策有十分重要的意义。

参考文献

[1]本刊编辑部.伪满皇宫及日伪军政机构旧址入选第七批全国重点文物保护单位[J].溥仪研究，2013（2）：2-7.

▲ 伪满洲国民生部旧址保护标志
（图片来源：李威拍摄）

伪满洲国综合法衙旧址

伪满洲国综合法衙旧址位于长春市自由大路108号。南邻南湖公园，门前是新民广场。伪满洲国最高检察厅、最高法院，伪新京特别市高等检察厅、高等法院均设在这里，故称为综合法衙。

历史沿革

伪满洲国综合法衙旧址建筑始建于1932年，1936年竣工。

1938年，伪满洲国最高检监察厅、最高法院等逐渐迁入法衙之中。

1945年8月，伪满洲国各级法院和伪满洲国检察厅机构随着日本殖民统治和伪满政权的覆亡而解体。随后的几年间，伪满洲国综合法衙旧址的使用权辗转于

▲ 伪满洲国综合法衙旧址，今中国人民解放军第四六一医院

（图片来源：李威拍摄）

驻长苏联红军和国民党军队之手。

1946年5月，旧址被国民党占领。国民党将其设为吉林省高等法院。

1948年10月，长春解放，旧址又被改为部队医院，由中国人民解放军第四六一医院接管使用至今，目前旧址保存完好。

建筑物特点

伪满洲国综合法衙旧址，总面积10.385万平方米，建筑面积1.6万平方米，地上三层，地下一层，中间塔楼局部五层，整个平面呈山字形，建筑的转折部分均采用圆角曲线过渡，形似欧洲的堡垒式建筑。由高冈组负责施工，伪营缮需品局监理。建筑主体采用钢筋混凝土结构，正中塔式楼顶葺以紫红琉璃瓦，外墙用咖啡色薄砖贴面，设计独特，表面采用圆角曲线型。

伪满综合法衙旧址的正立面构图采用了东方传统的对称形式。主入口位于建筑的中轴线上，并且设置了宽大的方形门廊，在门廊的左右两侧分别设置对称的车道。旧址的建筑主体采用"横三纵五"的设计手法。其中"横三"是指建筑在水平方向被分为三部分：首层采用水刷石板饰面，中间层采用咖啡色面砖装饰，顶层为褐色琉璃瓦屋面。"纵五"是指建筑在竖直方向被划分为五个体块：主体塔楼与两翼的拐角处向外凸出，形成曲面，配以外侧宽大的门廊形成主要体量；左右为平整的墙身部分；在端部又向后弯曲形成两翼的入口，在两翼的入口同样设置方形门廊加以强调。

旧址的建筑外观及装饰构件的色彩非常适合北方寒冷地区。建筑使用暖色调的咖啡色面砖和深褐色琉璃瓦，配以灰白色的剁斧石装饰构件，使得整体色调柔和又整体协调，充分体现出寒地建筑的特色。

文物保护

1999年，伪满洲国综合法衙旧址被吉林省人民政府公布为第五批省级文物保护单位。

2013年，伪满洲国综合法衙旧址被国务院公布为第七批全国重点文物保护单位。

2016年，旧址进行了一次大型的室内保护与修缮工程，在满足医院功能正常使用的同时，也掩盖了建筑的部分原有信息。

▲ 伪满洲国综合法衙旧址保护标志

（图片来源：李威拍摄）

文化价值

　　1931年，"九一八"事变后，在日本人的精心策划下，爱新觉罗·溥仪于1932年3月9日以"执政"的身份公布了伪满洲国的第一部《政府组织法》。这座建筑成了当时伪满洲国和伪新京市的最高司法机关聚集地，成为日本帝国主义和伪满傀儡政权对东北人民进行法西斯统治的重要工具之一。楼内的刑讯室和绞人机等几十种刑具，充满了法西斯的残暴气息。

　　在东北沦陷的十四年里，由溥仪作为"儿皇帝"的伪满洲国历史，是日本人一手策划与导演的丑剧，更是一场民族悲剧。而长春则成了一个群魔乱舞和鬼蜮横行之地。直至1945年8月15日，日本战败投降后，"综合法衙"也结束了充满血腥及罪恶的历史。长春解放后，伪满洲国综合法衙旧址这座外形别致的建筑物，终于回到了人民手中，其也是重要的爱国主义教育阵地。

参考文献

　　［1］岳远志.原真性视角下伪满综合法衙旧址的保护与修缮技术研究［D］.长春：吉林建筑大学，2020.

［2］张祥顺.伪满洲国综合法衙旧址［J］.兰台内外，2002（4）：56.

［3］本刊编辑部.伪满皇宫及日伪军政机构旧址入选第七批全国重点文物保护单位［J］.溥仪研究，2013（2）：2-7.

伪满洲国经济部旧址

伪满洲国经济部旧址位于新民大街829号。伪满洲国经济部是伪满洲国掌管经济的中枢机关，包括财政、工务矿山两司，另纠合水利、电气、建设局、特许发明局和输出柞蚕丝检查所等，是为日本帝国主义掠夺东北经济服务的部门。其前身是伪满洲国财政部。

历史沿革

1937年，伪满洲国经济部由伪满洲国财政部改组成立。

1946年，伪满洲国经济部旧址由国民党政府经济部接收。

1946—1948年，国民党新七军青年教导团驻扎于此。

目前是吉林大学第三临床医院。

◀ 伪满洲国经济部旧址，现为吉林大学第三临床医院

（图片来源：李威拍摄）

建筑物特点

伪满洲国经济部旧址，1937年动工，1939年竣工。建筑面积43200平方米，共四层，建筑平面呈长方形，钢筋混凝土结构。

建筑设计十分简洁，建筑在立面处理上为三段式，基座部用现代简洁手法处理。中部立面无烦琐装饰，两侧严谨对称，墙面以深褐色砖贴面。上部为女墙，顶部为一收敛的中国传统硬山式屋顶，檐仅伸过墙面，上铺棕红色琉璃瓦。

这座当时被称作"东洋趣味的近代式"的建筑，两侧外墙是面砖，中间贴灰白色石材，中间高起部分为两坡屋顶，其他部分的装饰较少，是当时顺天大街两侧形式和外部装饰最简单的建筑。"满洲式"这种在形式和内涵上都体现了日本军国主义政治意图的建筑形式，虽然数量不多，但它却是伪满时期长春近代建筑设计的主体。与同时期任何地方的其他建筑形式相比，其最大的特征在于"满洲式"有着明晰的发生和发展轨迹和明确的政治意图。通过实例可以看出，由于没有经过一个完整的成型期，同称为"满洲式"的建筑之间缺乏明显的共性。由于"满洲式"建筑的设计仅仅发生在东北沦陷时期的短短几年间，且影响范围较小，使其未能也不可能成为一种建筑流派。

▲ 伪满洲国经济部旧址保护标志

（图片来源：李威拍摄）

文物保护

1984年，伪满洲国经济部旧址被公布为第三批市级文物保护单位。

2007年，伪满洲国经济部旧址被公布为第六批省级文物保护单位。

2013年，伪满洲国经济部旧址被公布为全国重点文物保护单位。

文化价值

伪满洲国经济部旧址，现为吉林大学第三临床医院。当时的伪满洲国经济部在经济上实行的是统制政策，以设立特殊会社为主要手段，使东北的物资不断地被伪满洲国控制，使原有的民族工业纷纷倒闭，大量的资源、财产流入日本侵略者手中。

参考文献

［1］本刊编辑部.伪满皇宫及日伪军政机构旧址入选第七批全国重点文物保护单位［J］.溥仪研究，2013（2）：2-7.

［2］张俊峰，杜俐.长春"满洲式"建筑遗存述论［J］.建筑与文化，2010，（6）：100-103.

伪满洲国交通部旧址

伪满洲国交通部旧址位于吉林省长春市新民大街1163号。伪满洲国交通部内设总务、铁道、邮政、水运四司，具体管理铁道、邮政电信、电话、航空、水运及其他一般交通事项，是伪满洲国交通、邮政的中枢机关。

历史沿革

1932年3月9日，伪满洲国交通部成立。

1935年，伪满洲国交通部迁入新落成的建筑之中。日本投降后，该建筑被国民党军队占用。

▲ 伪满洲国交通部旧址，现为吉林大学公共卫生学院

（图片来源：李威拍摄）

1948年8月，长春解放后，由中国人民解放军军医大学（后改为吉林大学新民校区公共卫生学院）接收使用至今，目前保存完好。

建筑物特点

伪满洲国交通部旧址，建成于1935年，至今已有80多年历史。建筑面积8279平方米，共四层，建筑平面呈长方形，钢筋混凝土结构。

整个建筑造型生动，外墙的琉璃装饰被用到极致，细部做工精致，经多年的风雨剥蚀，仍毫无损伤。深紫褐色的琉璃面砖衬托着黄灰色的琉璃装饰构件，女墙的檐部设有小的垛口，并有石材压顶。建筑两翼的端部设有凸出的窗套和阳台的装饰，类似垂花门的形式。入口门廊灯座下，台阶两侧有抱鼓石，建筑下部贴浅色石材到底。

这座被称为"新兴满洲式"的建筑，充满着强烈的装饰性，即使有一些中国传统建筑构件，但其奇异的形式仍使人充分地感觉到其异域的色彩。其深重的颜色、黑色的屋顶和向前后高高翘起的屋脊都给人以神秘的感觉。

文物保护

1994年，伪满洲国交通部旧址被公布为第六批市级文物保护单位。

2007年，伪满洲国交通部旧址被公布为第六批省级文物保护单位。

文化价值

伪满洲国交通部，控制了中国东北沦陷区境内的陆、海、空运输及邮政管理，直接服务于日本帝国主义的侵略政策和掠夺政策。旧址是日本帝国主义侵略中国罪行的真实见证，是进行爱国主义教育的好教材。

参考文献

［1］本刊编辑部.伪满皇宫及日伪军政机构旧址入选第七批全国重点文物保护单位［J］.溥仪研究，2013（2）：2-7.

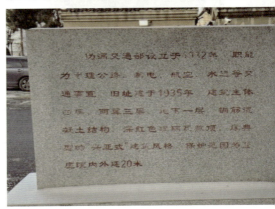

▲ 伪满洲国交通部旧址保护标志
（图片来源：李威拍摄）

伪满洲国外交部旧址

伪满洲国外交部旧址坐落于吉林省长春市建设街1122号。是伪满外交部的办公场所。该部下设宣化、政务、通商和总务四司，其职能就是指挥监督驻外使节、领事；掌握关于国际交涉、通商保护侨民等事务，这归根结底是进行出卖中国东北主权的罪恶勾当。

历史沿革

1932年，伪满洲国成立之后，依据《政府组织法》建立了伪满洲国外交部。

伪满洲国外交部下设四个司。

1934年7月21日，伪满洲国外交部扩充，开设了领事馆、办事处，派驻商务人员、外交人员随之增加。

1937年，日本帝国主义为适应"准战体制"，从7月1日起，将原有的九个部削减为六个部，撤销了外交部，通用事务移交经济部管辖，并在伪满洲国国务院内设置了外务局，由伪满洲国国务总理大臣直辖。外务局的主要任务是处理国际交涉，调查外国事务及搜集多国情报，派出外交使节，处理外交官或留居外国侨民、外国人出入境等事项。

1941年，日本发动了大规模的太平洋战争，日本的政治和经济进一步转向战时体制。作为追随日本的伪满政府，其配合日本的侵略行为，进一步加强了对外联络，并先后与德国、意大利结成德、意、日法西斯联盟，并且与西班牙、罗马尼亚、南斯拉夫、捷克、匈牙利、朝鲜、缅甸、泰国等建立了外交关系。德、意、泰还在长春建立了"公使馆"。

1942年4月20日，撤销外务局，重新设立了伪满洲国外交部。在东北沦陷的十四年里，伪满洲国外交部不断演变，但它始终为日本的侵略政策服务，始终进行着出卖我国主权的罪恶勾当。

1945年8月，日本帝国主义无条件投降，伪满洲国随之灭亡，伪满洲国外交部也黯然收场。

解放后，这座建筑回到人民手中，先后由中共吉林省委党校、东北文史研究所、吉林省军区等单位使用。

1977年9月，伪满洲国外交部旧址划拨吉林省社会科学院使用。旧址目前保存完好。

建筑物特点

伪满洲国外交部旧址始建于1932年，建筑面积9700平方米，高两层，砖木结构，地下一层为具有欧式特点的城堡式建筑。建筑南侧地下室有三个玻璃采光窗，由于要承受来往行人的踩踏，所以用铸铁做网格骨架，并镶有厚重的倒立的锥形彩色玻璃，白天用来为地下室补充采光，夜晚地下室的灯光又照亮玻璃地

▲ 伪满洲国外交部旧址

（图片来源：伪满皇宫博物院提供）

面，彩色玻璃五彩斑斓，效果独特。建筑外墙采用当时流行的水平向窄条厚面砖，转角部位都做成完整的定型产品。柱廊用六边形的石柱支撑，上部有石制的柱头和雀替造型。

伪满洲国外交部办公楼建于当时兴亚街与大庆路交会处的东南角，东南临近规划中的御花园，是当时最靠近"帝宫"规划用地的办公建筑。该建筑由法国布罗萨德·矛平公司承包设计与施工管理，工程用款是由法国经济发展协会提供的有偿贷款，也是当时引入西方投资的唯一一座建筑。该建筑1933年动工，1934年竣工，设计风格比较独特。

建筑平面布局非常灵活，立面造型也很丰富，它是当时伪满洲国行政办公建筑中形式最复杂的建筑。除主入口的正面和背面受西方建筑形式和构图的影响外，设计者也试图表现东方式建筑的性格，空透的栏杆、六边形的窗子、圆圆的月亮门等都体现了法国设计师对"满洲式"建筑内涵的"理解"。特别是建筑北侧的次要入口，圆拱形的门洞、两侧向内倾斜的墙体与上面建筑的局部装饰都有着浓厚的日本近代建筑的风格。

▲ 伪满洲国外交部旧址保护标志
（图片来源：李威拍摄）

文物保护

1984年，伪满洲国外交部旧址被公布为第三批市级文物保护单位。

2007年，伪满洲国外交部旧址被公布为第六批省级文物保护单位。

文化价值

与伪满洲国其他各部相比，伪满外交部更像一个摆设，因为世界上根本没有几个国家承认伪满洲国是一个有着独立主权的国家，与之建交的几乎都是被德、意、日侵占后扶植起来的伪政权和少数建立法西斯独裁政治的反动政权。对于这栋建筑究竟拆与不拆的问题已经争论多年。有人建议拆除，有人主张保留。主拆者认为，伪满建筑已破败不堪，无保留价值；而主留者认为，它记录了一段历史，可以警示后人。所以，无论从哪个角度来讲，伪满洲国外交部的命运都只有落寞的开端、曲折的经历和凄凉的结局。

参考文献

［1］本刊编辑部.伪满皇宫及日伪军政机构旧址入选第七批全国重点文物保护单位［J］.溥仪研究，2013（2）：2-7.

［2］文宣.伪满洲国外交部建筑将还原貌［N］.吉林日报，2000-08-04（A02）.

［3］林丽晶.长春老建筑：伪满洲国外交部［J］.兰台内外，2003（4）：45.

10

老黑沟惨案遗址

历史沿革

老黑沟惨案遗址位于吉林省吉林市舒兰市新安乡榆树沟。这里地势险要，古木参天，沟壑纵横，抗日战争时期是日寇统治力量比较薄弱的地方。当时活跃在舒兰、五常山区的宋德林、周太平领导的反满抗日救国义勇军，以此为根据地与敌人展开游击战争。

1935年5月29日，日军从齐齐哈尔调来满洲派遣军十六师团三十八联队第三大队1300余人进驻蛟河，欲"讨伐"老黑沟。6月6日，日军采用"闪电战术"，实行"拉网合围""三光政策"分三路杀进老黑沟，分别在桦曲柳顶子、青顶子、月牙泡边、榆树沟东山头、柳树河屯西、胡家店六个行政村残屠杀平民1017人，烧毁所有民房，2000余头大型牲畜被掠夺，荒芜耕地800多公顷。一时间，八十里长川浓烟滚滚，尸横遍野，血流成河，日军制造了一个又一个"无人区"，这就是震惊东三省的老黑沟惨案。

1995年8月31日，为纪念反法西斯战争胜利50周年和当时在惨案中被害的无辜百姓，在惨案始发地修建了"老黑沟惨案遗址"纪念碑。纪念碑坐落在新安乡联合村长安屯西北侧，总面积1000平方米。纪念碑有三组，材质为大理石，主碑高度为4米，碑体上醒目地刻着"老黑沟惨案遗址"7个大字。主碑两侧矗立着

"勿忘国耻""兴我中华"两座辅碑，碑体后面分别刻画和描述着"老黑沟惨案示意图"和"老黑沟惨案事件概述"。

遗址特点

老黑沟，从影背山南麓至桂家屯，沟长40千米，最宽处4千米，最窄处0.5千米，总面积451.15平方千米。

文物遗存

纪念碑。

文物保护

1996年，老黑沟惨案遗址被列为吉林市级爱国主义教育基地。

2001年12月5日，老黑沟惨案遗址被吉林市人民政府列为吉林市文物保护单位。

2011年，老黑沟惨案遗址被吉林省委、省政府评为省级爱国主义教育基地。

2014年8月28日，老黑沟惨案遗址被吉林省人民政府核定为第七批省级文物保护单位。

2019年10月7日，老黑沟惨案遗址被中华人民共和国国务院核定为第八批全国重点文物保护单位。

▲ 老黑沟惨案遗址
（图片来源：王义学提供）

▲ 老黑沟惨案遗址保护标志
（图片来源：王义学提供）

文化价值

老黑沟惨案遗址是揭露日本帝国主义残杀中国人民的铁证，是爱国主义教育基地。老黑沟人民那种不屈不挠、英勇斗争的精神永远被世人所传颂。

参考文献

［1］吉林市地方志编纂委员会.吉林市志：文物志［M］.长春：吉林文史出版社，1994：469-470.

［2］迟海波.红色文化资源［M］.长春：吉林人民出版社，2011：79-80.

［3］国家文物局.中国文物地图集：吉林分册［M］.北京：中国地图出版社，1993：77.

［4］李春成.吉林省东北抗联遗迹保护的若干思考［J］.文物天地，2009（6）：4-7.

［5］王福安.老黑沟惨案始末［C］//吉林省博物馆协会，吉林省博物院.格物集：吉林省博物馆协会第三届学术研讨会论文选编（2014—2015）.长春：吉林人民出版社，2016：186-192.

［6］张淑贤，唐晓天.日本关东军第16师团与老黑沟惨案［J］.东北史地，2007（2）：24-25+89.

11

侵华日军第100部队遗址

历史沿革

侵华日军第100部队遗址，也称日本关东军100部队旧址，位于吉林省长春市绿园区。第100部队是以家畜和植物为研究对象的关东军总司令直属细菌部队，从事畜类病菌对活人体的杀伤力研究，并以活人作为实验对象。

100部队的前身是1931年9月在奉天（今沈阳）设立的关东军临时病马收容所。1933年初，关东军临时病马收容所由奉天迁址到新京（今长春）宽城子。1933年2月，关东军司令部命令临时病马收容所改编为关东军临时病马厂。1936年4月23日，关东军参谋长板垣征四郎向陆军省呈报《对充实在满兵备意见书》，提出"改编"关东军临时病马厂，使之成为收治伤病马、防疫、细菌战对策的研究机关，新设关东军军兽防疫厂（挂牌时的正式名称为"关东军军马防疫厂"）。1936年8月1日，关东军军马防疫厂成立，标志着日军第100部队正式成立。

1937年，日本发动全面侵华战争后不久，100部队开始在长春西南10千米的孟家屯修建新址，1939年从原址（宽城子）迁往新址。

1940年11月，该部改用秘密番号"满洲第100部队"。1941年后，100部队又被称为"若松部队"。1945年4月20日，改番号为"德25207部队"。

100部队组织机构庞大，本部设有总务部、第一部、第二部、第三部、第四部、教育部，各部下设若干分部。总务部管统筹，第一部管马疫研究，第二部管细菌武器研制和使用，第三部管马疫血清制造，第四部管资材补给，教育部管细菌战人才培训。第二部最为重要，有150—200人，又分为6个分部，其中1943年12月成立的第六分部后来成为第二部研究和生产细菌武器的中心。

1945年8月9日、10日，关东军司令官山田乙三签署命令，要求销毁731部队和100部队的罪证。从12日、13日起，100部队将文件集中销毁，把贵重器材装上火车运走。15日，听到日本天皇的"终战"广播后，100部队进一步将建筑炸毁，烧毁档案，杀死马匹，并有计划地组织撤退。100部队撤退后，将感染病菌的马匹放出，造成当地居民的家畜大量死亡。

1949年12月，由苏联主持进行的一场细菌战审判，使被隐藏已久的100部队露出真容。据战犯高桥隆笃、平樱全作、三友一男等人交代，侵华日军第100部队是为准备细菌战而工作，100部队的秘密从此被揭开。

1958年，这座废墟上建起了长春市地方国营汽车附件厂。1961年，该厂并入长春第一汽车制造厂，后改称第一汽车制造厂散热器分厂，2010年拆除。

遗址特点

100部队旧址总面积约10万平方米，是一个有大小平房和楼房百余座的钢筋混凝土建筑群。其中，有二层楼房一座，面积720平方米，一楼为细菌标本室，二楼为司令部。北面有3栋一字形和工字形的养马房；西侧有一栋王字形楼房和两个高大的烟囱，这里是动物解剖室和火化场。此外，在火化场的西侧还有3栋并排的红砖房，这里是喂养小型动物的地方，在大烟囱的西北侧还有一座冷水塔和4栋放养牛羊的房舍以及碉堡。

建筑遗迹

司令部楼，经过维修后，为散热器厂技术科和夜班宿舍；解剖室和火化场，经改造后为维修车间；10幢马舍，现改为居民用房；拆除3幢马舍，建起三座生产车间；7幢养牛、羊房舍改为库房；还有3幢养鼠类房舍，已维修为库房。每座

▲ 日本关东军100部队旧址卫星影像

（图片来源：王义学提供）

▶ 日本关东军100部队
  旧址文物保护标牌
  （图片来源：王义学
  提供）

房屋长50米，宽30米。原来的两座大烟囱现仅存底部，一座残高4米，另一座残高1.3米。冷却塔残基，直径8米，残高0.9米。2010年第一汽车制造厂散热器分厂拆除，只保留了1.5万平方米遗址。

文物保护

1983年12月24日，侵华日军第100部队遗址被吉林省人民政府确定为吉林省第三批重点文物保护单位。

2007年5月，侵华日军第100部队遗址被长春市人民政府列为长春市历史建筑。

2018年，为落实中央关于加强侵华日军第100部队遗址保护的批示，长春市成立了保护领导小组，采取"一园一馆"模式保护侵华日军第100部队遗址，由伪满皇宫博物院在东北沦陷史陈列馆举办"侵华日军第100部队细菌战史实"专题陈列。

2019年10月7日，侵华日军第100部队遗址被中华人民共和国国务院核定为第八批全国重点文物保护单位。

文化价值

日本侵华期间，这支以"防疫"为幌子的神秘部队研究各类致命细菌并制造细菌武器，使无数人遭到残害，无数动物、植物沦为实验品，整个东北乃至全国都笼罩在细菌战的巨大威胁中。该遗址揭露了日本帝国主义的反人类罪行，是警示后人的爱国主义教育基地。勿忘国耻当思胜利来之不易，警钟长鸣应知幸福弥足珍贵。

参考文献

［1］陈志远.侵华日军100部队研究［J］.军事历史研究，2017（2）：1-15.

［2］王文锋.日本关东军第一〇〇部队研究［J］.日本侵华史研究，2017（4）：114-120.

［3］秦世强，王文峰.建国初期中国政府对侵华日军第100部队罪证的调查［J］.日

本侵华南京大屠杀研究，2018（4）：51-58+137.

［4］长春市地方志编纂委员会.长春市志：文物志［M］.长春：吉林人民出版社，1995：124-125.

［5］国家文物局.中国文物地图集：吉林分册［M］.北京：中国地图出版社，1993：6.

［6］王小野.一座烟囱的守望：探访日本关东军"100部队"旧址［EB／OL］.（2016-05-04）［2024-02-22］.https：//news.cnjiwang.com/jwyc/201605/2048682.html.

12

丰满万人坑遗址

历史沿革

丰满万人坑遗址位于吉林市丰满区丰满乡孟家村，总面积约3公顷。为日本帝国主义役使中国劳工修建"第二松花江丰满水力电气发电所"，致大批劳工死亡的抛尸地。

自1937年始建丰满大坝，到1942年建成发电，由于劳动条件、生活条件极其恶劣，加之日本法西斯的残暴统治，病死、饿死、冻死、累死和被各种惨无人道的刑法折磨、迫害致死的劳工，全部被扔到孟家东山沟壑里。这些劳工大部分是1937年至1941年从关内各地（以山东、河北两省居多）招、抓、骗来的青壮年，总数约有11万人。日本侵略者为了掩饰他们的法西斯罪行，于1941年5月30日在丰满江东建起一座所谓的"慰灵塔"。欺世之举，欲盖弥彰。

1963年，丰满发电厂在"万人坑"修建了简易的尸骨陈列厅。1964年，在丰满"万人坑"原址岗梁上修建了"丰满劳工纪念馆"，作为日本帝国主义迫害中国工人的历史见证。1971年，由吉林市总工会、市文化局在此建成劳工纪念馆。

遗址特点

3处长100米、宽6米、深4米的冲沟，掩埋着东北沦陷时期修筑丰满水电站的劳工尸骨达2万余具。

文物遗存

劳工遗骨、遗物。

文物保护

1983年12月24日，丰满万人坑被吉林省人民政府确定为吉林省第三批重点文物保护单位。

2019年10月7日，丰满万人坑被中华人民共和国国务院核定为第八批全国重点文物保护单位。

2020年9月1日，丰满万人坑入选第三批国家级抗战纪念设施、遗址名录。

文化价值

丰满万人坑遗址是日本帝国主义侵华的罪证，它的存在既可以教育我辈，又可以警示后人。

参考文献

［1］吉林市地方志编纂委员会.吉林市志：文物志［M］.长春：吉林文史出版社，1994：470-471.

［2］国家文物局.中国文物地图集：吉林分册［M］.北京：中国地图出版社，1993：58.

13

通化葡萄酒股份有限公司地下贮酒窖

历史沿革

通化葡萄酒股份有限公司地下贮酒窖始建于1937年，位于通化市区东北部。1937年前，通化人自己就建有葡萄酒作坊。1937年，有一个叫木下溪司的日本人来到通化，看中了该地丰富的山葡萄资源，酝酿建一个葡萄酒酿造厂。1939年，工厂正式建成并投产，当时全厂总面积仅2600平方米，有大橡木贮藏桶70多个，总容量210吨，发酵池子52个，总容量499.2吨。

1940年，工厂请俄罗斯工匠制作了30个橡木桶并初次采收野生山葡萄。大橡木桶全部以树龄过百年又困储了三年的长白山蒙古栎为基材，这种独特的材料使得葡萄酒口感和香气更为轻柔细腻，与山葡萄酒搭配，可谓"天作之合"。

建筑特点

地下贮酒窖位于距现地表深约4.5米处。室内常年恒温保持在15—16摄氏度，总面积10340平方米，共包括11个贮酒室，有贮酒用橡木桶772个，可贮藏山葡萄原酒6000多吨。

文物遗存

地下贮酒室、大橡木桶。

▲ 通化葡萄酒地下大酒窖

（图片来源：郑京日提供）

◀ 通化葡萄酒股份有限

公司地下贮酒窖——

橡木桶

（图片来源：郑京日

提供）

文物保护

2013年3月5日，通化葡萄酒股份有限公司地下贮酒窖被中华人民共和国国务院核定为第七批全国重点文物保护单位。

2018年11月24日，通化葡萄酒股份有限公司地下贮酒窖入选第三批中国"20世纪建筑遗产项目"名录。

文化价值

通化葡萄酒股份有限公司地下贮酒窖是世界级地下大酒窖，作为代表性的工业遗产，其也是民族酿酒工艺发展与传承的见证者。这些大橡木桶不仅是储酒器具，更彰显了当年木桶师傅高超的制桶技艺。由于长白山的百年橡树已禁止砍伐，这里的每一个橡木桶都是绝版，如此壮观的巨型大橡木桶集群，无法再被复制和超越。

参考文献

[1] 任凤霞.吉林老字号 [M].长春：吉林大学出版社，2008：59-62.

14
伪满洲国中央银行旧址

　　伪满洲国中央银行旧址坐落于长春市人民大街2219号，位于人民广场西北侧。现为中国人民银行吉林省分行所在地。

▲ 伪满洲国中央银行旧址，现为中国人民银行吉林省分行

（图片来源：李威拍摄）

历史沿革

伪满洲国成立以后，日本对长春的金融业展开新的整顿。为了夺取东北三省官办银行的地位，"满铁"与关东军抓紧建设中央银行。

伪满洲国中央银行于1932年6月15日成立，同年7月1日对外营业，位于新京（今长春）大同大街大同广场西北侧。

1932—1938年，伪满洲国中央银行征占吉林省永衡官银钱号长春分号办公，1938年其新建筑落成后才迁走。

随着1945年日本战败投降，伪满洲国覆亡，伪满洲国中央银行曾由苏军短暂接管，后由共产党移交给国民党，直至1948年10月，解放军解放长春，伪满中央银行旧址才最终回到人民怀抱，成为中国人民银行办公地，并沿用至今。

建筑物特点

伪满洲国中央银行总行位于新京特别市大同广场（今人民广场），建筑现状除了加建的西翼，基本完全保持了建筑的初始模样。

该建筑由日本设计师西村好时设计，1934年4月动工，1938年8月竣工，历时4年零4个月，总面积3万平方米，分为地下两层和地上四层，整体楼高21.5米，最高处27.5米。结构为钢混凝土。地下部分主要建筑材料有钢骨架2440吨，钢筋2650吨，用钢量总计5090吨，占当年东北全部建筑钢材用量的一半，以坚固著称于建筑界与金融界。伪满洲国中央银行除了主体坚固以外，还建有完备的附属设施并且耐火耐震，对空袭也有特殊的防御能力，当时被称作"亚洲第一坚固的建筑"。

伪满洲国中央银行是当时唯一的古典复兴式建筑，正立面门廊有十根带凹槽的多立克柱从台基上拔地而起，柱头、柱础及扶壁没有多余纹饰，稳重威严。外立面较少开窗，正面及东西侧面腰部以上使用十家堡产的花岗岩贴面，背面也用花岗岩贴面，腰部以上至飞扶壁顶用人造石贴面，中央露台则采用蛇腹花纹花岗岩贴面。银行内部地面也使用十家堡产磨光花岗岩，墙壁为进口大理石。室内28根大理石贴面的塔司干巨柱三层通高，凌空支撑着屋顶巨大的拱形钢结构玻璃天窗。整个营业大厅宽敞明亮，完全能够满足新式金融建筑的使用要求。但东北沦

▲ 伪满洲国中央银行

（图片来源：王义学提供）

陷时期只建成了面向大同广场的主体和东侧翼，西翼直至1983年才启动复建程序。1987年，银行大楼终于彻底竣工，当初未完整的平面终于被补齐，形成了如今的规模。

文物保护

伪满洲国中央银行旧址于1983年被吉林省确定为省级重点文物保护单位，2013年被中华人民共和国国务院确定为全国重点文物保护单位。

2009年，建筑中央内部部分区域被改造成伪满洲国中央银行旧址博物馆，其整体为古希腊柱式建筑风格，廊柱、大厅布局及日式花纹装饰元素被完整保留和保护。博物馆内分为实物展区、金库展区和图片展区。实物展区收藏了大量东北沦陷时期银行的办公物品、印章、文件等实物，金库展区收藏了大量当时发行的货币（含硬币）、股票、债券等有价票据；图片展区收录了不同时期人员生活、工作的场景照片。博物馆真实再现了东北沦陷时期，日本对中国东北地区的金融侵略。

▲ **伪满洲国中央银行旧址保护标志**
（图片来源：李威拍摄）

如今的伪满洲国中央银行被中国人民银行吉林省分行、中国农业银行长春人民广场支行、中国工商银行长春人民广场支行（人社服务合作网点）共同使用。

文化价值

伪满洲国中央银行是日本侵略者在东北建立的金融中枢，是"九一八"事变后日本侵略者掌控东北经济命脉，进行金融侵略和掠夺的重要历史见证。旧址建筑采用西方古典复兴式风格，钢筋混凝土结构，主立面凸显的10根多立克柱粗大挺拔，凸显建筑的稳重坚固，代表着当时新京（今长春）的城市形象，被日本人称为"亚洲第一坚固建筑"，蕴含着较高的建筑考量元素与艺术价值。

参考文献

［1］高茜茜.长春近代银行建筑保护与再利用研究［D］.长春：吉林建筑大学，2017.

［2］李奇，赵连发，赵曼曼.从伪满中央银行旧址博物馆看日本对东北地区金融侵略［J］.吉林金融研究，2021（4）：56-59.

15

七道沟死难同胞纪念地

历史沿革

七道沟死难同胞纪念地位于吉林省通化县果松镇七道沟村。日寇侵占东北后，疯狂掠夺各类资源，1933年至1938年，多次派技术人员到通化县七道沟铁矿进行勘查，于1938年设立了七道沟采矿所，1939年，开始对七道沟铁矿进行正式开采，至1945年战败投降，日寇共掠走矿石350多万吨。

侵略者坚持"采富不采贫""要矿石不要人""以人换矿石"的法西斯策略，矿工受到了无比残酷的奴役和摧残。当时，矿山的生产设备十分简陋，而且矿工营养不良，医疗卫生条件极差，没有任何安全设施，加上超时工作及克扣粮财、逼迫毒打等恶毒手段，导致矿工大量伤残和死亡。日本人修了两座炼人炉，24小时开炉，还不能及时处理尸体，于是干脆将尸体或者半死不活的矿工扔到挖好的大坑里，形成了铁道西、曹家坟和板房沟3处万人坑，尸横遍野，白骨森森，惨不忍睹。从1939年到1945年，因疾病、饥饿、事故以及被残害致死的工人有17000多人。

1964年5月1日，为纪念死难矿工，通化县人民委员会在最大的铁道西"万人坑"处建立了纪念碑，整个万人坑总面积为2800平方米，石碑高7.6米，宽2米，厚0.65米，石碑正面刻写着"日伪统治时期七道沟铁矿死难矿工纪念碑"，背面有碑文。遗址得到了较好的保护和利用。

遗址特点

七道沟死难同胞纪念地由七道沟死难同胞纪念地、七道沟日伪军营旧址、七道沟铁矿、劳工房、解放坑五部分组成。

文物保护

2019年10月7日，七道沟死难同胞纪念地被中华人民共和国国务院核定为第八批全国重点文物保护单位。

文化价值

七道沟死难同胞纪念地，是日本侵华时期掠夺我国资源、迫害中国劳工的见证地，记录与揭露了侵华日军的暴行，同时记录了广大劳工在中国共产党的组织和带领下勇于反抗自救、不屈的精神，具有重要的历史价值。

参考文献

［1］国家文物局.中国文物地图集：吉林分册［M］.北京：中国地图出版社，1993：128.

［2］迟海波.红色文化资源［M］.长春：吉林人民出版社，2011：235.

［3］李雨桐.吉林通化七道沟铁矿发展历史探究［J］.江西科技师范大学学报，2020（1）：53-56+52.

16

石人血泪山死难矿工纪念地

历史沿革

石人血泪山死难矿工纪念地位于吉林省白山市江源区大石人镇光环街。石人血泪山，原名浴淋塔山，面积约50万平方米。

1937年，日本侵略者为满足军需，在此成立石人采炭所，并采取"要煤不要人"的政策，对矿工进行血腥统治、残酷剥削，疯狂掠夺这里的煤炭资源。采炭所内的生产生活条件极为恶劣，矿难事故频发，几年的时间里，死难矿工达万余人。这些死难矿工的尸体被随意丢弃在山上，任凭狼狗争食，日积月累，形成了万人坑、填人沟、白骨坡、夫妻坟、父子坟等矿工尸体埋葬地，秀美的浴淋塔山变成了白骨累累的石人血泪山。

1963—1964年，通化矿务局在此建成阶级教育展览馆，并建参观纪念址8处，总建筑面积约1300平方米。正中有高15米的纪念碑一座，上书"日伪统治时期死难矿工纪念碑"。1984年，"通化矿务局阶级教育展览馆"更名为"通化矿务局矿史陈列馆"。2005年，通化矿务局将陈列馆及血泪山整体移交江源县（今江源区）接管。

2018年，通化矿物局矿史陈列馆升级改造为石人血泪山罹难矿工纪念馆。馆内设有"天藏富矿""殖民劫难""日本开矿""矿工血泪""东北光复"和

"前事不忘"六个展厅，集中展现了日本铁蹄下的矿工灾难史；东北人民不甘屈辱的反抗历程；日本侵略者疯狂掠夺东北矿产资源、残酷压榨中国矿工的血泪历史；在中国共产党领导下，矿工们与日本侵略者顽强抗争的斗争史及一幅幅波澜壮阔的抗战历史画面。

遗址特点

石人血泪山死难矿工纪念地总面积23公顷，内含纪念馆、纪念碑及七处遗址点（老君庙、父子坟、夫妻坟、万人坑、填人沟、尸骨重叠和白骨坡）。

文物遗存

纪念碑、父子坟、夫妻坟。

文物保护

1983年10月24日，石人血泪山死难矿工纪念地被吉林省人民政府核定为吉林省第三批重点文物保护单位。

2015年9月8日，石人血泪山死难矿工纪念地被吉林省委省政府列为第五批爱国主义教育基地。

2019年10月7日，石人血泪山死难矿工纪念地被中华人民共和国国务院核定为第八批全国重点文物保护单位。

2021年12月，石人血泪山死难矿工纪念地被中共吉林省委命名为第四批吉林省中共党史教育基地。

文化价值

石人血泪山死难矿工纪念地具有双重教育意义，既是日本帝国主义侵华的见证，也是江源第一个地下党组织成立地。石人血泪山死难矿工纪念地是吉林省内仅存的三处日本实行殖民统治的罪证遗存之一，是日本帝国主义侵华血腥史的见证，更是东北沦陷十四年的典型代表。石人血泪山上的遗址，是日军侵华、残害矿工的铁证，向后人展示着日本侵略者奴役中国矿工的血泪史及不甘屈辱的东北人民从未停止斗争的反抗史。

参考文献

［1］吉林省地方志编纂委员会.吉林省志：文物志［M］.长春：吉林人民出版社，1991：52–53.

［2］国家文物局.中国文物地图集：吉林分册［M］.北京：中国地图出版社，1993：135.

［3］吉林省文物志编委会.浑江市文物志［M］.内部资料，1987：99–101.

17

长春电影制片厂早期建筑

历史沿革

　　长春电影制片厂早期建筑的前身是日本文化侵略机构株式会社满洲映画协会（简称"满映"），仿照德国乌发电影厂的布局设计。

　　长春电影制片厂早期建筑的"满映"时期：工程于1937年4月开始，1939年11月竣工，作为东北沦陷时期的遗存，长春电影制片厂早期建筑见证了"满映"自初创、鼎盛到覆灭的整个过程，具有重要的爱国主义意义和警示教育价值。

　　短暂的"东影"和"长制"时期：1945年抗战胜利后，东北电影工作者联盟正式接管"满映"，同年10月，东北电影公司（1946年10月改名为东北电影制片厂，简称"东影"）成立。1946年5月，国民党进攻长春，"东影"被迫撤往兴山市（今鹤岗市）。同年7月，国民党以一所原日本小学校为厂址，正式成立了长春电影制片厂（简称"长制"）。1948年10月，"东影"接管了"长制"的设备和几家电影院，并修复厂房和宿舍。

　　长春电影制片厂早期建筑有见证"新中国电影摇篮"的历史价值。1949年4月，"东影"由兴山迁回长春。1955年2月，"东影"更名为长春电影制片厂（简称"长影"）。在其中诞生了"新中国电影七个第一"和诸如《刘三姐》《冰山上的来客》《英雄儿女》等一大批优秀的电影作品，因此，长影被誉为

▲ 长影旧址博物馆

（图片来源：李威提供）

▲ 长影制片厂

（图片来源：李威提供）

"新中国电影的摇篮"。

2000年，长春电影制片厂改制为长影集团有限责任公司。2011年7月，长影老厂区改造工程正式启动，至2013年改造基本完工；2014年4月由第12放映室、第4—6摄影棚改造而成的长影电影院开始营业；2014年8月，由办公楼、第1摄影棚及第1—3摄影棚走廊空间改造而成的长影旧址博物馆正式对外开放。

建筑物特点

长影早期建筑的"满映"时期：整组建筑包括摄影棚6个，录音室1座，洗印车间和办公楼各1座，还有道具场等附属设施。中华人民共和国成立后的"长影"，在苏联专家的协助下建造了第七摄影棚，面积超过1200平方米，并保留了满映时期建造的第1—6摄影棚。

长影早期建筑文物具有三种属性：伪满建筑、工业建筑、近现代建筑。见证日本侵华战争历史的伪满建筑，如办公楼门厅的"满映"印记以及办公楼二层"满映"会长——侵华急先锋甘粕正彦的办公室等；而近现代工业建筑及重要纪念地，则包括各个摄影棚、录音室及放映室展示；长影电影院、长影旧址博物馆则是现代建筑的代表。

文物保护

2014年3月，长春电影制片厂被中华人民共和国国务院核定公布为第七批全国重点文物保护单位。

2014年8月24日，长春电影制片厂早期建筑揭牌仪式，在刚落成开放的长影旧址博物馆举行。

2017年12月，长春电影制片厂早期建筑入选"第二批中国20世纪建筑遗产"名录。

文化价值

长春电影制片厂早期建筑，虽然是东北沦陷时期日本出于侵略目的而建设的，但作为20世纪新兴的电影工业的制作场所，长春电影制片厂早期建筑见证了

▲ 长春电影制片厂早期建筑保护标志
（图片来源：李威拍摄）

抗日战争时期的株式会社满洲映画协会、解放战争时期国民党控制下的长春电影制片厂、中华人民共和国成立后的长春电影制片厂等不同时期，历史价值丰厚。特别是在抗战结束后被新中国继续使用，在其摄影棚、录音室和洗印车间诞生了一大批新中国电影史上有着重要影响力的影片，成为"新中国电影的摇篮"，其"工业遗产"的属性十分清晰。

参考文献

[1] 徐桐，刘光泽.长春电影制片厂早期建筑的保护和再利用［J］.工业建筑，2015，45（11）：58-61+77.

18

伪满建国忠灵庙旧址

历史沿革

伪满建国忠灵庙旧址位于吉林省长春市朝阳区人民大街长春空军大学院内，是日本侵略者专门祭祀伪满洲国"尽忠殉职"的文武官吏（包括日本人）而修建的庙宇，是宣扬殖民政策，也是对东北人民进行奴化教育的设施之一。

1935年，伪满洲国国务院提出在长春南郊黄龙公园（今南湖公园）东侧的欢喜岭修建以祭祀招魂为宗旨的"护国忠灵庙"。1936年4月19日，伪满洲国国务总理张景惠举行"开锹仪式"，建筑正式开工。8月20日，"护国忠灵庙"改名为"建国忠灵庙"。庙的朝向由大同大街（今人民大街）的北朝向，改为面向日本神道教的圣地伊势皇大神宫和日本首都东京。修建过程中，曾组织14万多青少年"勤劳奉仕"，义务献工修建，1940年8月28日完工。庙里供奉"尽忠殉职"的日本官兵和伪满洲国文武官吏的"亡灵柱"（灵牌）。祭祀的人物灵位有日本人、伪满洲国官吏郑孝胥等人，伪满洲国官吏仅占六分之一。

1941年9月17日，第一届"秋大祭"举行，溥仪带领伪满洲国官员、关东军头目和各界人士等上万人举行"第一次合祀祭"。此后，要求青少年学生每天鞠躬行礼，拜"国都新京"，拜皇帝，拜"建国忠灵庙"，遥祭"为国捐躯"的将士，最后向东转，遥拜"日本天皇"，以此奴化东北人民。

长春解放后，这里作为军队用地，先后由某空军基础训练学校、长春飞行学院、空军航空大学使用。正殿及院内的建筑基本被保留下来，至今主体建筑保存完好。其中的庙务所曾作为老干部活动室使用，目前已拆除。人民大街上的门柱，北侧的保存完好，南侧的残缺。

建筑物特点

伪满建国忠灵庙为钢筋混凝土仿木结构，使用了耐火耐寒的建筑材料，屋顶铺的青瓦和外墙砖都有防水效果，屋顶铺的青色琉璃瓦产自日本濑户，外墙地基石、墙砖以及桥等材料均为花岗岩。

伪满建国忠灵庙遗址总面积45.6万平方米，建筑面积28.2万平方米。整个建筑群分为外院和内院两大部分，其中外庭包括前门、参道、"昭忠桥"、庙务

▲ 伪满建国忠灵庙
（图片来源：王义学提供）

所、纪念馆等建筑，内院包括两侧中门、御手所、神门（内门）、东西配殿、回廊、四座角楼、拜殿（祭殿）、灵殿。内殿是整个建筑群的核心。

灵殿也称纳骨祠，位于拜殿后面的高台上，是一座塔状的重檐建筑，平面呈正方形，高19米，是摆放死者灵牌的地方。拜殿也称祭殿，位于内庭中央，为单檐歇山顶建筑，高19.7米，地板为水磨石，墙体表面涂漆，镀金铜色，天棚为方格天井。配殿分列在拜殿左右，为单檐歇山顶五开间建筑，高14.5米。

神门为单檐歇山顶三开间门楼，高13.8米，是进入内院的正门。洗手所位于神门左前方，是一座四角攒尖顶的亭子，为参拜前的洗手之处。

伪满建国忠灵庙的建筑风格是以日本庙宇式建筑为基础的伪满独特样式，建筑本身的殖民特征尽显。

建筑遗迹

正殿及院内建筑。

文物保护

1987年10月24日，伪满建国忠灵庙旧址被吉林省人民政府核定为吉林省第四批重点文物保护单位。

2019年10月7日，伪满建国忠灵庙旧址被中华人民共和国国务院核定为第八批全国重点文物保护单位。

文化价值

伪满建国忠灵庙旧址充分揭示了伪满洲国的傀儡性和殖民性。这一建筑群落作为东北沦陷时期东北地区最大的"靖国神社"，记录了东北人民在日本侵略、奴役、欺凌下蒙受了灭种灭族的悲痛历史。它带给东北人民的耻辱和灾难，人们是不会忘记的，它已成为日本帝国主义从精神层面对我国东北进行殖民统治的历史见证，在我国爱国主义教育事业中发挥了它的积极作用。它的存在不仅为我们提供了一个直接了解、观察、研究日本殖民统治的物质实体，具有政治意义，还是长春城市性质和功能转换的见证，具有城市史和建筑史研究价值。

参考文献

［1］曲晓范，佟银霞.伪满"新京建国忠灵庙"的建造及其祭祀活动［J］.社会科学战线，2011（3）：114-119.

［2］周妩怡，李之吉.伪满建国忠灵庙建筑空间布局研究［J］.吉林建筑工程学院学报，2011，28（1）：72-74.

［3］王文峰.伪满的"靖国神社"："建国忠灵庙"［J］.日本侵华史研究，2017（1）：119-125.

［4］宋伟宏，滕飞.伪满"建国忠灵庙"建造实考［J］.地域文化研究，2020（3）：38-42+154.

［5］刘威.长春近代城市建筑文化研究［D］.长春：吉林大学，2012.

［6］长春市地方志编纂委员会.长春市志：文物志［M］.长春：吉林人民出版社，1995：138.

［7］吉林省地方志编纂委员会.吉林省志：文物志［M］.长春：吉林人民出版社，1991：160.

［8］杨宇.长春近代建筑图鉴［M］.长春：吉林文史出版社，2011：24-29.

［9］国家文物局.中国文物地图集：吉林分册［M］.北京：中国地图出版社，1993：6.

19

辽源二战盟军战俘营旧址

历史沿革

辽源二战盟军战俘营旧址，即辽源奉天俘虏收容所二分所旧址，位于吉林省辽源市西安区北寿街道，始建于20世纪30年代，属日式建筑，总面积为27954平方米，专门集中关押盟军高级战俘。2004年，战俘营旧址被发现。

第二次世界大战期间，日军在太平洋战场俘虏盟军战俘数十万人，在我国的北京、上海、沈阳、石家庄等地，以及朝鲜、菲律宾、泰国、马来西亚等国家共设立了104所战俘营的本所、分所或派遣所。辽源市二战盟军高级战俘营旧址是其中之一，当时称为奉天俘虏收容所第二分所，也就是"九一八"事变后日军守备队在西安县城建立的"北大营"。

1944年12月至1945年8月，这里关押过美国、英国、荷兰等国家和地区共计34名战俘，包括5名中将、4名少将、7名地方长官和18名勤务兵。其中，最为著名的是美国陆军中将驻菲律宾美军总司令乔纳森·温莱特和英军陆军中将马来西亚总指挥官阿瑟·珀西瓦尔。在日本投降前，日军为了隐瞒罪行销毁了战俘营的大量罪证，史料遗存所剩无几，导致这一旧址被尘封60多年。

抗战胜利后，这座战俘营经历了一系列变迁。1946年5月，东北民主联军第三旅曾驻扎在北大营。1948年，西安县（今东辽县）解放后，北大营成为西安县粮库。1949年后，北大营一分为二，一部分建筑划给了某驻军部队，部队调走后又成为辽源军分区驻地；另一部分建筑仍为粮库。随着时光的流逝和城市的发展，战俘营原有建筑绝大多数被拆除，只留下5间表面残破的日式建筑，也已成为危房，被列入拆除计划。直到2004年，战俘营的秘密被揭开，相关部门与史学界着手对这里进行保护和研究。

▲ 战俘营旧址展览馆
（图片来源：王义学提供）

遗址特点

该遗址仅存5间囚室，遗址西北角有一个面积约30平方米砖砌水泥勾缝地下室，并有一长3米、宽0.8米的地下甬道。

文物遗存

5枚日式三八式步枪子弹壳、日本手雷，一些劳动工具和生活、医疗用品，折页、卡子、门闩、

▲ 战俘营旧址平房外貌
（图片来源：王义学提供）

门叉、骨头等。

文物保护

2010年，辽源市启动战俘营旧址抢救性恢复、文物本体保护工程。

2011年，辽源军分区异地迁建工程启动。

2011年6月3日，辽源二战盟军战俘营旧址入选第三次全国文物普查百大新发现。

2012年，国内外相关文物征集工作开启。

2014年，战俘营展览馆建设、景区综合治理、展览馆内部展陈工程等启动，现各项工程已经整体竣工。

2014年8月28日，辽源二战盟军战俘营旧址被吉林省人民政府核定为第七批省级文物保护单位。

2019年10月7日，辽源二战盟军战俘营旧址被中华人民共和国国务院核定为第八批全国重点文物保护单位。

文化价值

辽源二战盟军战俘营旧址是我国现存的唯一盟军高级战俘营，是我们了解二战历史，了解辽源在东北沦陷时期情状的宝贵文化遗产，是促进中国人民和世界各国人民友谊的平台。它见证了中国人民和世界爱好和平的人民并肩作战、共同抗击法西斯的历史，见证了日本法西斯军国主义疯狂侵略的滔天罪行，是世界反法西斯战争留下来的一份具有特殊意义的文化遗产、一个非常有价值的爱国主义教育基地、一件弥足珍贵的历史文物。

参考文献

［1］国家文物局.第三次全国文物普查百大新发现［M］.北京：文物出版社，2011：166-167.

［2］曾毅.二战盟军高级战俘营旧址引起关注［N］.光明日报，2009-10-27（2）.

［3］马驷骥.奉天俘虏收容所第二分所研究［D］.大连：辽宁师范大学，2013.

20

四保临江战役指挥部旧址

历史沿革

四保临江战役指挥部旧址位于吉林省临江市临江林业局院内，俗称"南围子"，建于1945年。

1945年9月3日，中国人民在党中央的领导下，为收复东北失地，建立地方民主政权，发展抗日斗争的胜利成果，组成了30万人的东北民主联军，与企图夺取抗战胜利果实的国民党蒋介石部队展开了殊死斗争。在敌强我弱的形势下，根据中央指示，东北民主联军采取"让开大路，占领两厢"的方针，先后撤离了四平、长春、吉林等城市，辽东军区及辽东省各机关也放弃安东，转移到临江，并在此建立了南满根据地。南满根据地仅有临江、抚松、长白、蒙江（今靖宇）四县，局势非常严峻。

蒋介石视南满为心腹大患，制定了"先南后北，南攻北守"的作战方案。1945年12月初，国民党军队动用了八个师兵分三路向南满根据地猛烈进攻。

1946年11月27日，时任中共中央东北局副书记、东北民主联军副政委的陈云辗转到达临江，领导长白山区的军民坚守南满，108天里击败了国民党军的四次攻击，获得了"四保临江战争"的最终胜利。

随着东北解放战争形势的发展，陈云同志于1947年6月离开临江。1986年，萧劲光同志为指挥部旧址写了"陈云同志旧居"牌匾。

建筑物特点

该建筑有五间正房，左右厢房各十间，包括警卫室、机要室、陈云同志卧室

▲ 四保临江战役指挥部旧址

（图片来源：王义学提供）

▲ 四保临江战役指挥部旧址（陈云同志旧居）

（图片来源：王义学提供）

和办公室。该房是日式建筑，砖瓦结构，外墙水泥挂面，房山墙开门，内部构造呈凹字形，走廊尽头一大房间，两侧各有一小房间，总面积为133平方米。

文物遗存

陈云同志穿过的坎肩一件、拉过的京胡一把、电话机一个、八仙桌和太师椅各一个，以及四保临江战役图片和战争示意图。旧居正门上部有萧劲光题写的"陈云同志旧居"匾额，左侧是吉林省文物保护单位标志牌，右侧为陈云旧居简介。

文物保护

1982年，对四保临江战役指挥部旧址进行保护并建展室。

1984年，四保临江战役指挥部旧址被列为浑江市（今临江市）重点文物保护单位。

1995年，对原建筑进行了修缮。

1999年2月26日，四保临江战役指挥部旧址被吉林省人民政府确定为第五批省级重点文物保护单位。

2006年5月25日，四保临江战役指挥部旧址被中华人民共和国国务院核定为第六批全国重点文物保护单位。

文化价值

四保临江战役指挥部旧址是中国近现代重要战争的遗迹，也是东北解放战争时期的重要史迹之一，对于研究东北解放战争史有极高的价值。旧址是陈云同志四保临江战役时工作、生活的重要场所，对研究陈云同志的革命活动具有重要的史料价值。

参考文献

［1］迟海波.红色文化资源［M］.长春：吉林人民出版社，2011：270-271.

［2］国家文物局.中国文物地图集：吉林分册［M］.北京：中国地图出版社，1993：135.

［3］吉林省文物志编委会.浑江市文物志［M］.内部资料，1987：97-98.

21

中共中央东北局梅河口会议会址

历史沿革

　　中共中央东北局梅河口会议会址位于梅河口市和平街道铁路车务段院内，始建于1936年，是东北沦陷时期日本人的单身宿舍。

　　1945年10月7日，中共中央北上部队——东北挺进纵队第一支队第一次解放梅河口。司令员万毅带领部队进驻此楼，设立梅河口铁路管理部。

　　1946年初，国民党集结大批兵力，向东北解放区大举进攻。在敌强我弱的形势下，为保存实力，更好地歼灭敌人，尽快实现战略性反攻，解放全中国，党中央对东北发出《建立巩固的东北根据地》的指示。

　　1946年3月6日，中共中央东北局扩大会议在抚顺开幕。会议由东北局书记彭真主持，研究东北地区的形势和在东北地区的战略部署。会议开始不久，国民党军进攻抚顺。3月20日至4月下旬，中共中央东北局迁到梅河口。东北局在梅河口先后召开多次重要会议，史称"东北局梅河口会议"，研究东北的局势和作战方针。中共中央东北局在梅河口期间的会议，均由彭真主持。会议研究分析了东北战局，落实了中央军委提出的东北大会战的战略方针，对下一步作战计划做了周密部署。

　　1946年5月24日，国民党新六军占领梅河口，将梅河口会议会址占为居住地。1947年5月2日，东北民主联军四纵队第二次解放梅河口，此楼重新回到人民的怀抱，成为中共通化铁路分局梅河口地区工作委员会办公楼，简称"梅铁工委楼"。

1984年7月28日，时任全国人大常委会委员长的彭真，在吉林省委第一书记强晓初等省、地、县党政领导的陪同下来到当年梅河口会议会址考察，并亲笔题词"中共中央东北局梅河口会议会址"。

建筑特点

中共中央东北局梅河口会议会址为一座日式二层小楼，红砖红瓦，平面呈中字形，小楼东西长101米，南北宽8米，建筑面积1622平方米。会址总面积约5500平方米。建筑外立面、楼脊、雨搭、窗楣等，具有鲜明的日式建筑风格。

文物遗存

会址建筑物。

▶ 中共中央东北局梅河口会议会址
（图片来源：王义学提供）

▲ 中共中央东北局梅河口会议会址全景
（图片来源：王义学提供）

文物保护

1987年10月24日，中共中央东北局梅河口会议会址被吉林省人民政府核定为吉林省第四批重点文物保护单位。

1993年，中共中央东北局梅河口会议会址被通化市委、市政府批准为爱国主义教育基地。

2005年，中共中央东北局梅河口会议会址在"保持共产党员先进性教育活动"中被列为中共梅河口市委党史教育基地。

2012年11月，中共中央东北局梅河口会议会址被吉林省委命名为中共吉林省党史教育基地。

2019年10月7日，中共中央东北局梅河口会议会址被中华人民共和国国务院核定为第八批全国重点文物保护单位。

文化价值

中共中央东北局梅河口会议会址是解放战争时期具有决定性意义会议的召开地。虽然时间不长，但会议对东北局势的发展具有极为重要的作用，是决定东北形势的关键。梅河口会议之后，东北民主联军在东北西部地区发起攻势，为建立东北广大农村根据地争取了时间。梅河口会议拉开了共产党和国民党争夺东北的序幕，对于解放东北、建立巩固东北根据地具有深远的历史意义，是党史教育的重要基地。

参考文献

［1］吉林省地方志编纂委员会.吉林省志：文物志［M］.长春：吉林人民出版社，1991：158.

［2］国家文物局.中国文物地图集：吉林分册［M］.北京：中国地图出版社，1993：116.

22

长春第一汽车制造厂早期建筑

历史沿革

长春第一汽车制造厂早期建筑位于吉林省长春市绿园区，街区的形成始于20世纪50年代。1953年，长春第一汽车制造厂作为中华人民共和国的第一个汽车厂开工建设。为了解决第一汽车制造厂职工居住等生活问题，宿舍区同时开工建设。早期居住区位于现在长春市汽车开发区创业大街以南、东风大街以北、日新路以西、长青路以东，以及迎春南路、迎春路两侧范围内。据一汽档案馆资料记载：生活区在1953年正式动工兴建，1956年一期工程竣工验收，建筑面积32万平方米，包括94栋家属宿舍，5栋单身宿舍和相应的文化、福利、教育设施等。1962年，为再次解决职工居住和子女升学问题，特建设简易平房200多栋和中小学一座，提升了街区生活环境，满足了居民的生活需求。长春第一汽车制造厂为国民经济发展做出了巨大贡献，早期建筑保存完好并沿用至今。

建筑物特点

长春第一汽车制造厂早期建筑的时代特征和民族特色明显，功能合理，使用便利。

长春第一汽车制造厂早期建筑街区采用当时苏联轴线的布局方式。厂区车间按照工艺流程进行对称布置，规模宏伟。厂区内建筑平面多呈矩形，清水红砖

▲ 长春第一汽车制造厂生产区全景

（图片来源：王义学提供）

▲ 长春第一汽车制造厂工具分厂

（图片来源：王义学提供）

墙。厂房为框架结构，轻钢屋架，立面简洁，开高窗，中式风格突出，并附有俄式建筑构件和符号。

生活区采用沿干道布置街坊式的手法，组成街道与院落。根据房顶的不同木质结构，分为大屋檐和小屋檐两种建筑模式，共有92栋，总建筑面积32万平方米。生活区内建筑以三层砖混结构为主，清水红砖墙，木屋架，坡屋顶，翘檐斗拱出椽，瓦屋面与红砖绿檐灰瓦相映。建筑多开小窗，厨卫等房间多配以八角形窗，阳台、门口等细部统一装饰形式与构件，窗套上也有回纹装饰。整个居住区风格协调一致，建筑质量较高，具有民族特色。

建筑遗存

厂房和92栋大、小屋檐式的"红房子"。

文物保护

2010年3月16日，长春第一汽车制造厂早期建筑被吉林省人民政府批准为历史文化街区。

2011年6月3日，长春第一汽车制造厂早期建筑入选第三次全国文物普查百大新发现。

2013年3月5日，长春第一汽车制造厂早期建筑被中华人民共和国国务院核定为第七批全国重点文物保护单位。

2015年4月3日，长春第一汽车制造厂早期建筑被国家文物局、住建部联合评为第一批中国历史文化街区。

2016年9月29日，长春第一汽车制造厂早期建筑入选首批中国20世纪建筑遗产名录。

文化价值

长春第一汽车制造厂是中国第一个大型汽车生产基地，被誉为中国汽车工业的摇篮。

长春第一汽车制造厂早期建筑的建设是中华人民共和国在努力实现工业化进

程中的标志性历史事件，是我国重大经济建设成就与社会主义时代精神风貌的集中体现，是具有鲜明中国特色的"单位大院"居住空间建设的典范，其集体生活记忆与丰富的功能性建筑延续至今。

长春第一汽车制造厂早期建筑是中华人民共和国最大的工业区及配套居住区之一，其规划手法在我国现代城市规划史中占有特殊地位。该街区是中国汽车工业发展的重要历史见证，是功能环境延续性良好的工业遗产聚集地。它承载了国家和民族的记忆，承载着民族复兴的伟大梦想。作为长春城市文化的一部分，长春第一制造厂早期建筑所反映出的特殊内在肌理、特质内涵以及独特气息，更成了长春独一无二的城市性格，无时无刻不在提醒着长春这座城市所成就的辉煌，且承载着长春人民对未来生活的美好向往。

参考文献

［1］国家文物局.第三次全国文物普查百大新发现［M］.北京：文物出版社，2011：164-165.

［2］长春市城乡规划设计研究院.第一汽车制造厂历史文化街区保护规划［M］.长春：长春市城乡规划设计研究院，2013.

［3］彭婷遥.新媒体艺术在城市更新中的应用设计研究：以长春第一汽车制造厂历史文化街区为例［D］.长春：吉林建筑大学，2023.

［4］莫畏，王轩哲.城市复兴理论下的长春一汽早期居住街区保护利用研究［J］.遗产与保护研究，2018，3（1）：1-5.